香港・1960年代

黃淑嫻　　編

文訊雜誌社

目　錄

前言

黃淑嫻

　　天色開始暗沉了，雨從山上衝下來，很久沒有見過陽光了，人們在稀爛的土地上奔跑，我沒料到會在這樣變色的天氣下，開始寫這本書的前言。

　　我想起我們開始的時候是這樣的。那一年是 2009 年，梁秉鈞教授（也斯）帶領我們研究一九五〇年代文學與文化，那時感到一切都是新鮮的，原來半世紀前黑白的香港是這個樣子，是一個生活艱辛，但不乏優雅的年代。無論是樸素的中聯粵語電影，或者是西化的電懋國語片，它們都是戰後華人的不同演繹，開展了本土的多義性。因為這個研究，我們舉辦了幾個國際學術會議，認識了來自大陸、臺灣和海外對此有興趣的朋友，用五〇年代香港文化連起了不同城市的發展。

　　然後，也斯逝世了。我們決定繼續下去，開展香港一九六〇年代的研究。幸運地，這計劃同樣得到 RGC GRF（研究資助局優配研究金 LU 13401114）的資助。那一年是 2015 年，雨傘運動結束了。在這幾年間，我們開始搜集六〇年代的資料，包括文學、電影及不同藝術範疇。

　　為何選擇六〇年代？請容我引用也斯的〈六〇年代的香港文

化與香港小說〉一文，因為這可以幫助我們解釋其中一個重要的面向。他寫道：

> 六〇年代是一個複雜的年代，香港本身經歷了由難民心態為主導的五〇年代，來到這個階段，戰後在本地出生的一代開始逐漸成長。在六〇年代的民生中，傳統的價值觀念仍佔主導地位，但西方的影響也逐漸加強，帶來了顯著的衝擊。外緣的政治變化對香港帶來了影響，中國在六〇年代中展開了文化大革命，六〇年代的歐美爆發了學生運動和人權運動，非洲國家經歷了獨立和解放運動，連香港本身亦因種種民生問題與累積的不滿情緒而在六七年爆發了動亂。身處在六〇年代的香港，既放眼世界的新變，亦關懷國家民族的命運，這種種態度彼此既相輔又矛盾。而在原來偏向保守與嚴肅的文化體制內也開始更分明地感到了青年文化的形成、商品文化的衝擊。這種種政經、社會和文化現象形成了六〇年代的文化生態，也當然影響及改變了文學和藝術的創作、流傳、接收與評論。[1]

也斯點出了六〇年代的特別之處 —— 五〇年代的那種左右對立

1　也斯編：《香港短篇小說選：六十年代》（香港：天地圖書，1998年），頁1。

的政治二元觀，不能繼續用來說明六〇年代的變化了。他作為過來人，對此應該感同身受。我們想理解香港的變化，如何由服從的五〇年代，走到六〇年代那種反叛文化。

我們是一群研究文學、電影與藝術的研究者，文藝與社會的關係大概是這書的重點。一九六〇年代是香港文化豐盛的時代，無論是文學創作、雜誌出版、評論、電影、繪畫及音樂等都有新的發展。隨着本土新一代文學家、電影導演和藝術家的成長，他們結合了上一代南來藝術家的經驗，本土文化鮮明啟航。另一方面，南來藝術家在香港落地生根，在殖民地社會發展出新的風格、新的關注。這是也斯那一代學者的文章給我們很寶貴的啟發。

然而，當我們開始走進六〇年代的時光隧道時，眼前的世界發生了變化，我們這個六〇之旅，絕對不是一種懷舊。2014 年，香港經歷了一場大型的社會運動，這是我們書中所有香港作者都從來沒有經驗過的事情。我相信不光是我，而是很多香港人都很想把事情搞清楚。回到六〇年代的動亂場景，似乎是一條很重要的線索。雨傘運動後，不少大學生都開始對香港六〇年代的歷史發生興趣，目的是希望藉着追溯過去，從而更明白現在的困局。我看到六〇年代的後期，社會政治動盪，但這時期的作品，無論流行和嚴肅的作品都呈現了不一樣的狀態，有不少新的嘗試，很值得我們研究。

從 2015 年開始，我們在嶺南大學舉辦了多個講座，邀請校內校外的研究者主講，希望可以啟發同學對香港六〇年代的興趣。例如羅卡先生談「60 風尚：《中國學生周報》影評十年」、林中偉先生談「1960 年代的香港城市景觀與建築保育」、麥欣恩

博士談「『南洋三部曲』：香港電影中的南洋故事」及陳效能博士談「從香港女警歷史發展看六〇年代女性社會地位」等。對於同學來說，六〇年代好像是很遙遠，我們希望借這些有趣的講座，讓更多大學生認識香港歷史與文化。

我們又與校外的團體合作舉辦了多個講座，邀請不同院校的學者和資深的民間研究者參與，反應熱烈。香港方面，我們在油麻地中華書局辦了四場公開講座，我和宋子江談「一水隔天涯：文學與電影的港澳緣」、鄭政恆和蕭欣浩談「香港文學、飲食與日常生活」、舒琪與曾肇弘談「六〇年代粵語片，有種女人」及劉燕萍和羅劍創談「表演與說唱——五六〇年代粵劇與南音」。還有一次，我們一群人到了香港炮台山一所 New Age 的場地，主講了一場一九六〇年代電影，那天來的人很多呢。宋子江也安排了我們到澳門作一系列演講，之後還出版了書，收穫豐富。我們還到過廣州、臺北、臺中、溫哥華及首爾等等。這裏要感謝不同機構和大學的邀請。

我們舉辦了兩次國際學術研討會，書內的文章都曾在會議中發表。第一次在 2016 年 3 月 12 日，第二次在 12 月 15—16 日。來自香港、臺灣、英國及大陸的學者前來嶺南大學發表論文。在這些講座和會議中，我們選擇的題目多樣而有趣，包括文學、電影、音樂及繪畫等等。這文集雖然是學術研究的成果，但我們希望推廣到大眾讀者群，讓更多人了解六〇年代。

本論文集分為四個部份：「文學」、「電影」、「藝術」及「社會」。談文學的學者都一定會觸及社會面貌，談社會的學者都會以影像或文學作例子。我這樣劃分，主要是想指出文章的核

心比較偏重的部份而已。

　　第一部份是「文學」，須文蔚以意識流文學手法，討論六〇年代港臺的交流歷史，非常重要。我們都讀過劉以鬯的《酒徒》，但意識流作為一種現代主義的創作方法，這又如何影響兩地的創作？朱子江的文章指出另一種文學風格：新浪漫主義。他以翻譯問題切入，指出香港在接收外國文化時的「時差」與「功用」，值得細究。吳美筠有關文社的文章，點出六〇年代香港「文青」的特點，這些文社同時兼容了文學性和社會性，的確是那時代的產物。蕭欣浩和鄭政恆的文章是作家研究，舒巷城和馬覺如何在轉變的六〇年代中調整自己？兩位都是香港非常重要的作家，見證了時代的改變。

　　第二部份是「電影」，吳國坤以鬼魅的世界，帶出當時香港文化的特點，如何在神神怪怪的電影中，寫出對社會的看法？這是香港電影有異於當時大陸的嘗試。麥欣恩的文章把香港連起星馬，五、六〇年代的香港電影沒有大陸市場，但在星馬一帶是非常受歡迎的。那些感人的通俗劇滲入了不少對華人的看法，是重要的研究課題。魏艷討論的偵探片是六〇年代的重要電影類型，這明顯有西方文藝的影響，又帶有落地生根後的痕跡，非常有趣。曾肇弘的「阿飛」就不用提了，大家一提起就知道是六〇年代的標誌性人物，作者為我們分析幾齣六〇年代重要的「阿飛」電影。

　　第三個部份是「藝術」，兩位作者都是年輕研究者。盛虹研究周綠雲在傳統與現代畫風之中，在嶺南派與水墨之間建立自己的風格，與六〇年代宣揚個性解放的年代接上。周綠雲的丈夫就是香港導演易文，他們兩位從上海來到香港，不光與香港文化接

軌，更建立了自己的藝術世界。羅劍創的南音研究讓人眼前一亮，我知道他自己也懂得說唱，這篇研究資料豐富，帶出南音的藝術之外，更寫到盲人演唱者被香港都市邊緣化的慘況。

第四個部份是「社會」，此節的頭四篇文章都是關於六〇年代後期的暴動事件。梁淑雯的文章研究香港六七暴動前一年，在澳門發生的「澳門一二三」事件，香港的《文匯報》文藝版如何書寫這次事件？這對我們理解六七暴動的論述有很大的幫助。黃淑嫻的文章寫香港小說如何呈現六六天星加價事件和六七暴動，所選的三篇小說都是六〇年代創作的，它們如何面對殖民、國族及本土的三角關係？彭嘉林是年輕研究者，他的文章主要集中討論六〇年代後的文本，討論它們如何呈現六七暴動，帶出新一代的看法。劉建華以影像出發，探討暴動時期的新聞攝影與圖解的曖昧關係。周亮的文章探討一個殖民地的核心問題 —— 教育，我們如何在六〇年代被打造成「香港人」？當中的得與失在哪裏？

這些文章和研究領域都是帶有創新性的，不是傳統的文學、電影或藝術研究，嘗試跨越領域，希望看到更廣闊的文化板圖。這論文集能夠出版，首先我要多謝所有作者對我的信任，因為種種原因，這出版已拖延了一段時間，大家還是帶着耐性等待。我非常感謝封德屏老師和文訊出版社，感謝秀卿幫助我們解決印刷的種種問題。多謝須文蔚老師在出版上的幫忙。香港方面，我要多謝阮智謙一直以來在影像上的幫忙和啟發。他的封面與我們的文章有對話，非常難得。我還要多謝在最後階段全力幫忙校對的嶺南學生林禮勤（Jeffrey）和陳子叡（Jayden）。最後，要多謝蔡

明俊、宋子江和周亮，沒有他們在不同階段的幫忙，這本書是不能面世的。

2019 年，香港又再一次面對社會動亂，這次比 2014 年更嚴重。香港要繼續走下去，走向更好的未來，我們需要認識自己的歷史，明白我們的局限與自由。祝香港平安。

（一）文學

一九六〇年代臺港意識流理論建構源流研究

須文蔚

一、前言

　　一九六〇年代是臺港當代文學發展上的關鍵年代，兩地戰後新世代作家湧現，這批出生於一九三〇至四〇年代，童年歷經國共內戰，青少年之後，各自在臺灣或香港接受教育，共同面對英美文化的洗禮，現代化社會的起步。他們擺盪在中國與本地的關懷，東方與西方思潮，亟於尋找自身的定位，發展有別與前一個世代作家的新文藝思潮。其中一批主張現代主義的青年，一九六〇年代嘗試寫作實驗小說者，在臺灣一九六〇年代創刊的《現代文學》上嶄露頭角，[1]或是香港的《中國學生

1　《現代文學》是 1960 年由就讀臺灣大學外文系三年級的白先勇所創辦的綜合性純文學刊物，《現代文學》自 1960 年 3 月創刊至 1973 年 9 月中輟，出版 51 期；1977 年 7 月，《現代文學》復刊，1984 年 3 月停刊。創始階段，不少小說家與詩人都有相當前衛的表現，如白先勇、王文興、劉紹銘、葉維廉、陳若曦、李歐梵、歐陽子、張光緒、戴天、林耀福、方蔚華、陳次雲等，其後何欣、余光中、姚一葦、柯慶明也成為編輯主力。參見白先勇等，《現文因緣》（臺北：現文出版社，1991 年）。

週報》上初試啼聲，[2] 開展出現代小說的新風貌。同時，戰後嬰兒潮世代在 1960 年長成，受到當時英美世界「幻覺文化」（psychedelic culture），或者稱為「反文化」（counter culture）[3] 的影響，大批通俗藝術、電影、搖滾音樂、嬉皮文化湧進臺港，既掀起一股挑戰權威與傳統的力量，[4] 也形成與前一世代劃下代溝的文化因素，更成為建構本土意識的起點。[5]

在追溯臺港現代主義文藝思潮的歷史過程中，一九五〇年代現代詩與現代繪畫的前衛運動，交響出了現代主義運動的第

2　在香港文學史的討論上，1967 年友聯出版社發行《新人小說選》，象徵戰後新一代作家的崛起，這本選集展現了《中國學生週報》的創作成果，新人名單包括有：江詩呂、西西、林琵琶、朱韻成、陳炳藻、崑南、亦舒、綠騎士、盧文敏、伊曲、方端玫、欒復、蘇念秋（孟祥森）、張心如、古渡、松青和桑品載等，而該書序文就強調，傳統的敘述方式已無法分析人生的內心的精神狀態，因此有必要發展創新作品，透過同代小說家共同的自覺，以實驗小說挑戰前人。見亦舒等著，《新人小說選》（香港：友聯出版社，1967 年），頁 3-4。

3　Theodore Roszak, *The Making of a Counter Culture: Reflections on the Technocratic Society and Its Youthful Opposition* (Oakland: University of California, 1969), 12.

4　大眾文化與通俗音樂經常是政治意見的工具，許多表演者將表意政治作為作品與志業的一部份，參見 John Street, "Rock, Pop and Politics." in Simon Frith, Will Straw, and John Street, eds., *The Cambridge Companion to Pop and Rock* (Cambridge: Cambridge University Press, 2001), 247.

5　據陳冠中描述，香港人口在二戰結束那年是五十萬，1949 年增加了近八十萬人，而到 1953 年就高達兩百五十萬，可見香港的 1949 年後出生的一代，亦即「嬰兒潮」世代，是一九六〇年代成長，且人數眾多，並在反文化的意識下，逐漸形成「香港人」的在地認同。參見陳冠中：《我這一代香港人》（香港：牛津大學出版社，2007 年）。

一樂章，無論是臺灣的《現代詩》、「東方畫會」並駕齊驅的出版、展演與互文，或是香港《詩朵》首揭現代主義文學的新聲，《文藝新潮》翻譯和介紹英美現代主義詩歌；《新思潮》推介存在主義小說和反小說。承繼此一力道，一九六〇年代臺港文藝刊物對現代主義的介紹，顯示了現代主義的幾個發展階段和派別，即意識流小說、存在主義文學、新小說等。[6] 因此挑選意識流小說理論建構的淵源，作為探討一九六〇年代現代主義小說家崛起的重要背景與線索，有其文學史上的特殊意義，也可以藉由前衛藝術的理論建構，梳理臺港兩地的作家、學者與文藝刊物，如何交互激盪，經營反抗前一世代的美學觀，又開創出全新的創作視野。

事實上，意識流的觀念在西方的出現，在一次大戰以後。人們面對戰爭的無情，都市與工業社會的衝擊，柏格森（Henri Louis Bergson, 1859–1941）「生命跳躍」（élan vital）與「綿延」（duree）的時間哲學出現，加上威廉・詹姆斯（William James, 1842–1910）的心理學影響，乃至於佛洛伊德（Sigmund Frend, 1856–1939）的心理分析興起，現代主義文藝運動風起雲湧，許多前衛作家不再把理性的結構強加於書寫與敘事中，把注意力完全轉向人物的內心世界，展現事件對人物心理反應和意識運動。特別是以「意識流」（stream of consciousness）的技法，作家摒棄了情節的完整性和戲劇性，往往只展現人物日常生活的一個片段，故事既無開端、高潮，甚至沒有結局，力求再現日

6　黃繼持、盧瑋鑾、鄭樹森：〈香港新文學年表（1950 至 1969 年）三人談〉，收入黃繼持、盧瑋鑾、鄭樹森編：《香港新文學年表（1950–1969 年）》（香港：天地圖書，2000 年），頁 8–9。

常生活中的偶然性，頗受到中、外現代派小說家援用。[7]

最近許多研究指出，意識流的小說技法實驗，在一九二〇
至三〇年代的海派小說中，相當盛行，其中受到西方的心理分
析小說[8]以及日本新感覺派小說的影響很深。[9]彭小妍指出，新感

7　意識流在英國小說家梅・辛克萊（May Sinclair, 1863–1946）借為文學
　　術語使用後，已經成為文學批評中重要的術語。李奭學：〈括號的
　　詩學——從吳爾芙的《戴洛維夫人》看白先勇的〈遊園驚夢〉〉，《中
　　國文哲研究集刊》，第二十八期，（2006 年 3 月），頁 149–170。
　　以及 S. J. Chatman, *Story and Discourse, Narrative Structure in Fiction and
　　Film* (New York: Cornell University Press, 1978), 47–48.

8　在海派小說中，施蟄存受心理分析理論影響最深，他的〈梅雨之夕〉
　　全文從頭到尾是一個獨白，李歐梵指出，雖然不能算是意識流，但
　　一系統的主觀聯想卻也是從一個女人所引起，這種形式的主觀獨白
　　敘事法，可能是受到顯尼志勒的影響（例如〈愛爾塞夫人〉Fraulein
　　Else），施蟄存翻譯了不少顯尼志勒的作品。參照李歐梵：〈導讀：
　　中國現代小說的先驅者——施蟄存、穆時英、劉吶鷗作品簡介〉，
　　李歐梵編：《上海的狐步舞：新感覺派小說選》（臺北：允晨文化，
　　2001 年），頁 12。

9　在日本一九二〇年代新感覺文學運動論爭中，時年二十六歲的川端
　　康成在《文藝時代》上發表了題為《新進作家的新傾向解脫》一文，
　　文中闡述了自己的新感覺文學主張：「因為有我，天地萬物才存
　　在 ... 以這種態度去認識世界，是強調主觀的力量，是信仰主觀的絕
　　對性。... 以這樣的態度來描寫事物，就是當今新進作家的表現態度。
　　我不知道別人怎樣，但我就是這樣的。」這裏川端鮮明的表明了自
　　己的文學觀念，強調文藝要表現主觀、自我。川端倡導的作者主觀
　　意識完全融入作品，與作品連成一體的觀點，與意識流泰斗愛爾蘭
　　作家詹姆斯・喬伊斯也是十分契合的。參照吳小華，劉利：〈自由的
　　文學與直覺的藝術——川端康成與「意識流」的不解之緣〉，《涪
　　陵師範學院學報》第 23 卷第 3 期（2007 年 5 月）：頁 137–138。

覺派的文學實驗，包括小說中大量運用電影分鏡、剪接、蒙太奇的手法，同時上海新感覺派特殊風格形成的因素，除了電影技巧以外，日本新感覺派的技巧影響也不容忽視。[10] 本研究主要探討的方向，集中在以柏格森與詹姆斯的理論為源流的文學理論以及評論，大體觀察可以發現，在五四以後到一九四〇年代之間，兩人討論意識流的文章早已經過翻譯，影響了中國的知識界，文壇也不少援引意識流觀念書寫小說的例證，但是具體與有體系的文藝理論與批評，卻一直推遲到一九五〇至六〇年代臺、港的文學傳播媒體中。

香港現代主義文藝舵手劉以鬯論述香港在當代華文文學的地位時，就曾提出一個重要的線索：1961年《香港時報・淺水灣》改為文藝副刊，臺灣十月出版社將「淺水灣」刊登的二十五篇有關現代小說的論文編成《現代小說論》在臺灣出版。證明了香港作家領先臺灣譯介意識流小說理論，並藉由跨區域傳播的現象，影響了臺灣文壇。[11] 然而，在臺港現代主義文學發展的過

10　彭小妍：〈『新女性』與上海都市文化 —— 新感覺派研究〉，《中國文哲研究集刊》第 10 期（1997 年 3 月）：頁 317–355。李歐梵就直指，穆時英對於人物內心的刻劃是一種感官式的刺激，而沒有「自省」或把情緒抽絲剝繭式地呈現出來，在〈白金的女體塑像〉中，描寫一位單身漢的醫生在看到他的女病人袒裼裸裎 —— 猶如白金的塑像 —— 後神魂顛倒，不能自持，作者除了借重內心獨白式的敘述外，還嘗試用初步的「意識流」手法，有兩段文字完全不用標點符號。同註 2，頁 18。

11　劉以鬯：〈三十年來香港與臺灣在文學上的相互聯繫〔上〕〉，《星島晚報・大會堂》1984 年 8 月 22 日。有趣的是，劉以鬯說：「有人告訴我，臺灣出版商要將《淺水灣》中的一部份文章彙編成書出版。

程中，「意識流」理論的介紹，究竟是香港單方面影響了臺灣？或是在香港批評家在 1960 年翻譯與提出意識流理論前，臺灣是否已經有意識流理論的引介？都值得探討。

本研究以臺、港跨區域文學傳播的分析進路，檢視一九五〇至六〇年代兩地的報紙副刊、文學雜誌與書籍，分析兩地意識流小說理論從西方引進，以及在兩地交互傳播與影響的發展歷程。誠如比較文學研究者樂黛雲等人所言：

> 中國當代文學從意識流、尋根到新寫實、新狀態的發展都有着極明顯的海外的誘因，這是一個不容辯駁的事實。這導致舊的理論範式與新的文化事實之間出現很大的錯位和落差，這一錯位和落差使傳統的以民族文學為中心的研究格局已不能適應時代的需求，單一的國別文學研究難以很好地回答當代文學所面臨的許多複雜問題。我們需要一個廣闊的跨文化的研究視野。[12]

因此，本研究將採取跨區域研究的角度，先耙梳中國學術界與文壇在一九五〇年代以前翻譯意識流理論的文獻。接着將臺灣與香港的華文文學傳播場域，納入一個共同的「文化生產場」中，以意識流小說理論為例，描述兩地現代主義文學運動

不過，這本書我沒看見過。」

12　樂黛雲等著：《比較文學原理新編》（北京：北京大學出版社，1998 年），頁 17。

在「共時認同」的動力下，作家與譯者從世界文學體系中引進前衛的書寫觀念，啟發了小說家接納跨文化的因素，轉化出更多新穎的創作，得以與世界文學的發展接軌。

二、意識流理論在一九五〇年代前的傳播

中國近、現代小說最早使用意識流手法的，當推劉鶚。[13]劉鶚並不懂外語，但是喜閱翻譯小說，因此《老殘遊記》中十五至二十回，就借鑒了西方偵探小說寫法，而書中多處精細的心理描寫，第十二回老殘雪夜情思一段，可視為意識流技巧的初步嘗試。[14]也有加拿大學者 Michael Egan 認為吳趼人的《恨海》，使用了大量的內心獨白，應當為「中國心理小說的開端」。[15]

無獨有偶，近年來文學評論者王蒙則力主五四前後已經有作家引進意識流的手法，並將意識流書寫的傳統上溯到魯迅的《野草》。[16]不過葉立文卻認為：

....

13　夏志清：〈《老殘遊記》新論〉，劉德隆等編：《劉鶚及老殘遊記資料》（成都：四川人民出版社，1985 年），頁 485。

14　陳平原：《小說史：理論與實踐》（北京：北京大學出版社，1999 年），頁 269–270。同時可參見陳平原：《中國小說敘事模式的轉變》（北京：北京大學出版社，2003 年），頁 60。

15　Michael Egan, "Characterization in Sea of Woe," in *The Chinese Novel at the Turn of the Century*, ed. Milena Doleželová-Velingerová (Toronto: University of Toronto Press, 1980), 165–176. 轉引自陳平原：《中國小說敘事模式的轉變》（北京：北京大學出版社，2003 年），頁 121。

16　王蒙：〈關於「意識流」的通信〉，《王蒙文集》第 7 卷（北京：華藝出版社，1993 年），頁 71–74。

隨着佛洛伊德對人潛意識領域的發現，意識流得到了生理學和哲學觀念的支撐。由於人大腦中意識流活動的無序性和朦朧性，小說家在表現這種意識流時不惜通過時空跳躍、剪接、拼貼等手法將「意識流」的心理流程仿造成可見的「語言流」。但無論方法多麼新奇，「意識流」都處處體現了作家非理性的潛意識世界。而王蒙對意識流的理性化解釋，不能不說是受制於唯物主義認識論的結果。這一處理方式不僅改造了意識流的非理性程度，也在很大程度上偏離了《野草》的真正內涵。[17]

事實上，五四作家如果對聯想、夢、幻覺、潛意識有所關注，甚至動用類似潛意識的筆法，無非是他們在小說中借心理學理論解剖人物心理。[18] 在葉立文的觀察中，意圖把意識流小說技法上溯到五四文學評論，無非是為了追求現代主義文學發展的正當性基礎，純屬文學傳播的策略論述，還缺乏充足的理論辯證。

17　葉立文：〈西方現代派文學傳播的五四源流〉，《內蒙古社會科學（漢文版）》（2007年3月）第28卷，第2期，頁124–129。

18　陳平原：《中國小說敘事模式的轉變》，頁65。其他的例證如，郭沫若的《殘春》則明顯受弗洛依德精神分析學的影響，陳平原就認為，佛洛依德的「深度心理學」與詹姆斯的「意識流」對「五四」作家的影響，體現在小說敘事結構的轉變上，進而促進小說敘事時間轉變的，主要是普通心理學研究的「聯想」。

對於中國文化界而言，意識流的哲學概念早在五四前後，就已經譯介出。自《新潮》1920 年「世界名著」專號上，刊登了馮友蘭《評柏格森的「心力」》一文後，引發了一股柏格森熱。1921 年 12 月 1 日出版的《民鐸》第三卷第一號「柏格森號」，就刊載了柯一岑翻譯的《柏格森的精神能力說》一文，其中首次提到了「意識流」這一術語。[19] 但停留在法國亨利・柏格森哲學理論的討論，尚未觸及意識流小說的介紹。

　　一般來說，意識流小說不但淵源自哲學的觀念，也來自近代心理學理論的刺激。美國著名心理學家威廉・詹姆斯提出「意識流」（stream of consciousness）的概念，他主張：

> 意識並沒有對它自己呈現為是被砍碎了的碎塊。像「鏈條」、「序列」這樣的詞語，並沒有恰當的將它描述為它最初將自己呈現出來的樣子。它完全不是結合起來的東西，它是流動的。「河」或者「流」的比喻可以使它得到最自然的描述。在後面談到它的地方，讓我們稱它為思想之流、意識之流或者主觀生活之流。[20]

19　張新穎：《20 世紀上半期中國文學現代意識的基本情形：一種表面的敘述》，2010 年 10 月 20 日，網路資料 http://www.csscipaper.com/literature/literstudy/9291.htm。另參照於慶：〈中・韓現代小說對意識流接受的比較〉，《讀與寫雜誌》第 5 卷第 10 期（2008 年 10 月）：頁 64。此文將《民鐸》誤為《聞鐸》。

20　威廉・詹姆斯，田平譯：《心理學原理》（北京：中國城市出版社，2003 年），頁 335。．

在詹姆斯的觀念中，經驗有其不足與不周延的部份。在人們心理狀態中，每個人的意識中，思想永遠是變化的、連續的，他把思想流的靜止處，稱之為「實體部份」，它的飛翔地方稱之為「過渡部份」，如此思想會不斷脫離實體部份。希望到達另一個實體部份，而過渡部份的主要功能，就是引渡意識流能達到實體的終點。[21]詹姆斯的《心理學原理》一書中關於「意識流」的討論，[22] 在 1945 年就由唐鉞翻譯為《論思想流》一書，由商務印書館出版。此一小冊子，收錄在商務印書館「漢譯世界名著甲篇」中，於 1966 年在臺灣重新刊行。

　　詹姆斯《論思想流》一書的翻譯，核心的觀念應在介紹心理學的新知，並未論及意識流小說的技巧。在一九五○年代前，真正較為清晰分析意識流小說藝術的專文，應當是 1944 年，謝慶堯在《時與潮文藝》（第 2 卷第 1 期）發表了題為〈英國女作家吳爾芙夫人〉的文章，提及了「意識之流法」（ stream of consciousness technique），文章中特別提及，「意識之流」源於心理學，意指過去印象和現在印象同時交錯的心情，用是法

21　威廉‧詹姆斯著，唐鉞譯：《論思想流》（臺北：臺灣商務印書館，1945 年），頁 23-24。

22　武新玲認為，意識流理論是詹姆斯建立純粹經驗理論的初期，作為一種心理狀態的「經驗」與「思想」和「意識」是彼此對等可以互換的，顯示詹姆斯「純粹經驗」概念的混亂。直到《徹底的經驗主義》階段，詹姆斯才將「純粹經驗」看作是經驗主義學說的核心概念，此後「經驗」才與「思想」和「意識」相區分開來，並且在內涵上比「思想」和「意識」更加的廣泛和豐富。參見，武新玲：〈詹姆斯的純粹經驗如何可能？〉，《哲學系高等教育與學術研究》第 4 期（2007 年）：頁 179-180。

寫小說,方能使讀者體會到活的生命。同時描寫下意識(sub-consciousness)的心理狀態,已經成為英國與美國新小說的趨勢。[23] 謝慶堯的文章,是在一九五〇到六〇年代之前,少見能以比較文學的觀點,簡單鋪陳與介紹意識流小說的評論文字。

三、意識流理論一九六〇年代後在香港的傳播

從文獻資料觀察,意識流理論最早引介到香港,是由馬朗1960 年 3 月 30 日在《香港時報・淺水灣》副刊上的譯介為先聲,同時透過主編劉以鬯的企畫編輯,作家崑南、盧因等人的評論與翻譯,次第形成較有系統的討論。

馬朗在介紹當代小說時,論及喬哀斯、紀德與卡夫卡的小說,都以描述二十世紀人類生活的新狀態為背景,勢必動用現代小說的技法。他引用英國批評家哥衡(J. M. Cohen)的看法:

> 由叔本華和尼采的哲學思想、柏格森和佛洛德的
> 心理學發現,再加上社會的重壓,求生存的機械
> 性的掙扎,對人的思想行動具有深沉影響的無意
> 識生活,都會開始需要小說家較大部份的注意,
> 把他從人們的關係的戲劇拖開,驅使他趨向思索
> 和印象主義,趨向社會理論的建立,或是趨向一
> 種對於書中人物底十分隨意不定的「思索的潮

23　謝慶堯:〈英國女作家吳爾芙夫人〉,《時與潮文藝》第 2 卷第 1 期(1944 年),轉引自曾艷兵:〈意識流:從西方「流」到中國〉,《文藝理論與批評》第 1 期(2004 年):頁 121–131。

流」所抱有之非邏輯以及半詩意的成見。小說家
再不能單敘述一個平易的故事算了。[24]

　　馬朗從哥衡《西方文學史》[25]一書中，借用了「失去焦點的
現代小說」的觀念，說明在現代派小說中，注重心理分析，小
說家將人類意識活動視為零碎的斷片之連續，沒有目的和邏輯，
也沒有程式，等於十分隨意不定的潮流。以新的敘事手法表現
出來，恰似沒有對準焦點的攝影，沒有一定的中心，看似失焦，
卻有詩意。馬朗以「思索的潮流」的概念，用以說明意識流小
說的發展趨勢，雖未能區別思索與意識的差異，但論理詳盡，
也旁及超現實主義小說、心理分析小說與法國反小說派的發展
趨勢，應當是香港最早有系統介紹意識流理論的文章。[26]
　　緊接着馬朗的介紹，盧因以筆名馬婁，於 1960 年 4 月 5 日
寫作了〈意識流小說的理論與技巧〉一文，[27]刊登於《香港時報·

24　馬朗：〈失去焦點的現代小說〉，《香港時報·淺水灣》1960 年 3
　　月 30 日第 3 張第 10 版。或見馬朗：〈失去焦點的現代小說〉，《現
　　代小說論》（臺北：十月出版社，1968 年），頁 9-10。

25　馬朗參考的書應是 J.M. Cohen, *A History of Western Literature* (Middlesex:
　　Penguin, 1956).

26　盧因指出，首先將「stream of consciousness」這個英文名詞，用文學
　　術語中譯的是馬朗，但思索和意識是兩回事，彼此不盡相同，當時
　　鄭易裏主編的《英華大辭典》，已有「意識之流」的譯法，相形之下，
　　要比馬朗的翻譯優勝一籌。盧因：〈關於意識流〉，《一指禪 ——
　　文學四十自選集》（香港：華漢文化，1999 年），頁 159。

27　馬婁：〈意識流小說的理論與技巧〉，《香港時報·淺水灣》1960
　　年 4 月 5 日第 3 張第 10 版。

淺水灣》副刊上。其後兩個月內，淺水灣副刊次第刊登了山穀子的〈心理分析派小說的三傑〉[28]與〈淺談心理分析派小說的淵源〉，[29]以及崑南以另一個筆名葉冬翻譯的兩篇文章〈現代小說的意識流〉[30]與〈意識流的自覺心靈活動〉[31]等。據盧因的回憶，這一系列關於意識流理論的介紹，背後的推手就是《香港時報》文學副刊「淺水灣」主編劉以鬯，企畫編輯了意識流小說介紹的專文。原本盧因依據 1959 年 11 月初版鄭易裏編《英華大辭典》「意識之流」的譯法，但劉以鬯與盧因都覺得讀起來不順暢，在劉以鬯大筆一揮下，把「之」刪去，於是第一次在香港報刊上出現了「意識流」的翻譯。[32]

在劉以鬯主導的意識流理論介紹中，多半以堪富利（Robert Humphrey）的《現代小說的意識流》（*Stream of Consciousness in the Modern Novel*）一書，加以改寫與譯寫。因此，將意識流小說的思想淵源上溯到詹姆斯的意識流理論上，主要討論的是小

28　山穀子：〈心理分析派小說的三傑〉，《香港時報・淺水灣》1960年 4 月 20 日第 3 張第 10 版。

29　山穀子：〈淺談心理分析派小說的淵源〉，《香港時報・淺水灣》1960 年 4 月 27 日第 3 張第 10 版。

30　堪富利著，葉冬譯：〈現代小說中的意識流〉，《香港時報・淺水灣》1960 年 5 月 25 日第 3 張第 10 版。崑南所翻譯的應當是 Robert Humphrey, *Stream of Consciousness in the Modern Novel* (Berkeley and Los Angeles: University of California Press, 1987).

31　堪富利著，葉冬譯：〈意識流的自覺心靈活動〉，《香港時報・淺水灣》1960 年 6 月 2 日第 3 張第 10 版。

32　盧因：〈關於意識流〉，《一指禪 —— 文學四十自選集》（香港：華漢文化，1999 年），頁 158。

說中心理現象的特質。[33]堪富利很嚴謹地依照詹姆斯的心理學理論鋪排關於「意識」的定義：

> 意識是指整個自覺的精神範圍，從心靈上的非意識（preconsciousness）開始，包括理性的，可傳達的最高自覺性。這個範圍，幾乎與所有的心理小說的差別就在於它比那較理性的語言表現得更原始——接近自覺的邊緣。

因之，「意識」千萬與「智力」、「記憶」等概念並不相同，小說敘事動用大篇幅回憶，並不算意識流小說，如果以冰山為意識的譬喻——整個冰山，意識流小說是指冰山表面下的一切，換言之「其重點在意識的非語言同位的探索上，達到去洩露每個人物的精神實在的目的。」[34]

同時，堪富利也進一步點出，意識流小說家通常可見到下列四種技法：直接內心獨語（direct interior monologue）、間接內心獨語（indirect interior monologue），無所不知的描寫（omniscient description）和獨語（soliloquy）。[35]盧因譯寫為「直接內心獨語」是修辭學的名詞，也是在小說運用的一種技巧，其功能在表現小說人物中的心靈活動之全部過程，作者完全退

33　R・堪富利著，葉冬譯：〈現代小說中的意識流〉，《香港時報・淺水灣》（1960 年 5 月 25 日），第三張第十版。

34　同上。

35　Robert Humphrey, *Stream of Consciousness in the Modern Novel* (Berkeley and Los Angeles: University of California Press, 1965), 23–24.

出，只藉小說中的人物的「說」和「想」傳達其意識狀態。「間
接內心獨語」是由作者傳達感覺，感到作者本人不斷的出現和
存在。至於「無所不知的描寫」是指，作者對其描寫的人物之
內心活動是無所不知而言，客觀地將其活動給讀者報告。而「獨
語」也可譯為「獨白」，是很古老的文學技巧，用以表現主角
內心的思維。[36] 值得注意的是，堪富利不認為運用「內在獨語」
的技法，就應當一律歸入意識流小說，畢竟意識流小說主要是
討論心理狀態的文學，因此要能展現精神的經驗，包括知覺、
記憶、想像、概念與直覺，並能夠將心理狀態透過象徵，表達
出個人感覺以及聯想的過程，才能列入意識流小說中。[37]

　　相較於崑南摘譯意識流小說理論局限在詹姆斯的心理學理
論，盧因介紹意識流小說的理論框架，則擴及佛洛伊德的精神
分析學，以及電影方面的蒙太奇，觀點更為遼闊，也顯得周延。
盧因認為：

> 按弗氏的意見：人類意識領域中之潛意識尚隱藏
> 着意識以外的意識層，僅這隱密意識層即有無限
> 的「無意識」，不斷的滲透意識之內而顯出特
> 異的作用。在現代小說的領域中，「意識」並非
> 指有限度的心理活動而言，它是指運用「意識技
> 巧」，以一個或更多的人物之意識為主要題材，
> 被敘述的意識是一塊大幕，使作者的主題活現在

36　馬婁：〈意識流小說的理論與技巧〉。
37　堪富利著，葉冬譯：〈意識流的自覺心靈活動〉。

這塊大幕上。換言之，「意識」是指心靈活動的整個領域而言。從先意識（pre-consciousness）始，經過心靈各層，直至那最高的，理性的能用語言表達的瞭解（awareness）。[38]

因此，意識流小說要探詢的是精神分析上，人類意識中的「先語言層」，並以「意識技巧」揭示人物的心靈狀態。同時，他還指出，利用電影的蒙太奇手法，以慢鏡，倒述，淡出等技巧，轉換到寫作上，也成為意識流作家的技巧，尤其是蒙太奇的剪接手法，有助於表現人、事、物多方面的結構。[39]

四、意識流理論一九六〇年代前後在臺灣的傳播

意識流理論的翻譯與介紹，臺灣媒體上出現的日期，事實上要比香港略微早約一年。在 1959 年 4 月 7 日《聯合報》副刊介紹〈法國的反小說運動〉，提及「意識流」小說的特色。同年 7 月《文學雜誌》刊登了朱南度所翻譯的〈現代英國小說與

---

38 馬婁：〈意識流小說的理論與技巧〉。在此文中，大量運用了心理分析的觀點，如認定意識是一種秘密的東西，是流動的不受拘束的，但也有它本身的時間感。控制意識的流動便是應用心理學上的心理聯想原則（psychological association）。文中特別點出，因為心靈意識不能集中太久，它忽東忽西；忽而集中於乙而聯想到甲，忽而又集中於丙而聯想到丁。此因控制這心理聯想的作家們經常利用記憶聯想的基礎和想像決定聯想的伸縮性，其次便是感官作用指導聯想。

39 同上。

意識流〉一文，相當詳盡與體系化介紹意識流小說的內涵與經典作品，殊值重視。

　　在 1959 年 4 月 7 日《聯合報》副刊上介紹〈法國的反小說運動〉一文，是目前在臺灣文學傳播媒體上較早出現「意識流」的文獻。[40] 這篇文章並未署名作者，主要介紹 1956 年開始，由反小說（anti-roman）派，又稱為法國「新小說」派的主張。由於反小說強調描寫和表現人的心靈的、心理的「內在世界」，因此並不注重人物的外在的特徵與形貌，而是致力於表現人物內心世界的意識，並以描寫主角在事實與想像間擺盪的意識，意識流就成為此派作家倚重的手法。[41]

　　在一九五○年代末，臺灣學院中出現了《文學雜誌》，創刊於 1956 年 9 月，主編夏濟安對西方思潮的介紹相當著力，並獲得臺北美國新聞處的支持補助。《文學雜誌》不僅秉持著自由主義的創作精神，希望擺脫政治的枷鎖，使文學回歸於文化與美學的生態中。其中系列的翻譯，引進西方現代主義的文藝理論，最為膾炙人口。[42] 許俊雅就特別點出：

40　本報訊：〈法國的反小說運動〉，《聯合報》1959 年 4 月 7 日第 7 版。

41　同上。

42　陳建忠就指出，夏濟安的《文學雜誌》對臺灣現代主義文學創作的影響，亦具體表現在這些譯介的文章當中，相關的重要作家有：里爾克、波特萊爾、亨利·詹姆斯、卡謬、海明威、艾略特、托馬斯·曼等，幾近涉及西方現代主義的各個時期和流派。參見陳建忠，〈「美新處」（USIS）與臺灣文學史重寫：以美援文藝體制下的臺、港雜誌出版為考察中心〉，《國文學報》第 52 期（2012 年 12 月）：頁 226。

其成就是以推崇的態度評介了諸如卡繆、艾略
特、喬哀思等一些西方現代派大師的作品和理
論，以及存在主義、象徵主義、意識流等西方現
代哲學和文學的流派與觀點。[43]

　　可見《文學雜誌》譯介西方現代主義文學理論，是在華文
文學出版環境中的「現代派先聲」，對其後《現代文學》的作
家群，特別產生了直接的影響。

　　以朱南度[44]為例，在 1959 年間，就翻譯了兩篇長文，分別
是〈現代英國小說與意識流〉[45]與〈現代藝術與存在主義〉，[46]
均對臺灣現代主義小說風格的奠基，打下了堅實的理論基礎。
朱南度本名朱乃長，臺大外文系畢業，是夏濟安的學生，畢業
後留校擔任助教，也是《文學雜誌》重要的參與者，用「朱乃
長」、「朱南度」等名字，為雜誌譯過不少文章。吳魯芹回憶
指出：「朱南度一九六○年代應邀到南洋僑校去教英文，據說

43　許俊雅：〈回首話當年（下）：論夏濟安與《文學雜誌》〉，《華
　　文文學》第 54 期（2003 年 1 月）：頁 55–56。

44　參見吳魯芹：〈瑣憶「文學雜誌」的創刊和停辦：見到重刊合訂本
　　問世廣告所引起的〉，《聯合報》，1977 年 6 月 1 日，第 12 版。

45　朱南度：〈現代英國小說與意識流〉，《文學雜誌》第 6 卷第 5 期（1959
　　年 7 月）。原文是 William York Tindall, "The Stream of Consciousness,"
　　Ch. 7 in *Forces in Modern British Literature, 1885–1946* (New York:
　　Vintage, 1947).

46　朱南度：〈現代藝術與存在主義〉，《文學雜誌》第 6 卷第 5 期（1959
　　年 9 月）。

在南洋聞母喪，奔喪回大陸，後來逃到香港，貧病交逼而死。」[47]
此一說法經過考證是不正確的，事實上，朱乃長 1962 年在英千里先生的幫助下去汶萊講學，1964 取道香港回到大陸，在上海師範大學文學研究所任教，1994 年退休。他曾受臺灣幾家出版公司、上海譯文出版社、中國對外翻譯出版公司、湖南文藝出版社等之約，先後已有譯著近四十種。朱乃長致力於英美文學名著的譯介，較知名的譯作有《大地英豪》、《無辜者》（以上兩書獲臺灣新聞局 1995 年優良翻譯獎）、《巴黎・倫敦流浪記》、《碧廬冤孽》，評注作品有《英美短篇小說賞析：走入現代心靈》、《風起之時：曼斯菲爾德短篇小說導讀》，他在翻譯上的成就與努力，一直沒有停歇過。

朱南度的〈現代英國小說與意識流〉一文，翻譯美國文學理論家亭德爾（William York Tindall）的論述，他分別從心理學、哲學與文學的角度，介紹意識流小說的理論與特質。在理論上也分從詹姆斯、柏格森與佛洛伊德的理論，建構意識流小說的理論基礎。比較特別的是，亭德爾認為，在詹姆斯、柏格森提出理論之前，小說家屠格涅夫、契訶夫與杜司妥也夫司基都曾運用過類似意識流的小說手法，探索主觀、意識與非邏輯的敘事風格。而英國的奇幻小說類型中，在通俗文學的領域中，書寫多重人格，不無開創意識流小說風格的引導作用。[48]

亭德爾與堪富利的論述模式不同，堪富利係依照思想、功

47 參見吳魯芹：〈瑣憶「文學雜誌」的創刊和停辦：見到重刊合訂本問世廣告所引起的〉，《聯合報》，1977 年 6 月 1 日，第 12 版，聯合副刊。

48 朱南度：〈現代英國小說與意識流〉。

能、形式與結構等條件，條析縷陳意識流小說的特質。亨德爾則以名家作品的分析為主，廣泛介紹與評析亨利‧詹姆斯、康拉特、摩爾、喬哀斯（James Joyce）、吳爾芙（Virginia Woolf）等人的經典作品，藉以說明意識流小說的特質。朱南度翔實的譯介，為當時貧乏的文壇注入一股新的力量，也點燃臺灣現代主義小說家，諸如：白先勇、陳若曦、歐陽子、王文興、七等生等人實驗現代派小說的火苗。[49]

在學院之外，臺灣關於意識流小說的介紹，不僅取材於西方理論的翻譯，還從香港媒體上取材。1968 年 10 月，十月出版社出版《現代小說論》，列為十月叢書第五種。[50]內容絕大多數摘錄了《香港時報》淺水灣副刊的評論文字，焦點集中在意識流小說、心理分析小說的理論與批評，由詩人辛鬱校對，畫家李錫奇設計封面。由此可見，香港的系統介紹對臺灣文壇發生了相當的吸引力，盧因就指出：

49　《文學雜誌》評介了諸如卡謬、艾略特、喬哀思等西方現代派大師的作品和理論，以及存在主義、象徵主義、意識流等西方現代哲學和文學的流派與觀點。這些介紹對六〇年代的現代主義文學，特別是小說創作方面有重要的先導作用。六〇年代興起的《現代文學》作家繼承了《文學雜誌》的影響，他們對西方文學大師風格的練習，如叢甦的〈盲獵〉頗有卡夫卡的味道，白先勇的〈遊園驚夢〉中流露的意識流，更是明顯受現代主義的影響。《文學雜誌》中單篇的西方理論譯介，到了《現代文學》形成更有系統的專輯。

50　卡謬等著：《現代小說論》（臺北：十月出版社，1968 年 10 月）。該書中談小說藝術有一輯，講意識流和心理分析小說的三篇，講六〇年代風行法國反小說派小說的一篇，論紀德、喬哀斯、普魯斯特、沙特、福克納、勞倫斯、亨利‧占姆士的各一篇，論卡夫卡的兩篇。

「淺水灣」則是介紹「意識流」較早的香港刊物。
我譯出後，臺灣馬上移用。現在這個名詞，早已
膾炙人口了，國內作家亦經常掛齒。當時，香港
的文學工作者，不但比臺灣的文學工作者先走十
幾步，更比其它地區華文文學工作者，先走幾十
步。[51]

　　事實上，《現代小說論》一書發行時，劉以鬯離開「淺水灣」
副刊編輯檯已經近八載，此書的出版並不能證明臺灣「馬上」
移用了香港了翻譯。如對照朱南度的翻譯，更可以發現，臺灣
文壇使用意識流一詞，要早於「淺水灣」副刊。
　　不過《現代小說論》的出版，自有其文學傳播上的意涵，
當年擔任該書校對的辛鬱，實際上正是十月出版社幕後的推手。
他在接受本研究深度訪談時就提及：

　　　《現代小說論》文章主要來源是《香港時報》、
　　　《星島日報》，還有香港的《祖國周刊》。因為
　　　那時候卡繆、沙特，這些存在主義的作品，在臺
　　　灣刊物還看不太到，在香港看得到。臺灣大學裏
　　　的學報我們沒機會看，那時候葉維廉也在臺灣，
　　　除非透過他去借出來大家看看，不然沒有機會。[52]

51　盧因：〈回憶「淺水灣」兼談《現代小說論》〉，《一指禪 —— 文
　　學四十自選集》（香港：華漢文化，1999 年），頁 196。
52　辛鬱訪談（2010 年 5 月 23 日），訪問地點：辛鬱住宅。

可見對於求知若渴的臺灣文藝青年而言，學院的刊物並不容易接觸，反而是國民黨營《香港時報》「淺水灣」副刊，當時同步在臺灣發行，劉以鬯有系統引介西方現代主義文論，在跨區域文學傳播的架構下，意外為臺灣的小說理論注入了重要的養分。

實際考究《現代小說論》的發行，命運相當的乖違。辛鬱指出：

> 當時運氣不好，我們在一年半之內編了十八本書，三十二開本，其中有一本是兩本，上下冊，另外兩本是最新的，總共二十一本，去借了個倉庫，碰到有一年葛洛里颱風，八月份，七月份印好，等着十月份上市，因為叫十月出版社，倉庫塌了。這些書有一部份，大概每一本書都有一百多本，在我們這裏，其它一千九百多本，通通泡湯啦。[53]

除此之外，出版檢查機關很快就提醒辛鬱、丁文智等人，要求翻印大陸小說的十月出版社停刊。隨着十月出版社曇花一現，《現代小說論》一書也就隱沒在茫茫書海中。

五、結語

意識流小說的技法很早就出現，或主張在晚清，也有學

53　同上。

者認為在五四時期。經過文獻整理，不難發現，涉及意識流觀念發展的心理學、哲學的翻譯與介紹，事實上在一九二〇至四〇年代間，中國思想界就開始注意到柏格森與詹姆斯的理論。然而，真正有體系翻譯與介紹意識流小說理論者，還是延遲到一九五〇至六〇年代，臺灣與香港的現代主義文學傳播媒體上。這波在六〇年代掀起的意識流理論建構風潮，支持者是夏濟安、劉以鬯與馬朗，實際參與翻譯、評論與推廣出版者，是當時跨越臺港的一批新世代作家，包括了朱南度、盧因、崑南、王無邪與辛鬱，早於小說創作的實驗與發表，展現出前衛與創新的力道。

柳鳴九對於意識流理論發生的歷史條件，提出了三點歸納的想法：一是二十世紀西方哲學、社會學、倫理學中更為突出的個性主義、個人主義思潮促使文學對個體人本身、對人的精神活動狀態有更深入的關注；二是二十世紀心理學的發展、特別是佛洛德學說的出現，為文學深入細緻、別開生面地表現人的內心活動，提供了啟示與理論根據；三是自然主義以後對更為嚴格的真實性與科學性的追求，促使文學嘗試拋棄那種由作者出面來概述或描述人物內心活動的編排性、虛假性，而轉向直接呈現人物意識活動的新的藝術途徑。[54]

從現存臺港文學媒體的文獻中可以發現，意識流這一個名詞最早出現是 1959 年《聯合報》副刊的上，一篇介紹〈法國的反小說運動〉的短訊。而臺、港兩地意識流小說最完善、最早

54　柳鳴九主編：《意識流》。（北京：中國社會科學出版社，1989 年），
　　頁 5-6。

的翻譯，當屬朱南度 1957 年〈現代英國小說與意識流〉一文，發表於《文學雜誌》上。而並非如劉以鬯、盧因等人所指出，華文文學出版界第一次出現「意識流」的譯名與理論介紹，是始於 1960 年的《香港時報》淺水灣副刊。在當時臺港兩地，確實已經有較成熟的社會學、心理學的發展背景，對個人主義的追求，更是新興都市化過程中，作家反映都市人苦悶心理，[55] 現代主義成為當時文藝的主流，意識流手法廣泛用於小說的寫作，自然有其時代因素。

如果就跨區域文學傳播的效果觀察，《文學雜誌》雖然小眾，影響力不容小覷，每期印製 4500 份，根據王梅香的研究指出：

> 《文學雜誌》一共印製 4500 份，東南亞各美新處定期收到 1930 份（其他 2500 份在臺灣透過商業管道銷售）。包括：泰國曼谷 5 份、香港 200 份、馬來亞吉隆坡 900 份、菲律賓馬尼拉 500 份、柬埔寨金邊 50 份、越南西貢 100 份、韓國漢城（今名首爾）100 份、新加坡 5 份、寮國永珍 20 份和日本橫濱 50 份。[56]

---

55 劉以鬯以意識流手法寫《酒徒》一書，所反映了五〇年代香港商業社會逐漸形成時期，社會對文學藝術的抑鬱，以及作家所感受到的現實的痛苦，就是相當著稱的例證。參照周偉民、唐玲玲：《論東方詩化意識流小說：香港作家劉以鬯研究》（北京：中國社會科學出版社，1997 年），頁 2。

56 王梅香，〈美援文藝體制下的《文學雜誌》與《現代文學》〉，《臺

特別《文學雜誌》能夠在譯介文藝新思潮上，受到菁英讀者的重視，繼而在作家與評論家間，擴散了論述的影響力。

相較於《文學雜誌》的菁英與小眾，《香港時報》是國民黨在香港創辦的報紙，1960 年代能夠在臺、港兩地發行，其讀者自然要較多些。在劉以鬯主導的一系列意識流理論介紹中，無論是馬朗、盧因、崑南、山谷子等人的翻譯與譯介，觀點的紛繁與多樣，不僅譯寫了英國的當代理論，也擴及討論歐洲的心理分析小說，乃至於電影蒙太奇技巧的影響等，均為臺灣六〇年代文學媒體相形失色的。這也就不難解釋，何以當辛鬱、丁文智等人籌組十月出版社，希望介紹前衛小說理論時，會大量引用、翻印香港報刊上的文章。

回眸六〇年代意識流小說的倡議，誠如張愛玲在七〇年代的讀書筆記，提及意識流並非傳統中國古典小說有的技法，畢竟舊小說往往鋪開來平面發展，人多，分散，只看見表面的言行，少了內心的描寫，而縱深的探求，是意識流別有的能量。不過此類小說易寫難工：

> 有時候流為演講或發議論，因為經過整理，成為
> 以外的，說服別人的，已經不是內心的本來面目。
> 「意識流」正針對這種傾向，但是內心生活影沉
> 沉的，是一動念，在腦子裏一閃的時候最清楚，
> 要找它的來龍去脈，就連一個短短的思想過程都
> 難。記下來的不是大綱就是已經重新組織過。一

灣文學學報》第 25 期（2017 年），頁 102。

> 連串半形成的思想是最飄忽的東西，跟不上，抓
> 不住，要想模仿喬埃斯的神來之筆，往往套用些
> 心理分析的毛筆。這並不是低估西方文藝，不過
> 舉出寫內心容易犯的毛病。[57]

足見祖師奶奶在歷經海派到臺港現代主義小說競出的風潮中，不免感慨，不少作者未必能掌握意識流小說的深刻。

本文僅局限在文學批評的角度，分析臺港意識流小說的跨區域傳播現象，並沒有進一步就西方與日本意識流小說作品的翻譯，[58]加以耙梳比對。相信如果另從上海、香港與臺灣一九二〇至六〇年代新感覺派、現代派小說加以比對，或是另從海派小說、香港的劉以鬯與西西、臺灣的《現代文學》同仁的小說創作考察，應當會找尋到其他有關意識流技法傳播的脈絡與過程。

57　張愛玲：〈談看書〉，《張看》（臺北：皇冠，1976），頁 224。

58　最近許多研究指出，意識流的小說技法實驗，在一九二〇至三〇年代的海派小說中，相當盛行，其中受到西方的心理分析小說以及日本新感覺派小說的影響很深。彭小妍指出，新感覺派的文學實驗，包括小說中大量運用電影分鏡、剪接、蒙太奇的手法，同時上海新感覺派特殊風格形成的因素，除了電影技巧以外，日本新感覺派的技巧影響也不容忽視。彭小妍：〈『新女性』與上海都市文化──新感覺派研究〉，《中國文哲研究集刊》第 10 期（1997 年 3 月）：頁 317–355。

浪漫何為？——
論一九六〇年代新浪漫主義在香港的評介

宋子江

> "If all time is eternally present
> All time is unredeemable."
> —"Burnt Norton," T.S. Eliot [1]

感傷情調的政治色彩

國共內戰結束前後，國內部份文人、學者和藝術家出於各種原因，南下移居英國殖民地香港。這一批南來文人，通過辦刊、寫作、評論和翻譯等途徑，在英國殖民地香港引介了西方各個時代和各種流派的文學，浪漫主義正是其中一種。[2] 一九五

1　T.S. Eliot, *The Poems of T.S. Eliot: Collected and Uncollected Poems*, Vol. 1, eds. Christopher Ricks and Jim McCue (Baltimore, MD: Johns Hopkins University Press, 2015), 179.

2　梁秉鈞對於一九五〇年代香港詩歌如何繼承和轉化中國現代詩歌的問題作出過深刻的觀察，見梁秉鈞：〈一九五〇年代香港新詩的傳承與轉化 —— 論宋淇與吳興華、馬博良與何其芳的關係〉，《也斯的五〇年代》（香港：中華書局，2013 年），頁 57–79。

〇年代初，力匡、夏侯無忌、黃思騁等文人創辦《人人文學》（1952–1955）雜誌。詩人力匡從廣州南下，擔任過這本雜誌的主編，並在該雜誌以及後來其主編的《海瀾》（1955–1957）雜誌發表了許多去國懷鄉、感懷異地的詩作，在當時受到許多文學青年的追捧和效仿。[3]《人人文學》和《海瀾》兩本雜誌均受到美國新聞處下轄亞洲基金會的資助，屬於美援綠背一類的文化產物，亦是當時香港右派文人的重要陣地，對抗廣義左派詩人在「五赤報」上大量發表的以現實主義風格為主的詩作。[4]力匡的這些詩作絕大部份音步、韻律和分節都十分整齊，其詩歌形式十分接近一九二〇年代末至三〇年代初新月派詩歌。如果我們再往西方追溯此詩歌形式的影響源頭，則無疑是英國浪漫主義詩歌。《人人文學》的編輯邀請了南下文人宋淇以筆名余懷（另有筆名林以亮），撰文推介和評論華爾華滋、柯勒律治、拜倫、雪萊、濟慈等英國浪漫主義詩人的作品。民國時期新月派詩歌一直被當時的左翼文人敵視，其鮮明的詩歌形式也不可避免地被塗上「反革命」的政治色彩，甚至冠以「反革命」的罪名。在香港五〇年代左右對立的政治氣氛下，以力匡為首的右派「反共」詩人很自然地承襲了新月派的詩歌形式，以之抒發他們的遺民情感。因此這些右派詩人的作品，無論是詩歌內

3　力匡的詩歌研究，可見張詠梅：《北窗下呢喃的燕語 —— 力匡作品漫談》（香港：洪葉書店，1997 年）。

4　關於一九五〇年代香港詩壇左中右之分野，可見鄭政恆：〈一九五〇年代香港新詩概要〉，《五〇年代香港詩選》（香港：中華書局，2013 年），頁 1–21。

容還是詩歌形式，均彰顯他們的政治意識形態。[5]

　　宋淇評介英國浪漫主義詩歌時，在詩學的層面批評它的感傷情調，並且引起了一場不大不小的論戰，[6]認為詩歌創作不應受政治意識形態所支配，不能因為「反共 [……] 放棄文學或其他類似的活動」。[7]宋淇反對感傷情調為詩歌形式塗上政治色彩，卻並不反對詩歌形式本身，並且提出以詩歌形式來制約過度的情感抒發。他在《人人文學》陸續發表了〈詩與情感〉、〈論新詩的形式〉、〈再論新詩的形式〉等文章，在《文藝新潮》發表詩作〈噴泉〉（1956）和文章〈一首詩的成長〉（1956），以及編譯《美國詩選》（1961）和《美國文學批評選》（1961），一再批評浪漫主義詩歌，認定它是一種屬於十九世紀的、落後的詩歌風格。宋淇表面上推崇歐美現代主義詩歌，實際上卻提倡一種兼顧音韻格律和現代情懷的中文新詩。[8]五〇年代下半葉，力匡離開香港遠赴南洋，《人人文學》和《海瀾》相繼停刊，失去了主將和陣地的右派浪漫主義詩歌亦逐漸消歇。從五

5　詳見筆者 Zijiang Song, "Translation, Cultural Politics, and Poetic Form: A Comparative Study of the Translation of Modernist Poetry in *Les Contemporains* (1932–35) and *Literary Currents* (1956–59)," in *Translation and Academic Journals*, ed. Yifeng Sun (New York: Palgrave Macmillan, 2015), 97–116.

6　論戰詳情見陳智德：〈林以亮詩論以及50年代香港新詩的轉變〉，《作家》第 11 期（2011 年）：頁 85–93。

7　林以亮：〈「西洋文學漫談」前言〉，《詩與情感》（臺北：大林出版社，1982 年）；原刊《人人文學》第 8 期（1953 年）。

8　詳見筆者〈袁水拍和林以亮編譯的美國詩歌〉，《現代中文文學學報》11.2（2013 年）：頁 45–74。

〇年代下半葉至六〇年代初，崑南、葉維廉、王無邪、馬朗、李維陵、李英豪、劉以鬯等人在《詩朵》（1955）、《文藝新潮》（1956-1959）、《新思潮》（1959-1960）、《香港時報‧淺水灣》（1960-1962）、《好望角》（1963）等文學雜誌和報紙副刊上翻譯和評介西方現代主義思潮和文學，短短不到十年時間造就了香港文學的現代主義。儘管左派詩人仍然在堅持寫作現實主義詩歌，儘管仍有部份詩人將浪漫主義詩歌視為圭臬，儘管香港仍有詩人在進行舊體詩的寫作，香港文壇已經無可避免在經歷一場現代主義的洗禮。

新浪漫主義在香港的評介

進入六〇年代，美元綠背刊物《中國學生周報》成為香港右派文人的重要發表陣地。筆者瀏覽《中國學生周報》的目錄，卻並沒有發現着意把「現代主義」看成一場文學運動或者文化思潮來進行評介的文章，該報反而梅花間竹地刊登介紹「新浪漫主義」（Neo-romanticism）：

期數	刊登日期	作者	題目
517	1962 年 6 月 15 日	佚名	新浪漫主義
532	1962 年 9 月 28 日	燕燕	新浪漫主義來龍去脈
553	1963 年 2 月 22 日	劉述先	二十世紀新浪漫主義運動
555	1963 年 3 月 8 日	劉述先	擅寫異國情調的羅遜
561	1963 年 4 月 19 日	劉述先	提倡詩劇的羅士當

636	1964 年 9 月 25 日	燕燕	新浪漫主義淺說
700	1965 年 12 月 17 日	張草分	新浪漫主義劇作家：何夫曼斯多
857	1968 年 12 月 20 日	周伯乃	八十年來的西方文藝新潮之一：新浪漫主義
879	1969 年 5 月 23 日	Aldous Huxley 胡詠姚譯	新浪漫主義

在歐洲文藝史上，「新浪漫主義」一詞主要指稱兩場發生在不同時代的文藝運動：（一）西歐十九世紀末一波十分鬆散的「新浪漫主義」思潮，在音樂、哲學、文學、藝術、建築等領域上皆有不同的發展。被貼上「新浪漫主義」標籤的作家通常從浪漫主義中汲取靈感，反對當時佔據主流地位的自然主義文學，例如比耶‧羅遜（Pierre Loti, 1850–1923）、埃文‧羅斯丹（Edmond Rostand, 1862–1918）、毛里斯‧梅特林克（Maurice Maeterlinck, 1862–1949）、吉卜林（Rudyard Kipling, 1865–1936）、葉慈（W.B. Yeats, 1865–1939）、雨果‧凡‧霍夫曼斯多（Hugo von Hofmannsthal, 1874–1930）等。二十世紀初，日本文人廚川白村（1880–1923）、生田長江（1882–1936）等評介新浪漫主義文學時，將它和象徵主義混為一談，五四時期大多中國文人承襲此說，另有少數則主要將之看成德國文學史的一頁。[9]（二）

9　受日本文人影響的論述包括田漢、湯鶴逸等人的文章，下文將對其進行討論。張資平、李長之等人則將新浪漫主義看成德國文學史的一部份，見張資平：〈由自然主義至新浪漫主義轉換期之德國文學〉，《青年與戰爭》第 4 卷第 6 期（1934 年）：頁 8–11；李長之譯：〈德國新浪漫主義的文學史〉，《文藝月刊》第 8 卷第 4 期（1936 年）：

一九三〇至五〇年代英國的「新浪漫主義」運動主要發生於藝術、文學、插畫、電影和劇場等領域。這一批文人藝術家從英國浪漫主義詩歌中汲取靈感，通過刻劃現代的地景，力圖表現個人的心理狀態以及失卻童真的憂鬱（melancholy），具有代表性的詩人包括赫伯特・里德（Herbert Read, 1893–1968）、狄倫・湯瑪士（Dylan Thomas, 1914–1953）等。[10]

弔詭之處在於，縱覽香港的文學雜誌和報紙副刊目錄，評介「新浪漫主義」的文章幾乎只出現在六〇年代的《中國學生周報》。那麼，為甚麼要推介這場在歐洲文藝史上並不突出的思潮呢？該報第 488 期（1961 年 11 月 24 日）一篇關於建築的文章提供了回答這個問題的線索。這篇文章題為〈現代建築藝術叢談 —— 由「現代主義」到「浪漫的折衷主義」〉，作者取的筆名是「復華」。他花了大量篇幅介紹二十世紀上半葉美國的「現代主義」建築，然後提出：「『現代主義』已走上衰微路途的今天，建築藝術的另尋發展途徑是非常迫切的。『浪漫的折衷主義』的產生是自然而然的轉變。」[11] 浪漫的折衷主義（Romantic Eclecticism）原本是西歐十九世紀的建築風格，[12] 他

頁 1–10。

10　Dinah Birch, ed., "Neo-Romanticism," in *The Oxford Companion to English Literature*, 7th edition (Oxford: Oxford University Press, 2009).

11　復華：〈現代建築藝術叢談 —— 由「現代主義」到「浪漫的折衷主義」〉，《中國學生周報》1961 年 11 月 24 日第 488 期。

12　Manfredo Tafuri, trans. Barbara Luigia La Penta, *Architecture and Utopia: Design and Capitalist Development* (Cambridge, MA.: The MIT Press, 1976), 43.

卻將其改寫成一種能夠融匯東西傳統建築特色的風格，並大膽預言：「未來的建築藝術，將會受到東方，特別是中國傳統建築藝術的影響，從而產生一種新的結構和形式。」[13] 復華談論建築藝術的文章字裏行間流露了五〇和六〇年代許多居港學者文人再造中國文化的想法。比方說，在哲學方面，新儒家哲學家唐君毅、牟宗三、徐復觀等人在香港徹底反思中國文化，探索中國傳統文化發展出民主與科學的途徑，中西文化融匯的可能性和方法等等；在文學方面，馬朗和崑南分別為現代主義刊物及協會撰寫的「宣言」或「創刊詞」均帶有再造中國文化的修辭。[14] 那些在《中國學生周報》上評介新浪漫主義文學的作者固然沒有觸及如此高度，他們就像復華一樣急於探尋現代主義之後文學發展的道路，期望尋找「新的結構和形式」。

新浪漫主義與文學進化論

通讀以上表格列出的文章，這些作者基本上都同意，處於世紀之交的新浪漫主義是對十九世紀現實主義和自然主義的反動。在此基礎上，燕燕（香港作者）和周伯乃（臺灣作者）對新浪漫主義進行了闡釋和挪用。筆者無意於下文一一對其進行修正，反而着重分析他們闡釋和挪用新浪漫主義的原因。

燕燕認為，世紀末的頹廢思潮以及資本主義經濟關係的轉

13　復華：〈現代建築藝術叢談〉。

14　詳見陳國球：〈情迷中國 —— 香港五、六〇年代現代主義文學的運動面向〉，《香港的抒情史》（香港：中文大學出版社，2016），頁 261–310。

變形成了滋生新浪漫主義的條件。她立下判斷新浪漫主義「一方面是自然主義的反動，一方面又是自然主義的極端化」。[15] 她強調新浪漫主義是「舊」浪漫主義的復活，兩者均重情緒、重理想、重主觀。上文交代過，五〇年代香港的浪漫主義詩歌中的「情緒」附帶着強烈的政治意識形態，燕燕的論述流露出她對這種「情緒」及其意識形態之承襲與體認：「自從浪漫主義衰歇下去以後，情緒為理智所屈服，主觀為客觀所壓迫，理想為現實所抑制，浪漫的意味，完全喪失無餘了。」[16] 這段文字表面上是在談論十九世紀歐洲文學史，即浪漫主義的衰落以及現實主義的勃興，字裏行間卻是一場文化政治層面的抗衡。廣義的現實主義是獲深圳河以北官方承認的正統文學風格，業已進化成社會主義現實主義。在當時香港冷戰文化政治的語境下，「情緒為理智所屈服」不僅是抗衡北方居高臨下的社會主義現實主義文學，更是一句政治理想為政治現實所屈服的潛台詞。

　　值得注意的是，燕燕的文章強調新舊兩種浪漫主義的相似之處，卻沒有交代它們之間的差別。此應是有意而為之。新舊兩種浪漫主義的差別可見於胡詠姚節譯赫胥黎（Aldous Huxley）的文章〈新浪漫主義〉。赫胥黎在文中強調新舊兩種浪漫主義在政治領域上的差異，在他筆下新舊的差異就是集體主義與個人主義之間的差異，獨裁教條與自由民主之間的差異。

15　燕燕：〈新浪漫主義的來龍去脈〉，《中國學生周報》1962 年 9 月 28 日第 532 期。

16　同上。

他在文中警告，這種新的浪漫主義已經「滲透到各國的思想和文藝活動中去 [⋯⋯] 對精神和個人價值的非難，已或多或少影響到西方國家的新藝術和文學」。最後他判斷新浪漫主義的政治精神衍生出了立體主義藝術，批評後者「非人化」以及「對機器浪漫而感傷」的傾向。最後，雖然他坦言對兩種浪漫主義都沒有好感，但是在兩者相害取其輕的考量下，他更加否定新的浪漫主義。[17] 毫不諱言，這篇文章在冷戰香港的語境下重新翻譯出來，在政治層面只會表現反共的意識形態。在赫胥黎的文章裏，新浪漫主義對應共產主義，而此前所有評介新浪漫主義的作者又明顯沒有認同共產主義的痕跡。如羅永生所言，《中國學生周報》後期漸漸顯現出本土意識，逐漸擺脫右傾反共的立場，即便如此，《中國學生周報》也斷然不會像《盤古》雜誌那般左轉容共。[18] 那麼這種矛盾說明，在六〇年代香港，文化政治層面的挪用和文學理念層面的評介，不一定都是吻合的。

　　周伯乃認為，新浪漫主義作家既不滿於浪漫主義「過分重視感情、偏於主觀」，又不滿於現實主義「過分重視科學、偏於客觀」，兩者都過於偏激。新浪漫主義則「修正了舊有的浪

17　胡詠姚譯：〈新浪漫主義〉，《中國學生周報》1969 年 5 月 23 日第 879 期。赫胥黎的這篇文章，施蟄存在三〇年代也翻譯過，1931 年刊出在正處於「第三種人」論爭風暴眼的《現代》雜誌。見施蟄存譯：〈新的浪漫主義〉，《現代》第 1 卷第 5 期（1932 年）：頁 629–634。原文 Aldous Huxley, "The New Romanticism," in his *Music at Night* (London: Chatto & Windus, 1931), 211–220.

18　羅永生著、李家真譯：《勾結共謀的殖民權力》（香港：牛津大學出版社，2009 年），頁 194–196。

漫主義的缺點，而吸收了現實主義的部份優點」，「反叛浪漫主義的空無、虛幻的思想，而尊重現實主義的科學精神」。[19] 他從法國十九世紀末的頹廢運動（Decadent Movement）評論家保羅・保傑（Paul Bourget, 1852-1935）和阿緒・西蒙斯（Arthur Symons, 1865-1945）等評論家的文章中為「新浪漫主義」尋找理論支撐，並且直接將「新浪漫主義」等同象徵主義。周伯乃聲稱保傑把「新浪漫主義」總結成「暗示人生隱着的一面，把眼睛所不能見到的自然真相用具體的東西結實而且象徵化」，又進一步聲稱下面一段話是西蒙斯對「新浪漫主義」的解說：

> 人類的思想是在變遷着，而文學的真髓和形式也在演變着。在物質文明壟斷的世界中，對於靈的飢渴是很久了，所以現在為了靈的復歸，便產生了新的文學。也就是眼睛所能看到的世界，已經不是現實；目所不能看到的世界也不是夢的意味的文學。[20]

事實上，這段話正是抄錄自西蒙斯為《文學的象徵主義運動》（*The Symbolist Movement in Literature*, 1899）所寫的導言，最後一句被廣泛認為是西蒙斯對象徵主義文學下的最精要的定義。[21]

19　周伯乃：〈八十年來的西方文藝新潮之一：新浪漫主義〉，《中國學生周報》1968 年 12 月 20 日第 857 期。

20　同上。

21　原文："[...] with the change of men's thought comes a change of literature, alike in its inmost essence and in its outward form: after the world has

西蒙斯幾乎憑一己之力將頹廢運動衍生出的象徵主義詩歌從法國傳播到英國，他編撰的《文學的象徵主義運動》深刻地影響了後來的象徵主義詩人葉慈（W.B. Yeats, 1865–1939）以及現代主義詩人艾略特（T.S. Eliot, 1888–1965）。周伯乃在文中所言「靈底覺醒」亦即指西蒙斯這段話中的「靈的復歸」。1966 年周伯乃在左派開明刊物《海光文藝》發表〈論戴蘭・湯瑪斯的詩〉的詩，從文中可知他混淆了上文列出前後兩種不同的新浪漫主義。[22]

　　周伯乃寄望以「新浪漫主義」為包裝的象徵主義能夠在理論層面調和浪漫主義與現實主義的矛盾。這種矛盾也是燕燕所言情緒與理智的矛盾，主觀與客觀的矛盾，理想與現實的矛盾，最終則是政治意識形態的矛盾。為甚麼在這個時期需要調和這些矛盾呢？這個問題已經超越了作者個人的意圖和意志，我們可以把它帶到更高的層面去討論。若從文學進化論的角度來思考，《中國學生周報》的作者在試圖尋找現代主義之後「新的結構和形式」，但是此中又必然帶有一個悖論：現代主義風暴從五〇年代末刮到六〇年代初，港臺的作者（包括以上文章列

---

starved its soul long enough in the contemplation and the rearrangement of material things, comes the turn of the soul; and with it comes the literature of which I write in this volume, a literature in which the visible world is no longer a reality, and the unseen world no longer a dream [...]." Arthur Symons, "Introduction," in *The Symbolist Movement in Literature*, revised and enlarged edition (New York: E.P. Dutton & Company, 1919), 4.

22　周伯乃：〈論戴蘭・湯瑪斯的詩〉，《海光文藝》第 5 期（1966 年）：頁 2–9。

出的作者）應該至少有所耳聞，若要探尋文學往後進化的路線，為甚麼他們會選擇評介新浪漫主義？在歐洲文學史上，新浪漫主義比現代主義出現得更早，用文學進化論的修辭來說，前者比後者「落後」，後者比前者「先進」。然而，當時的港臺作者普遍對文學進化論有所認識，甚至認同，比方說以上提到的作者認為新浪漫主義是對自然主義的「反動」。若然如此，為甚麼他們在尋找比現代主義更加「先進」的文學風格時，卻要去評介比現代主義更加「落後」的新浪漫主義？我們又應該如何理解此種現象？

文學進化論中的新浪漫主義

　　要回答這個問題就需要簡要地回顧，在西方各種流派的文學在中國風起雲湧的五四時期，當時的文人如何評介新浪漫主義，他們的觀點、角度和闡釋為何。一九二〇年代初，茅盾（1896–1981）正在提出「為人生而文學」的主張，卻給予新浪漫主義文學很高的評價，通過〈「小說新潮」欄宣言〉、〈人們可以提倡表像主義文學麼？〉、〈對於系統的經濟的介紹西洋文學底意見〉、〈文學上的古典主義浪漫主義寫實主義〉、〈為新文學研究者進一解〉、〈《歐美新文學最近之趨勢》書後〉、〈新文學研究者的責任與努力〉、〈文學作品有主義與無主義的討論〉等一系列文章中介紹了新浪漫主義文學，[23] 並於其中

23　此系列文章可見於茅盾：《茅盾全集》第 18 卷（北京：人民文學出版社，1989 年）。

一篇明確指出「能幫助新思潮的文學該是新浪漫主義的文學，能引我們到正確人生觀的文學該是新浪漫的文學，不是自然主義的文學，所以今後的新文學運動該是新浪漫主義的文學。」[24]

　　茅盾推出的新浪漫主義，與其說是引介歐洲的一個文學流派，不如說是為自己建構的文學史設立一個終極發展的目標。在這系列文章中，茅盾按照一個過分簡約的歐洲文學史，排列出一個線性的歷史順序，即古典主義、浪漫主義、寫實主義、自然主義、新浪漫主義，並且認為「尚徘徊於『古典』『浪漫』的中間」的中國新文學，[25]會按照歐洲文學史的嬗變而一步步「進化」成新浪漫主義。斯洛伐克漢學家高立克（Marián Gálik）指出，茅盾的文學進化論的理論背景就是黑格爾（G.W.F. Hegel）的辯證歷史觀。[26]比茅盾更早評介新浪漫主義的作家就是留學日本的田漢（1989-1968）。史書美（Shu-mei Shih）在專論《現代的誘惑》（*The Lure of the Modern*）中認為五四時期關於新浪漫主義最重要的文章就是田漢的〈新羅曼主義及其他〉（1919），指出田漢對新浪漫主義的理解如何受到日本評論家廚川白村的影響。她認為五四時期的中國文人急於植入一種線性時間性（linear temporality）的意識形態，可以說十分精要和準確地概括了當時的文人理解文學史的方法和現象。新浪漫主

24　同上，頁44。

25　同上，頁14。

26　Marián Gálik, *Mao Tun and Modern Chinese Literary Criticism* (Wiesbaden: Franz Steiner Verlag GmbH, 1969), 27-32. 文學進化論在五四時期十分普遍，見Shu-mei Shih, *The Lure of the Modern* (Berkeley and Los Angeles: University of California Press, 2001), 49-72.

義既是批判中國國民性格與自我的話語，又是文學目的論的歸宿，更是五四文人夢寐以求的「現代主義樂園」，線性時間性正是他們爬梳西方現代主義思潮的原則。[27] 值得進一步指出的是，當時五四文人對西方各種「主義」的理解和定義仍然十分混亂，比方說田漢認為新浪漫主義是：

> 一度由自然主義，受現實主義之洗禮，閱懷疑之苦悶，陶冶於科學的精神後發生的文學，其言神秘，不釀於默然的夢幻之中而發自痛切的懷疑思想，因之對於對於現實，不徒在舉世它的外狀，而在以直覺 intuition 暗示 suggestion 象徵 symbol 的妙用，探出潛在現實背後的 something（可以謂之為真生命，或根本義）而表現之。[28]

這個定義已經十分接近上文西蒙斯對象徵主義文學的描述，從中亦不難看出廚川白村的象徵主義文論對田漢所理解的新浪漫主義產生了深刻的影響，[29] 而在半個世紀後，這種影響又擴展到六〇年代周伯乃發表在香港《中國學生周報》的文章上。

27　Shu-mei Shih, *The Lure of the Modern*, 55–58.

28　田漢：〈新羅曼主義及其他〉，《少年中國》（1919年）第 1 卷第 1–2 期：頁 31–32。

29　關於廚川白村詮釋的新浪漫主義在中國五四時期的傳播，可以參考 Bonnie S. McDougall, *The Introduction of Western Literary Theories into Modern China 1919–1925* (Tokyo: The Centre for East Asian Cultural Studies, 1971), 108–114.

當時日本文人混淆歐洲的新浪漫主義和象徵主義，也許是一個比較普遍的現象，留日的五四文人順其自然將其照搬到中國。史書美在註釋中提到，五四時期另一篇評介新浪漫主義的重要文章是〈新浪漫主義文藝之勃興〉（1924），作者是一〇年代留學日本早稻田大學的湯鶴逸。他在文末自稱「譯者」，並交代該文的主體部份乃節譯自「生田長江，野上白川，昇曙夢，森田草平等人共着《近代文藝十二講》之第五講。」[30] 該文的引介部份則應該是湯鶴逸本人撰寫的，十分簡要地交代「歐洲文藝進化的道程」，指出「我國的文藝」在此進程中「實尚徘徊擬古主義與浪漫主義的中間」，並強調「新浪漫主義，是最新文藝的思潮」。[31] 至於文中談及自然主義使「情緒常為理智所凌虐，主觀常為客觀所脅迫」、新浪漫主義是從「靈之覺醒」而觸發的文學、新浪漫主義吸收了自然主義的部份優點等等諸多闡釋，都在六〇年代香港燕燕的文章中得到體認。湯鶴逸的文章，無論是從廣度和深度上來講，大致上都沒有超過田漢和茅盾的觀點。其後三、四〇年代零星出現了一些評介新浪漫主義的文章，它們的框架和內容並沒有比田漢、茅盾和湯鶴逸的文章更加廣闊和深刻。

　　田漢、茅盾、湯鶴逸三人的觀點均體現了史書美所言線性時間性的意識形態。他們通過評介新浪漫主義，勾勒出一個線性的歐洲文學進化史。他們寄望中國現代文學會走上歐洲文學

30　湯鶴逸：〈新浪漫主義文藝之勃興〉，《晨報六週年紀念增刊》1924 年 12 月 1 日，頁 251。

31　同上，頁 229。

的進化路線，最終走向他們當時想像中最先進的文學形態——「新浪漫主義」。他們面臨的現實是中國新文學「尚徘徊於『古典』『浪漫』的中間」（茅盾語），「羅曼主義、自然主義還沒有基礎」（田漢語），[32] 他們無法直接跳過自然主義而抵達新浪漫主義，那麼他們唯有老老實實回到他們所蔑視的「舊」浪漫主義之路了。史書美還將新浪漫主義看成一種原始現代主義話語（proto-modernist discourse）。[33] 簡言之，在「現代主義」或「現代派」之類的語彙還未誕生之前，五四文人只好先用「新浪漫主義」來意指最先進的文學形態。歐洲的新浪漫主義之理念、思想和文學風格究竟如何，也許於這些五四文人而言都是次要的。實際上，到了二〇年代末，茅盾等左翼作家奉現實主義為左翼革命文學之正統，任何與浪漫主義沾上邊的文學風格，包括提倡革命浪漫主義的左翼作家，都被受到敵視和攻擊，茅盾甚至從理論層面否定新浪漫主義，同時亦否定了中國現代文學必然跟隨西方文學從古典主義到新浪漫主義的進化。

現代中國文學史並非單一直線式地向現代主義發展。到了五、六〇年代現代主義在香港盛行的時期，南來和本土文人評介西方文學史的各段時期和各種風格，並不依循這種以線性時間性為基礎的文學史。宋淇和徐訏為中文新詩追尋「新古典的秩序」，[34] 何達和舒巷城的現實主義追求幾乎南轅北轍，劉以

32　田漢：〈新羅曼主義及其他〉，頁 52。

33　Shu-mei Shih, *The Lure of the Modern*, 55-56.

34　也斯：〈葉維廉與港臺現代詩學評論〉，《百家》第 22 期（2012 年）：頁 52。

劇已經開始把頗具後現代色彩的法國「新小說」移植到香港。其原因歸根結底在於他們並沒有像五四文人那樣去追求連名字都還未有的文學現代性。那麼,這種現象是否說明線性時間性的意識形態從二〇年代末開始已經慢慢動搖?我們可以再進一步探問,以線性時間性為基礎將文學史時期化(periodization),並以之認識跨文化的語境中的文學傳播和進化,這種認知(或預知)文學史的方法是否過於簡單?以線性時間性的意識形態作為詮釋文學史的基礎是否足以令人信服?

關於香港文學史時間性的思考

上世紀初,兩位美國理論家樂夫宰(Arthur Lovejoy)和韋勒克(René Wellek)圍繞時期化浪漫主義進行過一場討論。1924 年,樂夫宰發表論文〈關於辨識各種浪漫主義〉("On the Discriminations of Romanticisms"),他強調「浪漫」(romantic)一詞的多義性令其無所不容,建議放棄使用「浪漫」這個詞來概括一個時代。如果非用不可,它作為一股思潮在歐洲各地有不同的根源和演變,把它看成統一連貫的觀念無異於幻想。1941 年,樂夫宰再發表論文〈思想史家的浪漫主義的意義〉("The Meaning of Romanticism for the Historian of Ideas")指出,當時新的觀念大體上都具有異質性,邏輯上也相互獨立,有時它們的意涵甚至南轅北轍,因此「浪漫主義」作為一個思潮的名字必須被稀釋和弱化,作為一個詞必須是眾數的。[35] 四〇年

---

35   Arthur Lovejoy, "On the Descrimination of Romanticisms," *PMLA* 39

代，韋勒克（René Wellek）通過〈文學史中的浪漫主義概念〉
（"The Concept of Romanticism in Literary History"）、〈文學史
中的時期與運動〉（"Periods and Movements in Literary History"）
等文章對樂夫宰的觀點提出抗辯。他批評樂夫宰的稀釋論會令
人對文學史時期的認知分崩離析，並指出一個文學史時期的名
字，既非約定俗成的語言標籤，亦非任何形而上之物，而是指
一個文學規範（norms）的系統，此系統宰制一個特定的歷史
時期的文學。[36] 韋勒克在此基礎上，引用康德（Immanuel Kant,
1724-1840）的統攝觀念（regulative idea），進一步對文學史時
期作出定義：「一個[文學史]時期，受到由文學規範、標準和
習慣形成的系統所宰制，而這個系統的引進、分散、多樣化、
一體化和消失都是可以被追溯得到的。」[37] 樂夫宰的稀釋論和
韋勒克的統攝論是認知文學史時期的兩種弊端：前者的觀念易
於將文學史變成思想史之反映和附庸；後者易於排除那些不符

....

(1942): 232; "The Meaning of Romanticism for the Historian of Ideas,"
Journal of the History of Ideas 2 (1941): 261.

36   René Wellek, "The Concept of Romanticism in Literary History," in
Romanticism: Points of View, eds. Robert F. Gleckner and Gerald E. Enscoe
(Englewood Cliffs, N.J.: Prentice-Hall, Inc., 1970), 182; "Periods and
Movements in Literary History," in *English Institute Annual 1940* (New
York: Columbia University Press, 1941), 73-93.

37   原文："A period thus is a time section dominated by a system of literary
norms, standards, and conventions, whose introduction, spread, diver-
sification, integration, and disappearance can be traced." René Wellek and
Austin Warren, *Theory of Literature*, 3rd ed. (New York: A Harvest/HBJ
Book, 1977), 265.

當時文學規範的作品，亦無法解釋文學史上的延遲（lapse）和倒置（anachronism）等現象。[38] 線性時間性與文學史時期化結合的觀念，並不能解釋為甚麼茅盾後來會選擇比新浪漫主義「落後」的現實主義，亦不能解釋為甚麼《中國學生周報》的作者會評介比現代主義「落後」的新浪漫主義，只得將並不符合這種意識形態的文學排除在這種文學觀所能建構的文學史之外。時至今日，時期化仍然是文學史研究的一大難題。雖然有學者提出用後結構主義或解構主義理論來解決這個問題，[39] 但是他們的方案卻不（或許也沒有必要）適用於跨文化的語境，特別是強勢文化的文學史在一段相對較短的時期輸入到弱勢文化的情況。

從中國五四時期到 1949 年短短三十年間，或香港戰後短短二十年間，文人爭相譯入西方各種主義的文學，浪漫主義、唯美主義、現實主義、象徵主義、意象主義、現代主義、存在主義等等。它們的譯入時間既有所重疊，亦有所倒置，歐洲文學史在這兩段歷史時空一片混沌，失去了原有的歷史秩序，而它們譯入之後又在當地文化中發生更混沌的轉化。我們研究五、六〇年代香港文學，乃至中國現代文學，往往不得不面對當時

---

38   Robert J. Griffin, "A Critique of Romantic Periodization," in *The Challenge of Periodization: Old Paradigms and New Perspectives*, ed. Lawrence Besserman (New York: Garland Publishing, Inc., 1996), 133–146.

39   Mark Parker, "Measure and Countermeasure: The Lovejoy–Wellek Debate and Romantic Periodization," in *Theoretical Issues in Literary History* (Cambridge, Mass.: Harvard University Press, 1991), 248–267; Frances Ferguson, "On the Numbers of Romanticisms," *ELH* 58.2 (1991): 471–498.

文人大量評介、譯介和模仿西方文學的十分混沌的狀況，卻無法以線性時間性為基礎、以文學風格時期化為方法去建構（或者預構）文學史的秩序。我們無法將五、六〇年代香港文學史書寫成從浪漫主義到現代主義的演變，因為我們無法排除這段時期一直存在的現實主義文學。崑南、戴天、馬覺、何達、舒巷城、劉以鬯、宋淇、徐訏等人各自承襲和發展不同的文學傳統。那麼怎樣的時間性和文學史觀可以幫助我們理解各種主義的文學同時並存的五、六〇年代香港文學？

陳國球在〈情迷中國 —— 香港五、六〇年代現代主義文學的運動面向〉一文中非常深入地分析了當時香港的現代主義運動與文化政治的關係。他特別指出，李英豪從艾略特的傳統論中得到啟發，並進一步主張個體主動地調整傳統的秩序。陳國球在此基礎上分析五、六〇年代《文藝新潮》和《中國學生周報》中國現代文學「記憶重構」的活動，亦即重構中國現代文學史的活動。[40] 艾略特在〈傳統與個人才具〉（"Tradition and Individual Talents"）中提出的文學傳統是一種既是時間性（temporal）也是非時間性（timeless）的文學史意識，文學傳統有着先天而理想的秩序，秩序吸納新的文學作品，新舊關係發生微妙的變化，於是秩序自行對自身作出調整。[41] 艾略特傳統論成立的關鍵在於秩序先於個體，只有具備這種文學史意識的作家產生優秀的文學作品，秩序才會作出調整。李英豪對理論的過度發揮，反而將該理論推翻了。

40　陳國球：《香港的抒情史》，頁 290–296。

41　T.S. Eliot, "Tradition and the Individual Talent," in *Selected Essays* (London: Faber and Faber, 1919), 14–15.

無論是李英豪在理論上的演繹的文學史觀，還是《文藝新潮》和《中國學生周報》實踐上的重構文學史，均忽略了艾略特傳統論中非時間性的一面。艾略特傳統論的這個部份，各個時期的文學各據其位、共時並存於當下，形成非時間性的秩序，這是艾略特式「傳統」不可或缺的部份。[42] 艾略特的傳統論甚至可以在文化譯介的語境中進一步擴展，這種文學史意識下的中西文學傳統能夠形成共時並存的秩序，它衍生出的文學史觀對於文學批評，對於如何理解複雜的文化譯介現象，都能夠提供了一個相對理想的方法。艾略特認為，任何詩人都不能單獨具有完足的意義，評鑒一位詩人就是評鑒他與已逝詩人的關係，這不僅是文學史批評的原則，也是美學批評的原則。[43] 如果我們研究任何一種文學風格在香港的評介、譯介、改寫和嬗變，都能夠將其置於當時中西文學傳統共時並存的秩序裏面進行觀察、記錄和論述，那麼香港文學也許有希望從既有的線性時間性文學史的枷鎖中解脫。

42　　Ibid.

43　　Ibid.

青年文社熱潮與文學發展

吳美筠

一、引言：六○年代的文社潮

　　六○年代出現的文社熱潮全盛時期超過二百多家文社。[1] 文社成員主要來自港九市中心草根人口密集的區域，包括旺角、深水埗、九龍城、紅磡、土瓜灣、北角、灣仔等區域，甚至有些成員使用所居住的廉租屋或徙置屋邨的住址，如黃大仙、蘇屋村、李鄭屋村、彩虹邨等作[2]作為社址 一。人數之多幅員之廣

1　筆名忙人（即風雨文社的梁永棠）在 1964 年 12 月 12 日《天天日報》的「學生通訊」發表〈香港文社知多少〉，統計當時有 182 間有文社。見黃俊東〈微窒社史話〉《星島日報・青年園地》（1964 年 12 月 21 日）。後來浩虔文社在《浩虔文社創社周年特刊》（1965）的文社一覽表附識，以此統計並增刪，按其記錄標明起碼有 201 間文社。後吳萱人參左派香港文社聯會出版的文聯會刊的資料及左派愛國學校的文社三十六間作補充。吳萱人：《香港六七○年代文社運動整理及研究》（香港：臨時市政局公共圖書館，1999 年），頁 30–48。吳萱人於 2000 年說有最近確鑿數字 424 間，書中僅收入五分之一，乃指橫跨六、七○年代二十年文社的總數。

2　很多文社並沒有公開社址。有些較有規模的出版刊物時合資租用郵政信箱，也有不少使用核心成員的居住地址，常見區域多少反映社員的階層。有的以校址轉交，證明某些學校對這些自發活動的支持。而六

堪稱香港文化歷史的盛況。

　　除了少數在職人士和大學生外，創辦和參與的社員大部份是求學青年，年齡介乎十二至十八歲的中學生，甚至小學生。[3] 學生自發且自費推動文藝，較受歡迎的活動包括讀書會、座談會、學習班、文藝講座、徵文比賽、借閱或交換圖書，不時也搞康樂活動，如旅行，聚餐，聯歡會，甚至登報招募會員，與其他文社聯繫，互相投稿予其他文社的報刊，彼此交換刊物交流。刊物大多自費用印刷成本低的手抄油印[4]或鉛印[5]，互相傳讀，或饋贈其他文社，絕大多數沒有在市場上營銷發行。由於其發生與消亡皆在純文學語境中，甚至被視為學生活動，故鮮為文化研究者所注意。

　　關於六〇年代文社之產生背景和盛衰這段歷史最具意義之處相信是揭示文社與今天香港文學與本土意識發展的連繫，其構成、現象、演變，社員群像、相關出版及其意義和價值，與

　　〇年代未出現如七〇年代文社使用社區中心作社址的情況，可見社區文藝福利贊助活動始見於七〇年代。見〈六〇年代中期的文社運動盛況〉，《香港六七〇年代文社運動整理及研究》，頁 32–53。

3　　明社在 1961 年由一群小學畢業生創立，四年後改組成明夏文社。

4　　油印是上世紀的印刷技術。過程是：把蠟紙擺放在那塊有極幼細橫直坑紋的金屬蠟板上，然後用針筆在蠟紙上一筆一劃的寫字或繪圖。文章寫好了，把蠟紙壓在白紙上，把少量油墨傾倒到蠟紙上，用軟膠掃抹一遍，油墨便會滲透過筆劃，落到白紙上。這是人手操作一張張的印，最後把印好的單張，用釘書機釘裝成冊。適合印量不多的印刷。閱讀的是人手謄抄的字跡。

5　　用鉛字排版，排版後製成紙型，再澆製鉛版。這大量印刷方法比油印稍昂貴。

教育、文化及社會背景不無關係。除了為編修文學史及香港文化史提供一種視角外，更構成香港史不可或缺的文化風貌、人文風物的思考。

二、 文社文獻的初步整理

有關上世紀六〇年代文社的研究要到差不多二十一世紀始見較具規模的資料整理，目前最詳盡的成果莫如吳萱人通過由臨時市政局[6]委約「作家特聘計劃」（1999 年）受聘進行並提交的《香港六七〇年代文社運動整理及研究》，研究成果由當時的臨時市政局公共圖書館出版。研究範圍包括六、七〇年代文社，運用文獻蒐集和分析的方法，縷述其史迹，梳理其淵源，敍述所涉文壇現象，發展歷程與演變等等，出版結集收入當年文社人的訪談，勾尋文社聯合失敗經過，保留了部份珍貴的原材料。後來吳萱人又以《香港文社史集：初編（1961–1980）》向香港藝術發展局申請採集計劃資助，公開徵集文社史料的舊文回憶文獻等，[7]由自資成立名為自資出版社的獨立出版社於

....

6 市政局在港英管治時代負責地區性市政工作，提供食物衞生、清潔街道、文娛康樂設施及管理食肆等事宜的法定機構。九七之後推行市政服務改革，取消市政局，成立民政事務局，管轄民政、公民教育、體育康樂、青年政策、公眾關係等政策，其下的康樂及文化事務署則負責體育文娛康樂場地管理。臨時市政局只是這過渡期的臨時機構，於是同類文學史料整理研究計劃無從延展。

7 〈香港文社史徵稿啟事〉，《文學世紀》第 3 期（2000 年 6 月）：頁 20。

2001 年出版。該書採集、整合文社成員有關文社歷史的文章，有當時的社刊，也有文社成員後來的補述。原本的目的是想為每一家文社修史。吳氏兩部著作是目前僅見的六〇年代文社研究專著。惟二千年初告一段落後再沒有人就此議題作進深探研，而所蒐羅的文獻史料亦沒有進一步挖掘，甚至鮮見再有專著檢討論述。

此外，在此前後雖有不少在世文社成員把文社前事憶述補遺，出版成書，但並不是嚴謹的資料整理，以個人感受緬懷當年文社歲月居多，當中提供罕聞和史料，積極者如羈魂和許定銘，更出版專項書籍載述當年事，[8] 後者更開設網站上載關於文社的文獻資料，梳理文社的相關出版及其意義和價值。著作提供一定的備存和參考，可惜編彙較龐雜，未備系統，而且參與過文社活動的文人多不勝數，很多當年積極分子亦無心為文社添項補綴，以致文社憶述雖側重個人，然而份量之輕重難免造成文壇發展影響力、文社史的話語權的延伸。吳萱人本人也承認只擔當了整理和研究，著作命題不加上一個「論」字，[9] 似乎暗示研究未到達論述層次。相關研究成果雖有它的限制，但把

---

8   例如：周楚奇：《鐵板紅牙嘯復歌：周楚奇民俗隨筆雜文集》（香港：萩苗軒，1997 年）。羈魂：《足跡・剪影・回聲》（香港：詩雙月刊出版社，1997 年）。（許定銘：《書人書事》（香港：香港作家協會，1998 年）。許定銘：《香港文學醉一生一世》（香港：練習文化實驗室，2016 年）。羈魂：《詩路花雨　文社歲月》（香港：紙藝軒出版，2016）。另不少文社前成員在文社結束後撰文憶述補遺，然而多有矛盾模糊之處。

9   吳萱人：《香港六七〇年代文社運動整理及研究》，頁 5。

本土文社潮及其研究推上文學上的合法性，應記一功。

三、文社潮研究的限制及意義

　　文社潮對今天的香港文學發展甚至本土文化建構有甚麼舉
足輕重的位置，它構成文學史哪些重要部份，需要更多深入的
探研。當中不止是六〇年代的歷史敍述，而是七、八〇年代起
飛及本土意識建立的基礎部份，是十分值得二十一世紀這一代
人回溯和探討的。然而文社缺席的現象，與已知的文學論述就
此議題乏善可陳有關。目前香港文學史編修皆由香港以外學者
所著，由於這批所謂主流香港文學史書寫急於劃分流派及定案，
每多忽略文社潮這一塊，[10] 缺乏對歷史事實的尊重和文獻的鈎
尋，對香港文學龐雜凌亂的材料無法處理。陳國球批評這批把
「香港文學」編收入中國文國史的史家評斷錯亂失衡，[11] 調低純
文學標準，把焦點失衡而武斷地放在消費流行文學，實質以貶
抑的方式把「香港文學」寫作「中國文學史」。
　　事實上，文社潮不容易被文學史家所重視。[12] 大量文獻流失

10　施建偉、汪義生、應宇力：《香港文學簡史》（香港：同濟大學出版社，
　　1999 年）提到五〇年代文社，卻對六〇年代更大量的文社活動隻字
　　不提，雖以羈魂為本土詩人代表，卻不提及他早年活躍於文秀文社
　　和藍馬現代文社的重要背景。

11　陳國球：〈中國文學史視野下的香港文學〉，《香港的抒情史》（香
　　港：中文大學出版社，2016 年），頁 37–72。

12　鄭樹森、黃繼持、盧瑋鑾編《香港新文學年表（1950–1969 年）（香
　　港：天地圖書，2000 年）沒有收錄有關中學生文社的名目。黃康顯：
　　《香港文學的發展與評價》（香港：秋海棠文化企業，1995 年）是

造成研究困難重重，不容易全面整理。1962 年剛落成的香港大會堂始設立公共圖書館，未有珍藏當時發售的文藝雜誌和出版，尤其油印技術較粗糙的文社通訊或刊物，[13] 所以沒有完整的文獻整理，直至 1999 年委約文獻研究，資源卻無以為繼。文社資料龐雜，梳理費時費神，多所散佚。社員對社務及相關資料的保存也不重視，記憶疏漏，至今重尋往跡，多傾向緬懷念舊追憶往日情誼，對資料的實證和核對並不嚴謹。宙魂文社的蘇賡哲（前新亞書店老闆）表示：

> 從事文藝創作和活動的社團，由我領導的文社辦過刊物、租用大會堂開過講座，以至舉辦不少文藝活動。但我總覺得，可以回味和銘記的是付出的熱誠，而不是文學成就。[14]

他更明確承認對文社歷史印象模糊，認為文社拿不出有份量的作品，徒有活動，未成文藝風潮，在文學史上不會有甚麼地位。[15] 但他一方面否定文社的文學價值，但同時又承認文社退

差不多最早提及五、六○年代文社的香港文學發展研究專書。

13　在此之前，舊建於 1869 年的香港大會堂附設之公共圖書館以英文書為主，1933 年拆卸。新落成的香港大會堂圖書館藏有中文書，惟不收集團體簡章刊物之類的文獻，油印出版品更加不收藏。

14　蘇賡哲：〈當年我們在做甚麼〉，《星島日報》（加國版）2010 年 3 月 2 日。

15　蘇賡哲：〈人文散墨〉，《明報 · 副刊》（加西版）2000 年 1 月 3 日。蘇賡哲：〈當年我們在做甚麼〉，《星島日報 · 加國版》2012 年 3

潮後社員在文藝界及傳媒界發熱發光，[16] 只是不搞創作。[17]

　　烈焰文社的鄭宜迅成為推理小說家後，認為自己在學生和青年階段文社時期自以為是，幼稚無知，文章淺陋狗屁不通。到年紀大了，方知甚麼是文學藝術，然而許多人仍不知道，所寫的仍如學生寫作。言下之意，同時代的社友青蔥階段未必有成熟的作品和具體影響，日後才有所成就。[18] 同社的李紹明卻認為文社培養了他的領導能力和文字能力，使他一生受用。[19] 可見文社對當時人來說並非可有可無，時至今日卻仍然被文人所津津樂道。[20] 不少文社中人一直獻身文壇，以創作推動香港文學發展，例如西西（阡陌文社）、也斯（文秀文社）、羈魂（文秀文社）、黃國彬（晨風文藝社）、古兆申（芷蘭文藝社）、黃仲鳴（晨風文藝社、新思潮社）等。戴天在青年文社研討會曾

　　　月 2 日。

16　蘇賡哲：〈當年我們在做甚麼〉。

17　蘇賡哲：〈歷史性大檢閱香港文學意義何在？〉，《香港經濟日報‧文化前線》1988 年 12 月 5 日。

18　參〈鄭宜迅專訪〉，《香港六七〇年代文社運動整理及研究》，頁463。

19　李紹明：〈回憶我的文社活動 —— 記培林文社和烈焰文社〉，吳萱人：《香港文社史集：初編（1961–1980）》（香港：採集組合，2001 年），頁 88。

20　前豪志文社社員潘耀明在所主編《明報‧明藝》2015 年 2 月 21 日D3 版辦「香港文社潮」，撰文發表〈憶昔文社情 —— 香港文學的搖籃〉承認文社運動對後來香港的文壇發展影響頗大。輯內收吳萱人：〈垂範與求索 —— 本地百年文社路〉及許定銘：〈組文社的青蔥歲月〉。

指出文社人只是「好奇趨新」，對文學熱忱不深厚。活躍於文社潮的羈魂則反駁，幾個文青結聚在一起，不需要甚麼資助，卻締造本土文藝事業的一段劃時代的歷史，[21] 也成為孕育了大量香港文學的中堅分子甚至本土文化界的重要人物，例如著名電影導演吳宇森（松風文社）、譚家明（楓林文社）；攝影師水禾田（晨風文藝社）、李家昇（草原文學研究社、草原詩社、火鶚詩社）；電視編劇吳錫興（永恆文社）、吳昊（芒蘭文藝社、蒲公英文社）、陳翹英（文社線、青年筆會）；版畫畫家鄧榮之（風雨文社）；默劇大師及社區藝術策展人莫昭如（灝心文社）；漫畫家馮元熾（晨風文藝社）；學者及大學教授蔣志豪（風雨文社、海棠文社）、黃維樑（芒蘭文藝社）、洪清田（春蕊文社）、馮耀明（新思潮社）、洪長泰（新思潮社）等等，反映文社與今天香港文學甚至整個文化發展脈胳千絲萬縷的關係。

四、青年文社的形成

（1）殖民教育在學習上的抑壓

文社在戰後形成的性質絕非偶然，與戰後第一代殖民政府進行教育改革有關。曾參與文社的正接受中學教育中佔大比例，吳萱人認為文社蔚然成風，人數數字上算來不多但在知識青年

21　胡國賢：《足跡‧剪影‧回聲 —— 香港新詩論集》（香港：詩雙月刊出版社，1997 年），頁 8。

群體比例上算是多，[22] 規模較大的社員多達數十人。當時文青瘋狂起來，亦曾出現所謂一人文社求其自我陶醉。六〇年代開始施行普及教育，推行免費小學強迫教育，1962 年首辦升中試。但升中人數不多，1962 年四十一萬適齡學童只有四分一人能升上中學。可見中學生實在已是社會上精英，通過成績考核上流者本身並不富裕。[23] 社員通過投稿報刊發表獲稿費，不止是寫作上的鼓勵，更是經濟上的補貼，增潤在學青年補貼文社出版開支，但始終少得可憐，不能賴以維生，故這段時期的文社並非可靠賴發表及出版成為職業。

另一方面，重英輕中的殖民教育促使英文中學變成主流，青年人普遍面對全英語教學語言，反而把他們推向以母語創作。像其中一家較大規模的文秀文社創辦人羈魂（胡國賢），於 1961 年讀皇仁書院中三開始參與文社活動，當時入讀英語名校可算是天之驕子，卻因全英語教學使他對使用中文特別珍惜。他也承認在那個年代，不少英文中學倒反強調中文寫作，出現的文社組織以中文寫作為主。[24]

當時正規的中學教育並沒有常設的課餘活動，社會亦缺乏

22　吳萱人：《香港六七〇年代文社運動整理及研究》，頁 362。

23　周永生描述六〇年代的天台小學學生屬基層家庭，上課經常疲倦，不能集中精神，因為要幫忙做家務，照顧弟妹，穿膠花至深夜。成績優異能升上中學甚至大學的實為殊例。周永生：《真實的貧窮面貌——綜觀香港社會 60 年》（香港：中華書局，2015 年），頁 35。

24　吳美筠整理、修訂：〈羈魂關於六〇年代文社生活訪談〉記錄，2016 年 12 月 29 日。見「港人字講」網站 http:www.101arts.net/19common1content.php?category=%E6%B8%AF%E4%BA%E5%AD%97%E8%AC%9B&contentid=2393。

青年資源和康樂設施，年輕人的苦悶無處發放，把精力投放在文藝活動，家長覺得總比吃迷幻藥，亂搞男女關係，組織樂隊開新潮舞會好，社會上也有「多一個社員，少一個阿飛」的說法，便不加反對。由此可見，文社潮與青年規劃、社會風氣與教育政策攸關。

　　香港殖民政府教育司署先後在 1961 及 1967 年頒布制定統一的中學國文科教材，在五〇年代國文科以經學和古典範文為本的基礎下，仍以古文為主，[25] 文學選課中白話文學所佔比例不多，範文亦不離新文學運動最早被經典化的作品，如冰心、巴金、朱自清、老舍、葉紹鈞、魯迅等人的作品，未有編選三、四十代現代派的作品，而當代文學作品選本更延至九〇年代才進入港府官方中文課文教程。陳國球曾批評香港「**高中中文科課程比較偏重文言文，對理解現代文學的助力較少**」，以古為尚的情意結非但沒有消失，[26] 選讀的現代文學經典忽視能否與青年自身所處的經驗與現實世界互相印證感知，亦間接助長青年學生從書店的報章雜誌尋找創作的泉源，並循文社活動接受及建構現代文學更大範圍的光譜。

25　1964 年以前中文科考試分兩卷，卷一考論述文語文及歷史。《通經致用：第二屆中華經學國際學術研討會論文集》（高雄：高雄師範大學經學研究所，2012 年），頁 281。

26　陳國球：〈承納中國，建構虛幻 —— 香港的現代文學教育〉，《香港的抒情史》，頁 193–225。

（2）青年文化及身分認同的苦悶

　　六〇年代的青年，意識裏是中國人，卻生活在不屬於中國的英國殖民地。他們無論如何努力求學增長見識建設社會，也不能夠為祖國獻力，即或想投身為所居的香港貢獻所長，但又沒有參加香港政務的權力。上一代視香港為暫居地再而為第二故鄉，對香港出生的青年來說卻是長遠居所，可是，「他們卻連改進它的權力也沒有」，所以「這虛有其表的家鄉，再也不能提起青年效忠的熱誠」。[27] 既不屬香港又不屬於中國的雙重迷失，使這代有機會接受教育接觸西方文化的本土青年的心無處安頓，苦悶至極。

　　葉維廉回顧這段在香港現代主義形成的年代，提出與文化身分危機及企圖以詩藝術追尋來重現本土甚至中國的理想國度的論述。[28] 回看不少文社創刊，反映一代有志文藝青年的各種回響：有標舉在香港發揚中國傳統文化精神，以承繼國粹為己任；[29] 有以光大舊文學，扶持古典文學，發揚新文化[30] 為使命。亦有像

....

27　陳佐才：〈基督教信息與香港的青年〉，《港澳教聲》1968 年 1 月
　　25 日第 173 期。文章雖寫於暴動後，卻尖銳點破六〇年代青年在身
　　分認同上的迷失與躁動。

28　葉維廉：〈現代主義與香港現代詩的興發 —— 一段被遺忘了的中國
　　現代文學史〉，《晶石般的火焰：兩岸三地現代詩論》上冊（臺北：
　　臺大出版中心，2016 年），頁 441。

29　「新一代文社」創辦刊物《新聲文稿》，在 1965 年 12 月 16 日出版
　　的第三期就印刊過徵求社友的啟事，聲稱「以發揚中國傳統文化，
　　遵行知識在道德上札根」的宗旨。

30　〈自修文藝社成立獻文〉，《星島日報．學生園地》1963 年 11 月

座標現代文學社及藍馬現代文社,具體宣示並以推動現代文學為務,在功利商業社會下的文化沙漠顯示承繼五四新文學的野心,復興文化的理想。

處身被否定民族身分和母語價值的殖民社會,民族意識的空白,面對隔岸與祖國處於文化封閉狀態,文社青年群體正值接受教育學習獨立思考的階段,更以承繼五四精神為己任。同時他們面對隔岸祖國處於文化封閉狀態,對現代中國文學史產生斷層的困惑,認識中國文化和新文學發展,自不能循正規教育得到滿足。處於文化夾縫的青年大有承先啟後,繼往開來的願景和文化使命。[31] 有一家 1968 年成立的「五四社」,更宣明建社不是為發洩精力,而是要延續五四新文學的救國精神:

> 五四運動 —— 從歷史舞台上退下來,又露出了淺灘,而我們彷彿是潮水退後遺留下來的貝殼,我們原屬於大海的,但不知自何時起,我們和老家 —— 大海 —— 隔絕了,我們在淺灘上,過着和沙一般乾涸的生活。[32]

這裏所指的大海,是五四精神和新文學傳統而非真的所謂中共改革下的「新中國」。而「隔絕」是指與中國現代文化承

<hr />

4 日。

31　旭日文社創刊詞:〈「旭日」東昇 —— 創刊獻詞〉,《星島日報 · 好少年世界》1964 年 9 月 24 日。〈創作中國風的文學 —— 海棠文社創社獻詞〉,《星島日報 · 學生園地》1963 年 3 月 1 日。

32　五四社:〈寫在五四社一周年後〉,《五四文刊》1969 年 10 月。

傳的阻隔。五四社多少反映在六七暴動後部份文藝青年的醒覺，身為香港的知識青年，自離於左右兩翼，與國共兩黨對五四詮譯保持距離下，自覺對五四未能開花結果加以承繼而感到焦慮。這反映文社文藝青年面對文化割裂來所來的空虛沮喪。[33]

（3）對抗南來文人及本土文藝意識

這時期文藝青年嚴格來說對政治並不熱衷，卻關心正義，[34]反感大部份青年學生只關心學業成績和生計前途，批評資本主義媒體文化（主要報章雜誌）高度商品化和娛樂化，當中更發現本土意識在戰後出生於香港的青年學生萌芽。有趣的是，他們卻選擇在充斥他們抗拒的通俗文化的主流媒體報紙發表他們的宣言：

> 現代由於印刷發達，出版容易，投機市儈，便大量製造各種愛情悲喜劇，明星電視小說、某小姐日記、某世姐手記、武俠長篇、狗經、馬經 [……]等，無助青年學生選修的壞書刊，充斥社會每一

33　這香港青年的五四精神亦見於陳學然：〈殖民主義與民族主義之間〉，《五四在香港 —— 殖民情境、民族主義及本土意識》（香港：中華書局，2014 年），頁 273–279。

34　〈文藝沙龍社創刊詞〉，《星島日報‧青年園地》1964 年 11 月 13 日。創社時表明不會按着出版家的模式生產貨品，成為出版商的生產工具。又不求名利不求自己的益處，對政治沒有興趣，但不會漠視正義。

角落。我們固不否認香港社會所存在的畸形現
象 —— 高度重視現實功利，追求享受，逃避追
尋人生真義；漠視本土價值 [……]。35

一名中學生吳天寶曾撰文狠批文藝界南來移民大都以尋找物質
穩定的心態在島嶼安居，並沒有扎根香港改變香港文學的意識
有微詞：

整個文藝大業着一群從大陸逃亡到港的老前輩支
撐，然而這種支撐，並非基於發揚文藝與復興文
藝的心態。大部份只為搖筆管找生活罷了。於
是作品逃不出迎合讀者趣味與散漫精神思考的因
素。大部份是充滿低級趣味的作品 [……] 香港根
本就沒有所謂的文壇可言 [……] 對於造就愛好文
藝的青年無大幫助 [……]。36

這種謀生的寫作心態令在本土出生的新生代非常不滿，他們無
意承繼南來的那種懷鄉情結的傳統五四，亦感到苦無出路，因
而思索另一文學蹊徑。這文社階段可以說為下一個十年預備了
一批追求非商營的文學媒體的純文學社群，形成香港文學的純
粹性及長期處於主流出版的邊緣。

35　〈丹逸書社創刊詞〉，《星島日報 · 學生園地》1965 年 3 月 19 日。
36　吳天寶：〈略論香港的青年文壇〉，《星島日報 · 學生園地》1961
　　年 3 月 15 日，撰文時吳天寶尚在達智中學唸書，尚未創立「史藝社」。

五、青年文社的組成與定位

　　郭英德把文人結社分為四類：第一類、純粹詩社或文社，以吟詩為目的的風流雅集；第二類、怡老會社，為隱逸或退休公卿結社怡情；第三類、以鑽研科舉時文見稱，以博取功名謀求入仕為目的。第四類、政治會社，由以文會友到以友輔仁，具政治目的。[37]吳萱人梳理文社的發展資料時，傾向採取文社運動作論述，文社潮的歷史在吳萱人眼中，啟廸自新文學時期的結社之風，與香港輔仁文社起社救國的精神一脈相承。[38]從而定性文人為國運結社與新文學作家結社傳統的紐結。其文社研究下啟七〇年代結合社會運動的文社，視六七年代交接期為香港社會覺醒，因而多少影響他整理文社時的取向和判斷，有關文社群體內的文學思潮和觀念，便未能作充份的對比和分析。觀乎眾多文社創社詞，似乎更接近中國傳統結社的雅集風氣與新文學革命以來創辦純粹的詩社、文社更為接近。

（1）傳統雅集結社之風

　　戰後第一個維持至今的文社名叫鑪峰（太平山別名）雅集，架構並不嚴密，與傳統文人雅集無異。社員以文會友，不時茶

37　郭英德：《中國古代文人集團與文學風貌》（北京：北京師範大學出
　　版社，1998 年），頁 155–166。

38　輔仁文社由楊衢雲（1861–1901）創立。六項宗旨包括品性純潔，禁
　　止沾染惡習，成為未來青年楷模，掌握中外學識，汲收西方優秀科
　　學文，愛國，消除國恥。

聚閒話，結交文友，以詩酒唱和的組織比較鬆散，並無具體策劃內容，隨興所之，連正式註冊登記為團體也要在成立四十多年後的 1995 年才執行，卻至今成為最長壽的文社。

以明夏文社為例，創會以推動中國文化學術，發揚於香港甚至世界為己任。社內有詩人作家，但所訂的社務發展除了文刊和徵文比賽外，還有常識問答比賽、文娛活動、體育組、研究自然的旅行團等，儼然中學課餘活動。[39] 海棠文社是另一家長壽文社，創社時寧棄與臺灣詩社同名之嫌的藍星社，取更具中華精神的海棠文社，並以宏揚「合乎中國哲學精神與東方味的生活情趣」，最終「培養出一群對中國古典文學能有深刻的了解，而對現代的中國文學能夠發揚光大的文壇新血」[40] 為目的。正如其宗旨，社員如蔣英豪及後也真的從事中國文學的研究。海棠文社至今乃定時聚會，性質已變成故友聯誼為主。社友把數十年來的照片剪輯成影像上載 YouTube，可謂一時無兩。

這類文社社員及後延續創作之路不多見，[41] 其性質接近中國古代以結社詠詩唱酬，交遊唱和，交流作品和文學觀點的交際圈子，常規聚會彼此交流、標榜、切磋，其活動包括題詩、和詩、聯句、同遊等，其組織及規模既可以較鬆散，也可以較有組織，

---

39 〈「明夏」社務報告與展望〉，《明夏文刊》第 3 期（1966 年 9 月 12 日）。

40 余玉書：〈祝福你，幼小的「海棠」〉，《星島日報 · 好少年世界》1963 年 3 月 7 日。

41 就像中柱文社就是以推廣中國文化為社綱，結聚文藝青年寫作出版，後因生活圈子星散，成員沒有一個成為作家。李藏璧：〈憶卅年前中柱文社〉，《香港文社史集：初編（1961–1980）》，頁 56–58。

而成份並非封閉，無明顯的政治指向，甚至沒有文學領袖為盟主，只有組織者的共同體（community）。其活動結果是否有大量的文學作品的出現，甚至引發群體性的出版，則視乎它有沒有文學集團的特質。文社與文學團體在過往常混為一談，在於其性質相類，群體互相重疊。[42]

（2）文學團體性質

　　胡大雷認為「為了從事創作、文學評論或其他文學活動而組成、共同進行文學活動的團體」為「文學集團」[43]，通過交往影響而建立公共空間和關係網絡。五四作家推動新文學運動創立文學社團，標舉文學觀念，其風氣也接近「文學集團」。

　　香港的新文學在二十年代出現時，[44]已有激流社這類本土青年文社，[45]追仿現代文學的創造社、文學研究會、新月詩社等純文學團體。他們由文學領袖帶領，有較清晰的理念，且創作及發表欲望和野心，並具備組織和出版能力。五〇年代已有

42　有關文人結社定義，參吳美筠：〈中葉婦女詩社研究 —— 爭取女性身分認同的一種策略〉，「第四屆香港亞洲研究學會研討會」宣讀論文，2010 年 1 月。

43　胡大雷：《中古文學集團》（廣西：廣西師範大學出版社，1996 年），頁 1。

44　在香港有關新文學運動的推動和討論最早可見於 1924 年的《小說星期刊》。參吳美筠：〈從尋找香港最早的新詩說起〉，《第九屆香港文學節研討會論稿匯編》（香港：香港公共圖書館，2013 年），頁 45–65。

45　侶倫參加過第一個新文學團體島上社，出版刊物《鐵馬》、《島上》。

數十間文社，[46] 何源清和唐文標在五〇年代是文生文學研究社社員，[47] 亦有社員在六十年再辦文社。

　　加上戰後出現文藝刊物熱潮，對文學社團有推波助瀾的作用。《文壇》、《人生》、《新青年》、《青年文友》、《海瀾》、《文學世界》、《學友》、《良友》等。根據何源清的憶述，《人人文學》、[48]《中國學生周報》、《文藝新潮》[49] 等以及《好望角》的出現，[50] 吸引不少文藝青年閱讀及投稿，刊物更不時辦讀者活動，安排讀者與編輯及成名作家見面，對青年影響甚大。[51] 此外，

....

46　例如：座標現代文學社出版《軌跡》，阡陌文社是大學生活社和《中國學生周報》辦暑期寫作講座訓練出來的青年學生。出版《文藝線》的文藝線，華菁文社、晨風文社。

47　1953年成立文生文學研究社，社員何源清（後為《香港電視》編輯）、林夢影、唐文標、崑南，每次聚會以研究文學為中心。

48　創刊於1952年，由許冠三和孫述憲創辦的人人出版社出版，至1954年停刊，合共出版三十六期。創刊初期，由黃思聘擔任主編。內容多元化，包括小說、散文、新詩、評論、西方文學的譯介等。後來更設有「學生文壇」，歡迎學生投稿。青年作者如崑南、盧因、陸離等也曾在這個園地發表作品。主編力匡、夏候無忌，受青年崇拜。

49　由馬朗（馬博良）創辦及主編，1956年3月創刊，至1959年5月停刊，合共出版十五期，由環球出版社出版。

50　1959年香港現代文學美術協會由王無邪、崑南等人創立，鼓吹現代主義，介紹外國近代思潮，主張黑暗中對抗，渴求民主自由。有說《文藝新潮》影響臺灣現代主義。《文藝新潮》停刊，1963年，李英豪、崑南和文樓創辦《好望角》，繼續香港現代主義的一脈。只出版了一年的《好望角》便停刊。

51　何源清：〈五〇年代青年文藝活動憶舊〉，《香港文社史集：初編（1961–1980）》，頁31–42。

當時報章盛行開放投稿園地,《華僑日報》、《星島日報》、《天天日報》都有學生園地版,相信是市場考慮。當時容許刊登社團文章有六、七家報刊,如《華僑日報》、《星島日報》[52]、《工商日報》、《香港時報》樂於接受以社的名義集體發表作品,甚至創刊宣言、社際消息。報章學生版或青年版對青年文藝愛好者極具推廣及啟迪作用,更加使青年獲強大認同感,成為結聚文社的溫床。從這現象來看,文社多少承繼五四新文學運動一向以來借助報紙傳播的優勢,形成文藝青年在媒體的文化氛圍,構成屬於青年一代的語境,在初試啼聲時已在公共領域建構文學場域。[53]

六〇年代與崑南、王無邪等人成立香港現代文學美術協會,為六〇年代文社潮奠基,啟迪六〇年代的文社青年的作用,下啟香港現代主義開拓時期。像藍馬現代文學社創辦時結聚不同文社成員,有感馬朗和葉維廉等所辦的《文藝新潮》停刊,《好望角》又不再出版,自覺要挽救文學,「盡心盡力為現代文學開路」,[54] 表現出承擔發展現代文學的重責的極大野心。

---

52 當時一般報紙 1 毫一份,《星島日報》賣 2 毫,是升斗市民能負擔的精神食糧。而學生也可以從學校閱報。

53 路善全:〈第一傳媒與文學〉,《中國傳媒與文學互動研究》(北京:中國社會科學出版社,2007 年),頁 51。

54 藍馬現代文社創會宣言,由九人署名:〈藍馬 · 藍馬〉《星島日報 · 青年園地》1964 年 10 月 15 日。

（3）社區聯繫與左右兩翼的文學社群

受美元文化支援成立、出版的文藝刊物《中國學生周報》在文社建立有過貢獻。周報當時深受中學生歡迎，1959 年辦寫作問題講座後，學員希望保持聯繫，通過組織周報作者及讀者成立阡陌文社，並辦月刊。又組織中學生任通訊員，與作者聯繫，間接促成不同文社之間的互動。但文社興起不完全源於綠背文化，兩者並非唇齒相依。有說五〇年代文壇左右派壁壘分明，到了六〇年代很多作者已懂得用不同筆名投稿淡化左右陣營的定位。[55] 其實在六〇年代中期，文社界左右為文社中人士所認知。左派學校漢華、培僑聚合校內學生結社，豪志文社、雲峰文社及海鷗文社共同出版《文社通訊》，強調團結愛國，帶着明顯政治思想取態。1966 年 7 月號的《文訊》社論更發表一篇題為〈關於香港獨立的一些問題〉的文章，幾乎是戰後最早爭取香港獨立的青年宣言。

由左派力量支持《青年樂園》[56] 相當重視宣傳中國歷史、古典文化及名山大川，以貼近中學生關注的題材吸引讀者，故左派色彩並不明顯，編輯及撰稿者均有左派背景，由於刊物文字較淺白，取稿門檻相對較低，青少年便視為發表的園地。出版社開放社址讓青年學生舉行活動，部份文社便可借此辦讀書會，

55　劉登翰的《香港文學史》（香港：香港作家出版社，1997 年）曾述六〇年代經濟起飛，大批本土作家形成，本土意識左右兩派政治立場開始淡化。惟這觀察成疑。文社左右兩翼其實六〇年代十分明顯。

56　《青年樂園》創刊於 1956 年 4 月 14 日，停刊於 1967 年 11 月 24 日。

加強交流和聯繫。[57]該刊在六七暴動後被英殖政府控以刊載有煽動性內容而停刊。

六〇年代初期文社多為中學生自發組織，到後期開始出現與社區資源連結的文社。例如荃灣雅麗珊社區中心的雅中文社，九龍明愛中心所屬有明愛文社，曾與五四社共同出版《盟刊》。六七暴動以還，政府着意推動青年工作，在社會福利署名下辦文社活動。然而文社大多沒有正式註冊，也甚少獲得政府資助和支持，甚至並非合法社團。

六、文社盛衰對香港文學發展的影響

（1）嚴肅文學與流行文學分野

文社在文人口中經濟掛帥的商業城市存在於建制以外、正規教育以外、任其自生自滅的角落，既不用迎合市場，也不着意推廣行銷，卻為經濟起飛前的香港儲備了文學發展的能量。

六〇年代開始投身文藝的社員，到了七〇年代開始辦全人刊物，同樣斥責畸形的社會過份重視功利和享受，倡議的本土文學價值排斥通俗文化。以純文學對抗通俗文學的思潮從此經常存在主流文學雜誌的作家論述中。

文社仿效五四時期借刊物的創發凝聚發展力量，成為作品的轉化場，體現了媒體與現代文學共生的優勢。但這種自發產

57　陳偉中：〈不應被遺忘的青少年刊物〉，《明報·明藝》2017年6月5日。

生的文藝共同體，若用文學社會學的文學體系（literary system）的觀念分析，會發現六〇年代文社這文學場域從沒有視文學為經濟體系的生產，即或出版物是文化資產而似乎不涉及動用經濟、政治甚至社會資產。文學機制不成熟，沒有主流教育或學術機制承擔，沒有政府及社會資源的支持，文社的形式是自由自主的意識形態，並承繼中國文社傳統，雖然類型及目的繁富多姿，但始終未能走上專業文學機構的路向。

（2）文藝刊物出版為本土文學的發展陣地

印刷技巧進步，亦帶引文社轉型成為以報刊為主體的團體，那些滲雜舞會、文娛康樂活動的文社易遭受淘汰。具規模的文社除了公開徵集社員，組織分工職能完整，成員人數眾多外，印發刊物具體標誌文社有突破性成長。其中規模較大的文社，如風雨文社、晨風文社、海棠文社、文秀文社，大量印製公開免費傳閱，社際報刊成為文學新力軍最大的發展陣地。出版對個別社員來說，就是由文學學習者進軍文學作家的路線。

風雨文社從臺灣文星叢刊和英國企鵝叢書系列，啟發出版叢書的念頭。第一部是柯振中的《愛在虛無縹緲間》，[58] 本來雄心勃勃，準備出版第二部收錄十位社友的作品，後又改為出版柯第二部小說集，因六七暴動和經費問題而告吹。另一個例子是藍馬現代文學社，結合三個文社剛中學畢業的成員稱「妄想爬文學的階梯」，第一部合集《戮象》出版於 1964 年 10 月，

58　柯振中：《愛在虛無縹緲間》（香港：風雨文社，1967 年 3 月）。

仿效文星叢書的開度，採當時最新的柯式印刷，並公開發行銷售，象徵文社社員對投身文壇和面向文學出版的自覺性。惟該社第二部叢書卻在二十三年後出現。文社中人出版的野心見證香港印刷技術對文學的助力。事實上成員路雅經《戮象》一役受挫後轉營印刷，親身證實印刷術與文學出版的互利關係。

（3）從「非法」文社再思文學機制

　　所有文社一開始便並非註冊社團，當時現在來看可算是「非法集會」。當時港英政府對社團登記十分嚴格，一般市民並不輕易辦到。文社能否走向更專業的路向，雖與是否註冊無直接關係，長期以友誼維繫，以業餘空間運作，好處是自由自主，沒有負擔，但欠持續發展的資源和能量，文學觀念狹窄友黨內聚，不及專業團體穩健。為了維持稿源和會務人手，較成熟的文社結聚其他文社共同辦出版，例如華菁、烈燄、開放三社聯合出版《聯刊》，終因人手不足在第八期之後解散。

　　1965 年八家文社發起組織香港文社聯會，在 1965 年已成立香港文聯籌委會，對組織具充分的討論及構思，計劃尋找社址，提倡辦文藝節。公開呼籲不同路線不同文藝宗派的文社加入，並聲明不允許任何政治活動，任何黨派力量的影響，甚至已獲名作家徐速、李輝英、鍾期榮、黃盈章、孫淡寧等答應擔任顧問，若成功招聚香港文社加入，便制訂章程依法向港府註冊。[59] 文聯未及提供詳盡的會章，剛巧遇上六七暴動，開始有文

59　香港文聯籌委會：〈我們對各文社的呼籲〉，《當代文藝》創刊號

藝刊物被查封，最終政府再收緊社團註冊，文聯甚至被警告非法組織活動，最終不能成功。

文聯連結失敗影響深遠，它本來標誌香港文學團體專業化，若為香港文壇建立超越文學派別無黨，而又能代表文壇的全港性聯合文學組織，往後的文學發展相信有所不同。它反映社團化在媒體及社會轉型的時代始終被淘汰。

（4）文社趨向沒落抑或轉型

文社沒有在中學少年間植根，與社會大環境不無關係。1962 年大會堂落成，再加上六七暴動期間有人借文社油印刊物宣傳，文社一時被迫停止了出版油印文刊。當時文社人認為「**五月的暴亂以來，有很多文社都靜靜的躺下去，以為避過『風頭』才算，誰知一躺，便真箇的『躺』下了。**」[60] 香港政府展開青年工作，大力推動青年課外活動，例如在卜公碼頭開青年舞會，開辦青年中心，慢慢發展文娛康樂，六八年無線開台，青少年有更多更吸引的文化活動，而電視在七〇年代才普及，亦爭奪了不少雅好文化藝術的青年觀眾。同時，六八年多個文社合作創辦刊物，組成文社綫，[61] 路向已由純文藝轉移走向關心社會路

（1965 年 12 月 1 日）。見《香港文社史集：初編（1961–1980）》，頁 316–317。

60　〈社論〉，《秀岳文社秀文圃》第 5 期。收入《香港六七〇年代文社運動整理及研究》，頁 104。

61　《文社綫》最初以雙週刊的形式，1968 年 9 月開始，附於《中報週刊》內創刊，內容以文學創作為主，學生社會運動為副。到 1970 年

線。七〇年代參與中文運動和保衛釣魚台運動的中堅分子不少是文社成員。文社線的骨幹人物吳萱人，把文社熱潮視為社會運動，他以文社「運動」名之，帶有一個時代的文藝青年的文學自覺運動的意味。實指過渡到七〇年代初再不以冠社名發表為滿足，而是催新文藝刊物，文學主張及論述思潮，並更多大專學生組成，具社會覺醒。文社潮亦由單純的學生文藝組織轉為「涉世群體性的多元發展組織」。[62]故有理由與其說文社沒落，倒不如說是轉型。

七、關於現代文義的論爭

「新傳統文社」的鄭炯堅謂 1956 年 3 月 18 日的《文藝新潮》對六〇年代的現代主義文學有刺激和推動作用，他所屬文社多為接觸西方哲學及文學的大學生，在創立宣言中表明對文學既重縱的繼承，也重橫的移植。其命名也是來自美國新詩集，大有由西方現方主義出發的況味。他在二千年回顧時認為香港文學現代與傳統之爭，兩敗俱傷，倒讓武俠文學是坐享其利的結果，[63]似乎暗示文社中關於現代主義的爭議徒使現代文學發展滯延。

....

10月《週刊》結束，共出版五十四期。期後《文社綫》自費獨立出版，以社運為主，文學為副。第六十期〈保衛釣魚台專號〉是值得注意的一期。到六十一期終告停刊。

62　吳萱人：《香港六七〇年代文社運動整理及研究》，頁 7。

63　鄭炯堅：〈主張由西入中的「新傳統」〉，《香港文社史集初編 1961–1980》，頁 110–113。

也斯提出反省過去純粹把現代做為一種技巧或一個流派的不當。「我們其實更值得回顧 60 年代的社會文化，看是怎樣的一種氣候和土壤促使作者們的思考和寫作產生了更根本的變化。」[64] 現代主義接受西方現代主義對通俗文化排斥尤為明顯，但香港較複雜，五、六〇年代轉型期的香港雅俗相混，而香港文社有關現代主義的論爭比較複雜，反映香港文學在摸索階段對現代主義的接受與質詢，同時也反映興發於五〇年代、漫衍於六〇年代的現代主義，繼《文藝新潮》之後，在文社中產生論爭，其承繼顯得更加模稜。

《星島日報‧學生園地》1962 年 5 月至 9 月連續有關新詩和現代詩的論戰，所涉八家文社共十五位作者，包括異教徒的張愛倫（西西）、馬覺、座標現代文學社的蘆荻、張牧（草川）、璜琦、馳騁文社的峰等，共九篇文章。峰發表〈坦通大道歟？牛角尖歟？〉，[65] 抨擊現代詩是使人莫名其妙的怪詩，只講究修辭沒實質的「浮詩」；認為新詩應取源五四白話詩，詩所以動人不在繁複，而在於簡單直接。現代主義只是一種主義，不能代表所有文學。明顯地以單字峰作筆名的這位青年，是對新詩認識尚淺。而反駁者正受現代主義運動浪潮的啟蒙，主張參考紀弦的說法，現代詩不止是現代寫的詩，更是現代主義的詩。[66]

64　也斯：〈從五本小說選看五十年來的香港文學〉，陳國球編：《文學香港與李碧華》（臺北：麥田出版，2000 年），頁 69。

65　峰：〈坦通大道歟？牛角尖歟？〉，《星島日報‧學生園地》1962年 5 月 26 日。

66　蘆荻：〈詩人節談現代詩 —— 並答坦通大道歟？牛角尖歟？的作

「牛角尖」論爭直面受現代主義運動啟蒙的年青作者在仍然只懂得讀五四早期經典文學的文壇如何艱難申述自己的主張。「戮象」事件則是欲跟從現代主義的初哥如何受挫而放棄走上這場運動。藍馬現代文學社於 1964 年 10 月出版《戮象》欲從小眾團體拓展進軍公共領域，在他們的創刊宣言中不但宣示辦高質素的刊物，追隨現代文學的決心，也反映他們對現代主義運動的主將的跟從。

> 自存在，自意識，自抽象，自象徵的領域；承自《文藝新潮》，承自《好望角》。以探索人在天宇中之地位，接受現代所賦予的痛苦、荒謬、矛盾、醜惡、卑污。且自平凡中找出人生的真諦，推敲存在的自我，創造不朽的現代潮，顯示確實的物證。……馬朗和葉維廉等所辦的《文藝新潮》就給當時的文化沙漠澆以一種生命力 [……] 但《文藝新潮》畢竟已是在若干年前夭折了，馬朗和葉維廉已隱到外國去了。於是，現代文學黯淡得不可言了。[……] 我們為甚麼不起來啊，，向現代文學進軍吧！以一種無名氏的《露西亞之戀》中表現的同等衝勁和憤怒去創作 [……] 我們將會盡心盡力為現代文學開路，使《藍馬月刊》成為一份最高水準的現代文學刊物。[67]

者〉，《星島日報‧學生園地》1962 年 5 月 26 日。

者〉，《星島日報‧學生園地》1962 年 5 月 26 日。
67　《星島日報‧青生園地》1964 年 10 月 15 日。

可是李英豪狠狠批評藍馬現代文學社社員作品，令一班初次接觸現代詩的青年失望甚至離棄現代詩，變得強大的藍馬社倏忽意興闌珊。[68]李英豪是現代主義運動的主將，又是評論家，指責藍馬等人的作品「**形式上的模仿，一方面固然失去自我，另一方面流於空浮堆塞，無病呻吟**」。[69]藍馬社的許定銘認為激流社三子因此封筆，自己則不再寫詩，開始搜羅現代文學的珍本，重印現代文學作品。這事所造成的打擊，其實也是現代主義運動的打擊。羈魂並沒有完整的現代主義觀念，當時讀到這些作品有「驚艷」的感覺。此事之後偏向結合古典，走異於主流的路線。直至現在，他仍然不愛用「現代詩」這個名稱來表示香港近數十年的詩，而改用「新詩」，覺得現代主義的現代詩已階段性過去。[70]羈魂等人這段經歷，是否造就了香港詩歌發展的兩道汨流，確實值得探討。

　　吳天寶在六〇年代初已指出時人針對青年出版，彈短論長，出於妒忌而非務在培養，也成為文藝青年的阻力。[71]當事人認為離開中學，隨着階段改變，面對謀生壓力，原初的熱情亦無法堅持。當中也有為結交朋友，尋找課餘樂趣，尋找伴侶而來；也有為求成名滿足感出版平庸作品，他者的妄加批評，也使青

68　吳美筠：〈本土文社前綫！當年香港作家如何表達不滿〉，《明報‧世紀》2016 年 3 月 30 日 D4 版。

69　李英豪：〈向青年文友晉一言〉《新生晚報‧四方談》1964 年 12 月 20 日。

70　吳美筠整理、修訂：〈羈魂關於六〇年代文社生活訪談〉。

71　吳天寶：〈略論香港的青年文壇〉，《星島日報‧學生園地》1961 年 3 月 15 日。

年文壇受挫。[72] 文社的組成沒有規模，亦無老師、長輩指導，或領袖帶領、學校支援、社會資源支持，少年心性，無論在組織和決策上尚欠成熟，這種形式十分脆弱，即或成立時充滿理想熱情，經不起批評，容易沮喪。有些離開文社組織彼此對文社的盛衰都可能有不同意見，甚至日後形成不同文學觀。

　　六○年代現代主義在文社中發生的論爭，是否已經完成？詩的現代性是新詩發展階段，抑或現代詩是新詩的另一階段？相信這是討論文社現代詩論爭所掀起而不容忽視的課題。葉維廉以過來人身分檢視這段歷史，謂在大陸和臺灣對新文學封鎖，香港書寫永絕於母體空間及文化，一種解體的絕望和恐懼，焦慮、懷鄉、禁絕，必須用多元的語言策略，「拆解語言的框限」，追回到未變形的、未被沾污的詩。[73] 多少文社中人亦同有此狀態呢？如此說來，即使文社作品未必突出，但文社似乎確立香港新文學及現代主義運動的發展路向，這是研究文社潮另一個重要原因。

72　參考〈柯振中專訪〉有關風雨文社及海棠文社，與風雨文社及藍馬現代文社的恩怨，《香港六七○年代文社運動整理及研究》，頁472。海棠文社的余玉書曾提倡中國風，表面強調詩的美感韻律，實則反對現代詩，斥之為符號詩派。雖不直接反對現代主義，卻只讚賞臺灣現代詩，對香港詩壇卻大肆批評。

73　葉維廉：〈現代主義與香港現代詩的興發 —— 一段被遺忘了的中國現代文學史〉，頁441。

從個人到社會：1960年代舒巷城新詩研究

蕭欣浩

　　1974年，葉輝（本名葉德輝，1952-）於《中國學生周報》發表〈淺談舒巷城詩作的三個階段〉，依據舒巷城（本名王深泉，1921-1999）的詩創作，整合出以下一段文字：

> 舒巷城寫詩的歷史很長。一共出版了三個詩集！
> 「我的抒情詩」，「回聲集」，和「都市詩鈔」。
> 也用過三個（也許不止）筆名：舒巷城、陸思魚，
> 和石流金。代表着三個不同的風格和階段。[1]

　　葉輝的概括，分別以舒巷城的三個筆名與詩集，來劃分三種「風格和階段」，清晰展示舒巷城詩創作的進程。若轉從年代了解舒氏的詩集，《我的抒情詩》與《回聲集》的作品，主要發表於一九六〇年代，《都市詩鈔》則是七〇年代的詩作。舒巷城於香港出生、成長，屬香港本土的作家，無論小說、散文、新詩均有大量作品與社會實況相關，研究者也多有關注，

---

[1]　葉輝：〈淺談舒巷城詩作的三個階段〉，《中國學生周報》1974年3月5日第1119期第7版。

如陳智德指舒巷城「始終關注城市」[2]，東橙言舒氏是「香港地區色彩濃烈的詩人」[3]。舒巷城於作品運用香港元素，連繫地方、人事的創作，當中不免受時代色彩感染，牽涉舒氏所處的空間與時間：空間是舒巷城居住的香港，時間是詩作所反映的不同時代。艾曉明討論舒巷城小說中的鄉土時，談到舒氏與創作、年代的相互牽連：

> 舒巷城的創作中，香港卻是作者心之所繫，傾注了感情的家居之城。這也是六十年代香港人意識的體現，是視香港為自己家園這種認同感、這種本土意識的在小說中的表現。「我愛香港」這樣的感情與三、四十年代作家那種過客看香港的感情大不相同。[4]

舒巷城於香港土生土長，對香港「有家居的感情」，創作上對香港多所關注，明顯不同於南來作家的身分和經歷。舒巷城的創作將時、地、人緊密結合，建構作品中對時代的反映，艾曉明指舒巷城六〇年代的小說具有「香港本土意識」，一方面點出舒氏的創作特色，另一方面嘗試勾勒舒巷城當時的思想

2　陳智德：〈「巷」與「城」的糾葛──舒巷城文學析論〉，《城市文藝》總第 39 期（2009 年）：頁 39。

3　東橙：〈那人在燈火闌珊處──舒巷城和他的文學創作〉，《香江文壇》總第 8 期（2008 年）：頁 73。

4　艾曉明：〈非鄉村的「鄉土」小說──關於舒巷城小說的「鄉土」含義〉，《香港作家》總第 115 期（1998 年）：頁 11。

和態度。艾曉明的討論為舒巷城的研究開闢蹊徑，於相類的語境下，舒氏的新詩同樣值得開展深入的探討，分析「香港本土意識」於舒巷城的詩作中有何體現，梳理時代與舒巷城詩作之間的關係。綜觀舒巷城有大量的新詩作品，唯相關的研究不多，除葉輝與陳智德的文章外，可見東橙〈那人在燈火闌珊處──舒巷城和他的文學創作〉，以舒巷城出版的詩集作索引，逐一分析主題與特色，點出舒氏的部份詩作與社會事件相關，但未有進一步的開展與剖析。本文嘗試參考前代學者的進路，集中討論舒巷城以香港為背景的詩作，以六〇年代作為主要的研究範圍，參考《我的抒情詩》、《回聲集》與《長街短笛》三本詩集，勾勒詩作的主題，探討風格轉變的原因，進一步梳理舒氏詩作與六〇年代香港的關係。

舒巷城早期的詩作，已運用香港的環境與生活為題，如1939年〈望月〉和1940年的〈客家歌者〉，詩作傾重個人觀察，保留香港當時的情景和文化。1941年太平洋戰爭爆發，舒巷城接續於1942年離開香港，踏上前往桂林之路，往後數年踏足過貴陽、昆明、越南、臺灣、北京、南京等地。因着流離各地的日子，舒巷城不少四〇年代的詩以異鄉為題，如：〈空襲〉、〈夜歸〉與〈鋼琴前〉，描寫戰爭與異鄉的生活，當中不乏濃烈的思鄉愁緒。〈海港之夜〉[5]是舒巷城1945年於高雄所作，詩中講述他與年輕美國士兵的對話，兩人各自思念故鄉，舒氏想家、想香港的情感直接表露，寫到「我告訴他，我也想念香港的家

5   舒巷城：〈海港之夜〉，《長街短笛》（香港：花千樹出版有限公司，2004年），頁10。

／但沒有說出，我的旅途可能更長」，舒巷城無法知曉歸家的時間，帶有流離時所面對的不確定因素。1948 年底，舒巷城結束在外的日子，回香港與家人團聚，舒氏雖回港定居，但漂泊、離家的主題仍見於他五〇年代的詩作，如 1958 年的〈這一家〉，以一家三口的家庭為題，講述家中的母子與身處外地工作的父親，彼此懷着想念之情。

地方以外，抒情是舒巷城詩作的重要元素，因應不同年代而有所變化。舒氏四〇年代初的詩作主要抒發「地方之情」，四〇年代中、後期的流離日子，主要抒發的是「思鄉之情」。及後五〇年代舒巷城重新定居香港，生活相對穩定，舒氏重新投入對香港的觀察，詩作更多以生活經歷入文，部份以抒發「男女之情」為主，如〈夜的街道上〉、〈船與岸〉和〈唉　唉〉等 1956 年發表的多首作品。〈唉　唉〉[6] 以舒巷城坐電車的過程為場景，舒氏對着夕陽沉思，實質是「在想你呀我想得那麼多」，即使同事在對面的電車與他揮手，他只是「車站上卻呆呆的望着『你』笑」。想像中的「你」將詩人從現實的人事中抽離，可見「你」的重要位置，以及舒巷城對「你」的想念與深情。

舒巷城以香港為家的意識，以及於詩作的抒情手法，一直延續到六〇年代。艾曉明討論舒巷城的小說時，提到：

> 在舒巷城的創作中，香港卻是作者心之所繫，傾
> 注了感情的家居之城。這也是六十年代香港人意

6　舒巷城：〈唉　唉〉，《長街短笛》，頁 62。

識的體現，是視香港為自己家園這種認同感，這
　　種本土意識的在小說中的表現。[7]

　　艾曉明點出香港是舒巷城的「心之所繫」與「家居之城」，
這點無疑是正確的。艾曉明另外提到，「家園認同」與「本土
意識」能體現於舒氏六〇年代的小說，但若果以詩作為例，可
以更明確指出，舒巷城對家園、本土的關注，早見於四〇年代。
依據上文的梳理與分析，舒巷城於三〇年代末至四〇年代初，
已對香港有深入的體驗和觀察，詩作中早已浮現「本土意識」。
四〇年代，舒巷城因二戰引致的流離歲月，展現他對香港的想
念和重視，隨後舒氏五〇年代居港生活，更多詩作以香港為背
景，表露他對本地的「家園認同」。

　　舒巷城着重地方與抒情的詩創作，持續延伸到六〇年代。
舒巷城一直以香港為家，其六〇年代的詩作，能體現這種對香
港的深厚感情，以〈家〉[8]為例，詩首章提到「雨落下，落下／
落在家家戶戶的屋頂上」，舒巷城先以「雨」和「家」連起兩
個歷程。舒巷城接續於次章提到「雨只不過從天上回來」，水
蒸發、累積成雨落下的自然現象，是離開大地後再回來的過程，
舒氏以此比喻自己與流離外地的人，離開後重返家園的情況。
詩的終章寫道「雨回到大地來／像我們回到可愛的家」，呈現
對家的親近和喜愛。對照舒巷城二戰時的遭遇，舒氏因戰事離

7　艾曉明：〈非鄉村的「鄉土」小說——關於舒巷城小說的「鄉土」
　　含義〉，《香港作家》總第 115 期（1998 年）：頁 10。
8　舒巷城：〈家〉，《我的抒情詩》（香港：花千樹出版有限公司，
　　2002 年），頁 101。

開香港的家，流落異地，其後輾轉返回香港，經歷與雨水去後歸來的循環相吻合。水滴於天空的雲層因積聚而變大，以致過重凝成雨水落下，舒巷城於詩中直述這天然現象，指雨水「**在那兒再也住不下**」，藉以表達自己流落異地的心態，流露出歸家的渴望，抒發對香港的感情。

　　於香港居住、創作的背景下，舒巷城六〇年代的詩作，愈多運用本地景物，於抒發「地方之情」以外，也有接續抒發「男女之情」的主題，將抒情手法與本土景物相結合，如：〈昨夜〉、〈這兒〉和〈山頂上〉。〈山頂上〉[9]以太平山頂作背景，寫作者「我」與「你」的相處，一同眺望山下風景。觀看時「我」與「你」的位置前後有所不同，「**你望風景時我望你的前景**」，「你」在前面看風景，而「我」在後面看「你」所看的景色，明顯「我」的眼中有「你」，表示「我」對「你」的關注與愛慕。詩進一步將景色與「你」相結合，「**是微風／掠過密密如你的頭髮的樹林**」，表達眼前太平山的景色與「你」同樣漂亮。兩人不捨眼前的景色與相處的時光，但無奈時間漸逝，只能「**任下山的纜車帶走那一抹斜陽**」，通過纜車的駛去表示時間流逝，隨之帶走美好的時光。

　　舒巷城於六〇年代的詩作，延續香港的地方書寫以及多種情感的抒發，這種地方與情感的融合，可概括成舒氏詩作「地方感」（sense of place）的展現。「地方感」見於地理學家段義孚（Yi-fu Tuan, 1930–）的人文地理學概念，陳國球於討論香港文學時，引用並進一步闡釋，指「『地方感』，體現的是人在

9　　舒巷城：〈山頂上〉，《我的抒情詩》，頁 117。

情感上與「地方」的深切連結，是人與環境互動的產物。」[10]
以香港為背景的「地方感」，早見於舒巷城早期的詩作，一直
延伸到六〇年代，成為其詩作的重要組成部份，當中不少是以
抒發個人的男女感情為題，建構舒氏五〇至六〇年代顯要的詩
創作特色。

　　舒巷城的詩作不少取材自日常生活，富「地方感」的地方
書寫與情感抒發也源出於此，從舒氏這種貼近生活的步伐，不
難理解他對香港的仔細觀察與關注。同樣以香港為題，部份舒
巷城 1966 年的詩作，明顯有另一種創作意圖，主題有別於男女
情感的抒發，轉移着重描繪當時社會，記錄個人的見聞和思想。
〈廣告世界〉[11] 作於 1966 年 5 月，寫舒巷城從街外回家的過程，
於交通工具與大眾媒體接觸到種種廣告的情況。詩的內容依隨
作者回家的路途展開，從尖沙咀渡輪碼頭到港島電車，以至回
家後讀報紙與聽收音機，由戶外到室內，廣告充斥舒氏身邊，
叫他無從躲避。面對接踵而來的廣告，舒巷城的評價負面，指
廣告使人「眼花撩亂」、「腦子昏亂」，甚至令人無法好好休
息。不過舒巷城明白處身商業化的香港，就如「你生活在一個
彷彿沒有廣告就沒有／世界的／廣告世界裏。」，「有甚麼辦
法呢？」，舒巷城唯有無奈接受。詩作以「啊，偉大的廣告！」
作結，以直呼的方法反諷廣告背後，香港側重賺錢、鼓吹消費
的風氣。

<hr>

10　陳國球：《香港的抒情史》（香港：中文大學出版社，2016 年），
　　頁 349。

11　舒巷城：〈廣告世界〉，《長街短笛》，頁 142–144。

舒巷城 1966 年的詩，出現不少以社會為題的作品，刻意記錄、回應當時的現況，舒氏這道詩創作的分支，與同年香港發生的社會事件不無關係。1966 年 4 月，因天星小輪加價引發大小的抗議示威，最終政府實施宵禁，事件導致死傷以及多人被拘捕。〈廣告世界〉雖然沒有提及天星小輪加價，不過詩作其中一段背景，正是舒氏乘坐渡輪從尖沙咀到港島，舒巷城作為天星小輪的乘客，必然對加價一事有所了解，甚或有個人的體會和意見。舒巷城 1966 年的部份詩作，如〈廣告世界〉一樣，刻意以社會事物為題，呈現自身對香港的關注。

　　〈城市的街道〉[12] 同作於 1966 年 5 月，詩以香港的都市面貌作為背景，集中描寫舒巷城當時身處香港的個人感覺。舒巷城在詩的開首明言：「城市的街道／和重重疊疊的大廈／把我擠得喘不過氣來」，同樣的香港，不是用以抒情，反而用來表達城市對作者、都市人的壓迫，舒氏此處對香港描寫的主題改變，與上述 1966 年 4 月天星小輪加價所引發的抗議示威相關連。詩中兩句記下重要的線索：「城市的街道──／沒有人散步。」詩句清楚指出，街上無人散步，已透露舒氏身處的地方出了狀況，依循詩創作的時間追溯，舒巷城以這兩句詩，回應同年 4 月天星小輪的加價事件。對應抗議示威的發展，4 月 6 日示威活動越演越烈，部份人放火搶掠，防暴警察加入鎮壓，政府於凌晨宣佈宵禁。宵禁持續數日，4 月 8 日政府提早於晚上七時開始宵禁，宵禁直至 4 月 10 日才解除。因為宵禁的影響，即使 4

12　　舒巷城：〈城市的街道〉，《回聲集》（香港：花千樹出版有限公司，2002 年），頁 148–149。

月9日是星期六，街上閒逛的人也大為減少，這情況正吻合舒巷城的詩句。

於這社會事件的背景下，〈城市的街道〉的另一段詩作，記下舒巷城當時置身香港的感覺，「我走在神經衰弱的／城市的街道。／啊，我變得神經衰弱了。」天星小輪加價引發示威、縱火、搶掠等事件，加上後續的警察鎮壓和政府宣佈宵禁，令整個香港陷入緊張的狀態，事件接二連三於街道開展發生，令普通的街道變成敏感地帶，不再如平日般讓人隨意行走，就像「神經衰弱」一樣。當市民身處於這樣的街道，自然受到身邊資訊與當前環境所影響，令舒巷城也變得「神經衰弱」，需要處處小心，無法如日常輕鬆。舒巷城面對城市、街道的環境與氣氛轉變，具個人的想法，「這回我可以邁步。這回／我要停下來。這回／我要飛奔，像匹脫韁的野馬。」於香港緊張的街道、敏感的氛圍下，舒巷城面對紅綠燈，也感到不由自主，希望脫離拘束，尋得自由。

舒巷城對香港的關注十分全面，小至一閃而過的廣告，大至震撼社會的重要事件，舒氏都能細察，轉化成詩作的養分。〈廣告世界〉和〈城市的街道〉對香港的記錄，並不是抽離的描寫，是舒巷城行走都市，以香港市民的視角，所記錄當時社會的種種現況，表達個人的所感所想。

從舒巷城 1966 年的詩作，可了解其觀照香港的視覺，以及面對重大社會事件時的敏感神經。1967 年 5 月發生的「六七暴動」，令香港陷入更動盪的局面，同年舒巷城撰寫的詩作，更多回應當時香港社會現況，相關作品不少收錄於《回聲集》。

東橙分析舒巷城詩作，也有點出《回聲集》與社會的關係：

> 而這一輯中，也開始見到詩人涉足時代的痕跡，如《幽
> 靈》、《在浮沙上》、《標本和長頸鹿》、《無題》、
> 《賭徒》、《那一夜》、《秋》、《城市》、《古董》、
> 《蝙蝠》、《錨》等，這些詩，無疑是以當時重大的社
> 會事件為背景的，可是因為太含蓄，現在重看，已難以
> 重現當時的社會實景了。[13]

　　東橙於上文提到的作品，同樣是舒巷城於 1967 年發表的，而《回聲集》中的詩作，亦大部份是六〇年代的作品，所以東橙指舒氏所涉足的時代，也明顯是六〇年代。東橙隱約提及，舒巷城的這批作品與「當時重大的社會事件」相連，細看東橙提及的十一篇詩作，只有〈標本和長頸鹿〉是在 1 月發表，其餘的均發表於 6 月或之後，舒巷城這些 1967 年下半年發表的作品，明顯以「六七暴動」期間的香港為背景，當中的〈那一夜〉、〈城市〉、〈秋〉，從不同角度反映暴動對香港帶來的影響。

　　「六七暴動」於 1967 年 5 月展開，由工潮引發，直至 12 月落幕。舒巷城的〈那一夜〉[14] 作於同年 9 月，當時左派人士與香港政府之間的衝突已到白熱化階段，左派人士罷工罷課、上街示威、放置炸彈，香港政府鎮壓防暴、實施宵禁，其後陸續演變成雙方槍戰等種種事件，牽涉多人死傷。〈那一夜〉的開首以夜晚的狗吠聲作起始，「那一夜，甚麼地方／傳來了陣

13　東橙：〈那人在燈火闌珊處 —— 舒巷城和他的文學創作〉，載《香江文壇》總第 8 期（2002 年）：頁 77。

14　舒巷城：〈那一夜〉，《回聲集》，頁 16–17。

陣的狗吠聲。」「那一夜」所指的不是普通夜晚，而是暴動引發多番事件後的一夜，「狗吠聲」觸動舒巷城敏感的神經，同時示意有人正在某處移動，像有事情將要發生，帶出緊張氣氛。

舒巷城接續直接寫眼前景色，「依舊滿山燈火／像鑽石似的閃光」，舒氏欣賞市民大眾的居所，但於平常背後，生活已受暴動影響，「但是街燈寂寞，／長街變得更長」，市民面對宵禁與周遭的危險環境，夜晚不敢上街，長街空無一人，以致突顯「街燈寂寞」。「長街」因而可以一望到底，沒有人群阻隔，看上去就像變得更長。舒巷城通過居所與街道的對比，表示可愛的平民生活因暴動而引起巨大的改變。

於暴動持續的晚上，有人仍需出門上街，「緊鎖的門開了。／然後腳步聲遠去了。夜在顫抖。」晚上的街道充滿不穩定因素和危險，令人緊張，嚴重得像「夜在顫抖」。市民不得安寧，門才刻意要「緊鎖」，免得受暴動所牽連。「門」代表市民的居所，象徵大眾的生活，舒巷城最後寫道：「滿面傷痕的門／站在風的擾攘中」，暴動的影響如風一樣無處不在，即使門已緊閉，但生活不免受到影響。舒巷城所關心的，是一般的平民大眾，門在夜裏「等待黎明／等待門的主人歸來。」表達家庭對外出的人的擔憂，期盼他們能早點平安歸來。舒巷城於〈那一夜〉以平民的視覺，細緻描寫暴動期間晚上的環境，刻劃市民緊張心情，記錄暴動對市民生活上、心靈上的影響。

於關注民生以外，舒巷城同樣關心香港整體的經濟問題，詩作〈城市〉[15] 撰於 1967 年 10 月，是舒氏用以回應當時香港的

15　舒巷城：〈城市〉，《回聲集》，頁 22–23。

經濟情況。「她患着嚴重的貧血症──／經濟是她的紅血球。」舒巷城首兩句以「她」比喻香港，直接指出香港當時面對的重大問題──經濟的急速下滑。詩作以「六七暴動」為背景，暴動令當時香港的經濟有重大損失，張家偉總結「六七暴動」的影響時，提到「六七年左派騷亂對香港經濟和社會秩序帶來嚴重衝擊」[16]，因暴動引發的社會動盪，加上中英的政治對抗導致的時局不穩，令香港股市大瀉，1967 年 8 月 31 日恆生指數跌至歷史新低，香港經濟面臨重大打擊。舒巷城記錄當時的香港實況，表達他對事件的個人看法，「她是個貧血的城市／她的最好最華麗的衣裳／和第一流的化妝／也掩蓋不住她的蒼白。」舒巷城深明經濟低迷是當時香港的核心問題，其他方面即使「最好」和「第一流」，在舒巷城眼中，只不過是「衣裳」、「化妝」的表面東西，無從遮掩當時欠缺生機的香港。舒巷城的表態清晰，一針見血點出問題的核心所在，無論外表包裝得多麼華麗，已經無法再粉飾太平。

「六七暴動」對經濟與社會的衝擊，影響香港各個方面，舒巷城於 1967 年 11 月的詩作〈秋〉[17]，串連當時幾種職業的情況，對暴動做了個人的分析。「旅遊業家的秋季來了，／而霓虹燈的熱／暖不了他心裏的秋涼」，舒巷城於詩的開首直言，當時香港旅遊業面對低潮，即使以霓虹燈比擬的商界幫忙，也無法令旅遊業回溫。對照歷史，暴動自 5 月開始，種種社會事

16　張家偉：《六七暴動：香港戰後歷史的分水嶺》（香港：香港大學出版社，2012 年），頁 187。

17　舒巷城：〈秋〉，《回聲集》，頁 20–21。

件嚴重影響香港的旅遊業，張家偉整合相關數據指出：

> 六七年一至八月訪港遊客數目較六六年增加，但九月和
> 十月訪港旅客較六六年同期分別下降百分之九點九和
> 十七點九，外國遊客顯然因香港爆發騷動而卻步。[18]

　　9月與10月來港旅客人數大減，清楚說明暴動對香港旅遊
業的打擊。舒巷城身處暴動時期，記下當時旅遊業面對的問題，
舒氏同時提到建築師，「夜露重重，建築家的露台／寒冷。一
疊疊的藍圖 ──／多少幅海市蜃樓？」，建築業與旅遊業一
樣，遇上發展的寒冷期，部份建築計劃因暴動擱置或取消，實
際資料顯示「六七年首十個月建築工程數目較上年度同期銳減
四成」[19]，正吻合舒巷城的描寫。詩中另有提到銀行家，「銀行
家坐在枯藤老樹下／喝悶酒。他的金口袋／不堪回首月明中」，
「枯藤老樹」一語可追溯到元代馬致遠的〈天淨沙‧秋思〉，
馬氏藉由秋天的草木凋零，帶出衰敗、淒冷的感覺，襯托詩人
自身的困頓潦倒。舒巷城借用古詩的用詞和意象，展示銀行界
的暗淡前境，以及銀行家的無奈。「不堪回首月明中」源出南
唐君主李煜的〈虞美人〉，李氏眼見現況已今非昔比，因回憶
昔日美好而悲傷。舒巷城於〈秋〉中引用〈虞美人〉的詩句，
暗指銀行的資金不能與暴動前相比，好景不再。對照歷史，
「六七騷亂造成香港銀行存款一度銳減……曾出現局部『逃資』

18　張家偉：《六七暴動：香港戰後歷史的分水嶺》，頁173。
19　同上，頁172。

的現象。」[20]，無論是暴動前後的比較，或是與 1966 年的比較，銀行資金於暴動期間的減少以億計算，原因是市民與投資者對香港失去信心，部份人選擇將資產調離香港。詩中兩處借用古詩帶出清冷、衰敗的感覺，最終銀行家「把繁榮的苦汁／和寂寞一口氣吞下。」舒巷城以此表達各個行業面對經濟低迷、社會步伐停滯，也只能夠無奈接受。從〈秋〉整首詩的取材而言，舒氏通過描寫各行各業的苦況，體現他對香港的深入關注與仔細觀察，詩文同時拼湊出暴動時期衰落的香港，當中舒巷城以市民身分觀照香港社會的角度尤為重要，進一步與歷史資料對照，更能突出詩作的時代性。

東橙就舒巷城這批「六七暴動」背景寫下的詩作，曾說「可是因為太含蓄，現在重看，已難以重現當時的社會實景了」，以上文所及的〈那一夜〉、〈城市〉、〈秋〉為例，雖然詩的語言抽象，但細究之下，內容立體呈現當時社會的實況。〈那一夜〉以一夜為限，深刻描畫市民生活的親身體驗與細微思緒，〈城市〉一針見血指出核心的經濟問題，〈秋〉展現經濟低迷下，各行業的苦況，在在都與「六七暴動」時的社會密不可分。舒巷城的詩，沒有將自身從生活中抽離，不是以大敘事的方式記錄暴動的事態、整理時序，或評論對錯，所以於詩文中無法了解暴動的事件原委與時政得失。舒巷城這批創作以「六七暴動」為背景，不是以「六七暴動」為核心，舒氏依舊是以香港的人事作為重點。舒巷城所建構的「社會實景」也是由此出發，以自身小市民的角度觀照香港，呈現大眾的親身感受，舒氏這

20　同上，頁 187。

種融入生活、着眼香港的創作，屬於其個人寫作風格，這與東
橙預期能從詩中，確切了解「六七暴動」的目標有所不同。

　　同樣是以六〇年代的香港為背景，部份舒巷城的詩作，承
接前期抒發男女、地方情感的主題，及後至 1967 年下半年的詩
作，清晰可見「六七暴動」對舒氏的影響。舒巷城刻意將詩的
重點，從我與你個人之間的感情，轉移至我與社會之間的關係，
這無疑是舒巷城詩創作的重要轉捩點。盧瑋鑾談香港文學發展
時，提到六〇年代的情況：「人們更在一場動亂中甦醒，重新
檢視自己與香港的關係，和考慮自己的身分問題。」[21] 文中所
言「動亂」是指「六七暴動」，舒巷城於香港土生土長，分析
其暴動期間的詩作，確見舒氏「重新檢視自己與香港的關係」，
逐步趨向與時事、民生、社會相關，因主題的改變，筆風亦相
應從溫婉抒情轉變成冷靜批評。舒巷城這類貼近香港的詩創作
帶有持續性，漸漸成為舒氏的創作特色。

　　〈街〉[22] 撰於 1968 年 4 月，詩作以香港為背景，記錄土角
「他」重臨成長故地，眼看的景物變遷。舒巷城先從聲音引入，
「酒吧吐出／一片片割肉的音樂／（這兒從前沒有酒吧）」，
音樂以「割肉」形容，舒氏明顯不喜歡這刺耳的聲音，更重要
是新開的酒吧，影響地方舊有的寧靜，加上學校「和舞院並肩
而立」，地方夾雜聲色犬馬的店鋪，變得混雜、不安寧。舒巷
城藉街道變遷，表達人與地方之間深厚的情感關係，昔日「這

21　盧瑋鑾：《香港故事 —— 個人回憶和文學思考》（香港，牛津大學
　　出版社，1996 年），頁 61。

22　舒巷城：〈街〉，《回聲集》，頁 32–35。

條街 —— 他父親和母親結婚的地方／他的童年在這兒埋葬」，
這些家庭和成長的溫馨、獨有回憶，以地方作為標記，存放於
市民的腦海之中，但因為商業活動和都市發展，地方改變逐漸
造成現實與回憶間的差距，詩中也流露舒巷城對此的感觸。詩
最後以當鋪的描寫作結，「這時在街角的那邊／一家吸血的當
鋪／向他張開手臂」，舒巷城由始至終都以當時商鋪的負面形
象，表達對街道變遷的意見，帶出市民的生活和回憶，漸漸為
都市發展所影響。舒巷城的〈街〉以「他」為主角，能避免作
者自我的感情投入，退一步述說「他」與街道的故事。不過「他」
的經歷，同樣是舒巷城與香港市民的經歷，詩文隨腳步見證街
道變遷，舒氏通過描寫帶出城市的喧鬧與危險，襯托香港昔日
可愛可親的另一面。

　　舒巷城這種以香港為背景，不富情感的描寫，一直延續
到他 1969 年的詩作，當中逐漸添加批評意識。〈英雄〉[23] 作於
1969 年 1 月，詩文提到「一個當眼的廣場上／高高在上的站着
／一個銀行家銅像」，「廣場」是指「皇后像廣場」，「銀行
家」為曾任香港上海匯豐銀行大班的「昃臣爵士（Sir Thomas
Jackson，1841–1915）」。舒巷城指銅像「高高在上」，表示其
高人一等的地位，接續更讚譽「他一定是個英雄」，最後筆風
一轉，點出詩的重點，這英雄是「在大魚吃小魚的世界上」。
舒巷城諷刺昃臣爵士的成功，只在弱肉強食的銀行界裏面，香
港為金錢掛帥的銀行家立像，意味將商業和經濟放於崇高的位
置，舒巷城當時於詩中批評的正是這種風氣。

23　舒巷城：〈英雄〉，《回聲集》，頁 48–49。

舒巷城對香港的評論，不限於社會與地方層面，伸延至生活周邊的人物。〈他的是〉寫於1968年12月，詩的主角「他躬着腰／永遠回答　是　是／他的是／是例行公事」，舒氏直接描寫「他」的言行，純粹出於奉承，沒有靈魂的回應。接續舒氏指「他的虛偽變成真理了／在世故編成的公事包裏」，直斥「他」因工作而變得虛偽，為賺錢而失去自我，批評當時香港人扭曲的處世心態。同期創作的〈職業的微笑〉與〈某明星之死〉，同樣以這種諷刺的基調，批評不同行業的人。

　　「六七暴動」後，舒巷城以香港為背景的新詩，無論主題內容與表達方式均有明顯轉變，由抒情逐漸轉向批評，從對香港的「愛之深」過度到「責之切」的階段。當中不變的是，舒巷城一直以香港為家的觀念，以市民的視覺，對本土作深入探討與細緻觀察。

　　六〇年代，舒巷城的詩產生重大改變，以香港為背景的作品，從舊有藉以抒情的主題，另闢出探索都市、批評社會的蹊徑。轉變於1966至1969四年間最為明顯，先是1966年天星小輪加價引發的抗議示威，觸動舒巷城關注社會時事的神經，陸續以此作為詩的養分，寫成〈廣告世界〉、〈城市的街道〉等作品，記錄行走城市的日常經歷，表達個人意見。接續1967年「六七暴動」爆發，歷時八個月，對香港造成全面影響，深入各個階層和行業。當時身居香港的舒巷城，貫徹市民角度，以大眾視覺記錄暴動的多方影響，細如日常牛活的緊張氣氛，大至行業市道的低迷，以及核心的經濟問題，展現於〈那一夜〉、〈城市〉、〈秋〉等不同作品。這批詩作構成立體面向，是舒

巷城對當時社會的回應,也還原市民於暴動時所關心的部份。舒巷城這種對香港本土的理性觀察,延續至 1960 年代末,可見於〈街〉、〈英雄〉、〈他的是〉等詩,逐漸增添批評意識,涉獵周遭的人事、景物和風氣。

東橙整體分析舒巷城詩作時,提出一個疑問:「從《我的抒情詩》到《回聲》到《都市詩鈔》,很難看出他的詩受過誰的影響。」[24] 本文通過對上述詩集的梳理和探究,勾勒出當中以 1960 年代香港為背景的詩作,最受當時發生的社會事件所影響。自 1966 年開始,舒巷城着意於詩中探討人與社會的關係,其後逐漸深化、調整,加添批評元素。及至《都市詩鈔》[25] 中 1970 年代的作品,陶融認為是「他跟現實生活短兵相接,展開了驚心動魄的戰鬥」[26],文中對取材與角度的總括,正是舒氏於 1966 年起的詩創作中,延續與蛻變出來,足見 1960 年代香港對舒巷城創作的深遠影響。

24　東橙:〈那人在燈火闌珊處 —— 舒巷城和他的文學創作〉,《香江文壇》第 8 期(2002 年):頁 76。

25　舒巷城:《都市詩鈔》(香港:七十年代月刊社,1973 年),東橙所參為此版本。後出版本建基於 1973 年版,有所添加,可見舒巷城:《都市詩鈔》(香港:花千樹出版有限公司,2004 年)。

26　陶融:〈節錄《舉重若輕的詩人》〉,輯於舒巷城:《都市詩鈔》,頁 148。

一九六○年代香港的現代主義詩歌 ——
以馬覺為例

鄭政恆

一、引言

一九六○年代是香港現代主義詩歌發展的重要階段，現代文學美術協會主編的《新思潮》（雙月刊，1959–60）、劉以鬯主編的《香港時報・淺水灣》（1960 年 2 月 15 日至 1962 年 6 月 30 日）以及現代文學美術協會出版的《好望角》（半月刊，1963），不絕如縷承接了馬朗主編的《文藝新潮》（1956–59）的現代主義火種。

在六○年代中，藍馬現代文學社出版的全人同集《戮象》（1964）和《藍馬季》（1965–1966）揭示文社潮下，新一代年輕本土詩人創作現代主義詩歌的初步嘗試。可是他們也受到香港現代主義文學的領導者李英豪批評，他在《新生晚報》的專欄文章〈向年青文友晉一言〉，直指他們的作品「流於空浮堆塞，無病呻吟」。[1]

---

1   吳美筠：〈本土文化前綫　當年香港作家 如何表達不滿〉，《明報》
2016 年 3 月 30 日副刊世紀 D04。

與此同時，也有一位詩人，在香港和臺灣發表大量詩作，甚至出版個人詩集。

　　馬覺是香港詩人，他出版了兩本詩選，《馬覺詩選》（1967，香港特信印務公司）和《寫在九七前：馬覺詩選（二）》（1997，香港大學比較文學系），2015 年他出版了《義裏混沌暗雷開》（石磬文化），此書是《馬覺詩選》的修訂版，詩人在前言中說，「經過修訂，對當時歷史和現實的回應，聲音會更為清晰。但當日的感情和感覺具體上都得以保留。」[2]

　　馬覺原名曹明明，1943 年生，2018 年去世。筆名有素人、馬角、阿覺、邁敬開，苒航，1968 年畢業於中文大學新亞書院哲學系，受業於唐君毅和牟宗三。馬覺早期的詩作見於《中國學生周報》、《好望角》、《蕉風》、《風格詩頁》、《盤古》、《秋螢》、《羅盤》、《詩風》、《創世紀》等刊物，他的詩作曾收入《七〇年代詩選》（張默、洛夫、瘂弦編，1969）、《當代詩人情詩選》（王牌編，1976）、《香港新詩》（周良沛選析，1986）、《香港當代詩選》（姚學禮、陳德錦編，1989）、《香港新詩選：1948–1969》（黃繼持、盧瑋鑾、鄭樹森編，1998）、《香港近五十年新詩創作選》（胡國賢編，2001）、《五〇年代香港詩選》（鄭政恆編，2013）等選集，馬覺是香港的現代主義詩人之一，據《七〇年代詩選》的介紹，馬覺的詩的特色有二，分別是「自平淡中劈出奇詭」、「從繁富中伸向穩健」[3]，平淡和奇詭分別由艾略特（T. S. Eliot）和卡夫卡（Franz

---

2　　馬覺：《義裏混沌暗雷開》（香港：石磬文化，2015 年），頁4。

3　　張默、洛夫、瘂弦主編：《七〇年代詩選》（高雄：大業書店，

Kafka）的影響而來。

　　簡單比較《馬覺詩選》和《義裏混沌暗雷開》兩書，馬覺
的修訂，是化繁為簡，句子削短，大抵令詩意更為明白，相對
上易於閱讀，《馬覺詩選》原有短詩三十五首和長詩六首，《義
裏混沌暗雷開》就刪去了短詩〈香港之晨〉。而不少詩作都有
明確的「妳」為對像，收入《義裏渾沌暗雷開》時改為「您」。

二、黑暗與光明的二元對立

　　《馬覺詩選》的詩不少寫於 1965 至 1967 年，也就是社會
矛盾激烈、青年反叛躁動的年頭。然而《馬覺詩選》沒有顯而
易見的政治指涉。無疑，馬覺的詩作都相當現代化與抽象化，
〈甦醒〉、〈禱〉、〈陷落〉等都可視作情詩，[4] 而僅有一首直
接道明創作本意的作品，是〈自你去後 —— 悼亡友趙國雄（童
常）〉，詩作原刊於《中國學生周報》第 742 期，也是理解馬
覺詩歌的入口（以下據《義裏混沌暗雷開》的新版本）。詩中
的你，顯然是自殺身亡的香港詩人童常：[5]

1969 年），頁 15。

4　　王牌主編：《當代詩人情詩選》（臺北：濂美出版社，1976），頁
　　　31–33。

5　　關於童常，詳參關夢南的文章〈追尋六〇年代早逝的詩人童常〉，
　　　《香港文學》第 332 期（2012 年 8 月）：頁 83–86，另見關夢南主編：
　　　《香港新詩：七個早逝優秀詩人》（香港：風雅出版社，2012），
　　　頁 140–181。

自你去後

此地的月夜

轟然粉碎於辛辣的寂寥

你嘗躲在暗角

這時代並不如一般華彩的時代

但你仍有所凝視[6]

詩中最重要的是意象是「月夜」，全詩最終也是以一句「許多
許多的月夜還將再臨」作結。

　　綜觀《馬覺詩選》，黑暗的意象一以貫之，代表着存在的
焦慮與虛無、負面的情緒（煩憂、絕望、苦痛、悲哀、幻滅、
厭世、憂鬱、苦楚、愁苦、紛亂）、殘酷而荒謬的世界、生命
力的空乏甚至是死亡，連帶起的詞彙和句子是「陰暗」、「玄
黑」、「漆黑」、「幽深」、「憂傷與死亡如同黑蟒」、「黑夜」、
「黑暗」、「夜空」、「虛無的深淵」、「幽冥」、「黑色」、
「暗室」、「晚霞」、「沉黑」、「黯然」等等。

　　馬覺的世界觀有二元對立色彩，「在新鮮與腐敗之間」
（〈擴散〉）、「流連於變動與靜止之間」（〈流動〉）、「黃
昏與黎明彼此變換」（〈存在的壓力〉），[7]而在黑暗的另一邊，
就是光明，代表着愛情、喜悅、生命力的無窮創造和奮起，連
帶起的詞彙和句子是「白晝」、「金光」、「光華」、「黎明」、
「光芒」、「生命之火」、「陽光」，在馬覺的詩中，黑暗顯

6　　馬覺：《義裏混沌暗雷開》（香港：石磬文化，2015），頁 24。

7　　同上，頁 46、54、62。

然壓倒光明,但詩人內心追求光明,他在《馬覺詩選》的編後話中更有顯白的自述,「死亡後的新生和黑夜之後的復旦是生命中最重要的事,我需要生命的真正光彩和振奮,尤其是在如此的一個年代裏。」[8]

三、艾略特與馬覺

馬覺的詩有現代主義和存在主義色彩,同時也受艾略特的詩作影響。張松建在《現代詩的再出發:中國四十年代現代主義詩潮新探》一書點出艾略特在華的傳播歷程:1934 年葉公超發表長文《愛略忒的詩》,1937 年趙蘿蕤全譯《荒原》(The Waste Land)、葉公超發表長文《再論愛略特的詩》(1937)、1942 年黎敏子翻譯《普魯佛洛克底戀歌》(The Love Song of J. Alfred Prufrock)、1947 年卞之琳翻譯《西面之歌》(A Song for Simeon),1948 年唐湜翻譯《焚毀的諾頓》(Four Quartets: Burnt Norton),1949 年袁水拍翻譯了《空虛的人們》(The Hollow Men)。[9]

可是隨着中華人民共和國成立,艾略特的譯介轉而在香港和臺灣扎根,就香港而論,1956 年馬朗在《文藝新潮》第七期發表《序曲》(Preludes)、《哭泣之少女》(La Figlia Che Piange)、《風景(選兩首)》(Landscapes)、《瑪蓮娜》

---

8   馬覺:《馬覺詩選》(香港:特信印務公司,1967 年),頁 78。

9   張松建:《現代詩的再出發:中國四十年代現代主義詩潮新探》(北京:北京大學出版社,2009 年),頁 35–48。

（Marina）的翻譯，馬朗更在 1957 年臺灣《現代詩》第十七期
發表《歇斯底里亞症》（Hysteria）、《晨起憑窗》（Morning at
the Window）、《風景（選三首）》（Landscapes）、《灰燼禮
拜三（選一節）》（Ash Wednesday）的翻譯，1956 年葉冬（崑南）
在《文藝新潮》第三期發表《空洞的人》（The Hollow Men）
的翻譯，1960 年王無邪（伍希雅）在臺灣《現代文學》第二期
發表《焚毀的諾墩》試譯，葉維廉在同期發表〈「焚毀的諾墩」
之世界〉、1961 年葉維廉在臺灣《創世紀》第十六期翻譯發表
《荒原》全譯、在《大學生活》第一百期發表〈靜止的中國花
瓶 —— 艾略特與中國詩的意象〉，1965 年艾略特去世，相關文
章驟增，比較重要的是，李英豪在臺灣《創世紀》第二十二期
發表〈論 T. S. 艾略特「焚毀的諾墩」〉，羅繆（楊際光）在馬
來西亞《蕉風》第一四九期發表〈談談荒原〉。

　　《焚毀的諾墩》（Burnt Norton）是艾略特代表作《四首四
重奏》（Four Quartets）的第一首。葉維廉的〈「焚毀的諾墩」
之世界〉是根據原詩的再創作，在散文詩中的〈第三動向〉，
葉維廉點出「進入黑暗求出之於光明」，在〈第四動向〉中：

> 空茫的薄暮佔領着花園。光滅盡。雲層竊去天陽。
> 『埋葬』『黑雲』『相纏』『相牽』『捲繞的手
> 指』。『冷峭』。是湮沒的深沉。是冷黑的熄滅。
> 是絞死痛楚。重重重壓在我們的身上。我們隨時
> 等待或生或死或溫馨或兇嚇的撫觸。光靜止在世

界轉動的定點上。[10]

　　對照艾略特的原作《焚毀的諾墩》，正是以精神降低到永恆孤獨的世界，以至於內部的黑暗（internal darkness）、知覺世界的乾涸、幻想世界的撤空、精神世界的垂危，在白晝埋葬後，黑雲將太陽帶走，沉默之後，光靜止在轉動世界的定點上。

　　《焚毀的諾墩》也有光明與黑暗的對照，這一點經過葉維廉和馬覺的吸收、模仿與簡化，在他們的作品中重現，可是艾略特對現代精神世界的危機感，在葉維廉和馬覺的詩中並未有深刻的呼應。李英豪的長文〈論 T.S. 艾略特「焚毀的諾墩」〉就集中於文本分析，更指出詩中的張力：

> 在存在中所引起了上向和下傾牽曳抗衡的張力 —— 一種力移向稀微，溫暖和光耀的國土；另一種力，卻伸向濃密，冷峭和黑暗地域。此種相反力的牽曳，非只存在於外在發生的景象中，同時存在於我們的靈魂深處。[11]

　　這種矛盾張力，也是馬覺詩作的重心所在，特別是一些作品都以下沉動向表明下傾的沉淪，如〈陷落〉：「陷落的世界在玄黑中摸索前行／至於我／至於我那陷落在雲彩的童年」。[12] 又

10　葉維廉：〈「焚毀的諾墩」之世界〉，《秩序的生長》（臺北：志文出版社，1971 年），頁 29。

11　李英豪：〈論 T.S. 艾略特「焚毀的諾墩」〉，《創世紀》第 22 期（1965年 6 月）：頁 22。

12　馬覺：《義裏混沌暗雷開》（香港：石磬文化，2015 年），頁 44。

如〈流動〉：「生命的沉黑為你所震盪／愁苦的星星甜睡於低沉的牢房」。[13] 而少數作品就有奮躍的上升動向，如〈迴旋〉：「生命無窮之創造／奮起之力困結於黎明」。[14] 又如〈一個古老的世界〉：「跳躍着，渴望一個新奇佈局／掌上的五月陽光／在另一世界躍起」。[15] 上向和下傾兩種動向形成二重的生命感受。

四、馬覺的現代主義長詩

馬覺對艾略特的學習，除了光明與黑暗的二重世界觀，還有現代主義長詩的創作，學習艾略特的偉大作品《荒原》、《灰燼禮拜三》和《四首四重奏》，也接續了崑南、洛夫等人的長詩實驗，更一而再帶出「從絕望中希望」、「從虛無追求價值」的存在主義主題。

《馬覺詩選》的長詩有〈豹〉、〈城市〉、〈毀滅〉（後改為〈毀滅，只在沒有春訊的腐朽中〉）、〈隕落之歌〉、〈給莫扎特〉、〈異象〉，其中〈豹〉原刊於《創世紀》第二十期，〈城市〉原刊於《創世紀》第二十六期，〈給莫扎特〉的初稿〈神起來了〉原刊於《中國學生周報》第707期，〈異象〉原刊於《創世紀》第二十四期，另收於《七〇年代詩選》。李英豪曾經在長文〈論現代詩之張力〉指出馬覺「在流宕的詩行中，由於感受與觀念的浮游，其張力足以架構如『狗尾』甚在『幻』

13　同上，頁55。

14　同上，頁16。

15　同上，頁68。

等小小樓閣，恐怕仍未能全面支起如『給莫扎特』或『豹』的巨廈。」[16]

〈論現代詩之張力〉一文刊出後，馬覺繼續發表長詩，〈城市〉相對而言比較成熟，詩中以「他」為主角，不單關注人的心靈和成長，也直面城市，正如艾略特的《荒原》中，因死亡的毀滅，倫敦有「不真實的城市」（unreal City）的形象。而馬覺的〈城市〉就有這樣的城市形象：「這繁忙城市／這空洞城市／存在着，為他所居住／偶爾，風帶來春日訊息」。[17]春日指向生命，可是在城市中：

> 他只是一個空洞的人
> 沒有思想，也沒有多餘的掛慮
> 在繁忙的擠迫中，發出空洞呼聲
> 峽谷裏的迴聲也是空洞的
> 他們的姿態也沒有任何特殊意義
> 多餘的影子
> 多餘的姿態
> 在劇場舞動
> 噩夢之後
> 他竟發出令人疑惑的微笑 [18]

16　李英豪：〈論現代詩之張力〉，《創世紀》第21期（1964年12月）：16。

17　同上，頁91。

18　同上，頁95–96。

整整一段，都在呼應艾略特的〈空洞的人〉：

> 我們是那些空洞的人
> 我們是那些被填塞的人
> 倚在一塊兒
> 頭罩給裝滿了稻草。唉！
> 我們乾涸的聲音
> 當我們一起低語
> 是沉寂和沒有目的 [19]

〈城市〉有《空洞的人》中濃厚的虛無主義色彩，《義裏混沌暗雷開》中新版的〈城市〉就有所改變：

> 沒有固定道德
> 也沒有固定的任何習慣
> 他只是渾渾噩噩的行走着
> 不為天空添上新色
> 也不為大地帶來光彩
> 直至某一日
> 他突然醒覺……[20]

19　T. S. Eliot（艾略脫）著，葉冬（崑南）譯：〈空洞的人〉，《文藝新潮》
　　第 3 期（1956 年 5 月），頁 33。

20　馬覺：《義裏混沌暗雷開》，頁 96。

舊版《馬覺詩選》的結尾是「然而，一切都已太遲了。」[21] 新版卻帶來人的醒覺和希望，甚至全然不同的結局：「從絕望中希望／從絕望中希望。一切也許還未算太遲」。[22]

另一首長詩〈隕落之歌〉就有許多死亡意象，《義裏混沌暗雷開》中新版的〈隕落之歌〉結尾，再次呼應了新版〈城市〉的觀點，且更具存在主義色彩：「從絕望中希望／從虛無追求價值／靈鷲猝然復返」。[23]

曾經收錄於《七〇年代詩選》的長詩〈異象〉，別具宗教色彩，新版的〈異象〉結尾，再次重複出「從絕望中希望」、「從虛無追求價值」的存在主義主題。

長詩〈毀滅，只在沒有春訊的腐朽中〉的城市形象依然取自《荒原》，更具體化為香港：「夕陽斜斜地掛在可口可樂的廣告牌之左上角／黑夜之前的大屠殺／血染維多利亞海峽」。[24] 而市民都是空洞的人：「他們是如此忙碌／他們是如此麻木」。[25]

〈毀滅，只在沒有春訊的腐朽中〉的重心是「他」作為軍人和詩人的自省，幾乎佔了大半的篇幅，其中包括思考宗教、愛情、生命等等，在六首長詩中，〈毀滅，只在沒有春訊的腐朽中〉的表達相對明白。

最後要點出，馬覺的一些詩作有宗教色彩，甚至有一首短

21　馬覺：《馬覺詩選》，頁 44。

22　馬覺：《義裏混沌暗雷開》，頁 96。

23　同上，頁 130。

24　同上，頁 97。

25　同上，頁 97。

詩名為〈神〉，但神「卻從殘酷的本體呼嘯而出」，〈新寒〉
一詩就詢問：「啊，慈愛的父／你的慈愛何嘗遍佈大地的胸懷」，
〈戲弄〉一詩甚至質問：「神啊，為何你使我們陷於虛無」。
長詩〈隕落之歌〉就點出「偉大的造物者呼出宇宙的冷落」[26]，
綜觀馬覺的詩作，不論是超越的神，或是外在的世界，都為詩
人帶來存在的壓力，黑暗一而再壓倒了光明，形成鮮明的存在
的焦慮。

26　同上，頁 27、21、43、120。

（二）電影

冷戰文化與香港中國鬼魅寓言

吳國坤

　　本文嘗試以冷戰文化寓言的方式閱讀中國古典鬼怪故事及其在香港一九五〇與六〇年代的電影改編，而鬼怪靈異戮力穿梭在陰陽兩個界域之中，但又兩面不是人，人鬼戀故事挑動中國傳統和當代政治的神經，就好比在全球冷戰陰霾籠罩下的討活的間諜、難民、流亡者、以至「非人」（non-human）的怪物的生存處境，左右兩難。冷戰時期香港電影的研究及其獨特的跨歷史和跨地域性，為我們提供了一種方法和批評視角。通過審視殖民主義、後殖民主義和中國民族主義的文化政治角力，探討橫跨香港、臺灣、中國及東南亞等地緣政治文化下的中國電影改編，冷戰體制下的故事新編，既要繞過殖民地政府的政治審查，又需適應資本主義市場的規律，種種規範和制約，可又轉化為隱晦深沈的創意，在中國鬼魅寓言的美學及身分政治的脈絡中，不斷尋求「本土」的位置和話語。

冷戰文化與中國鬼魅政治

　　本文討論中國古典文學及戲劇的電影改編，當中包括粵語

電影《艷屍還魂記》及國語電影《倩女幽魂》。兩部電影皆改編自重要的中國文學作品，前者由李晨風執導，於1956年上映，為明代劇作家湯顯祖的戲劇《牡丹亭》之電影改編。（這部作品很可能是第一部將《牡丹亭》搬上大銀幕的電影。）在《艷屍還魂記》上映的數年後，著名的國語電影導演李翰祥在1960年製作了《倩女幽魂》，該片則改編自明清時期蒲松齡的志怪小說集《聊齋誌異》裏的〈聶小倩〉。

這兩部電影改編體現了一九五〇至六〇年代全球冷戰時期的文化政治對壘，說明了兩個不同陣營在冷戰時期「再現中國」（representing China）時所運用的社會政治戰略。《艷屍還魂記》是粵語片，中聯電影公司（1952–1967）製作，該公司雖有左派政治色彩，但其攝製的多套影片都製作認真，沒有明顯的政治宣教味道，絕少流露「愛國」或「革命」的左派電影痕跡。《倩女幽魂》導演李翰祥及電影製作公司邵氏兄弟常被認為與臺灣右翼陣營及國民黨政府有緊密的聯繫。這兩部電影也正好展示了中國的兩大語言電影 —— 廣東話和普通話。自1930年有聲電影的出現，粵語電影與國語電影便持續在華語電影市場競爭，以至在一九五〇至七〇年代年代，在香港、臺灣和東南亞國家兩大華語電影工業發展此起彼落，競爭更形劇烈。兩部電影雖都在英殖香港製作，它們的目標卻是香港和中國大陸以外更廣泛的華語觀眾，主要為臺灣和東南亞。

以鬼怪電影類型和文學來審視冷戰文化現象，並把它們視為冷戰思維的載體不啻是一種嶄新甚或冒險的閱讀方法。冷戰政治與通俗文化的研究一般側重於國家精英如何借助文學藝

術，以及它們的話語和符號來塑造人們對世界的認知，又或通過政治宣傳來灌輸冷戰理論及意識形態。社會現實主義的戲劇、間諜電影、戰爭故事、歷史電影和記錄片等電影類型都有更大的潛力來傳播這些政治宣傳的信息，而且這些常見的類型也易於用作政治寓言。誠然，以政治寓言的方式來閱讀鬼怪靈異和志怪題材，以理解冷戰時期各種複雜的元素，以及作品所呈現的意識形態，極盡挑逗政治與倫常的衝動。在細閱其中的鬼怪論述時，既要留意其中的類型特點和美學特點，也該注意作品所表現的「中國性」，以及兩者論述之間的衝突，重點是粵語電影與國語電影如何挪用中國傳統文學，來合理化其中國身分的認同。

當論及電影審查制度及其文化制約時，中國鬼魅寓言同時面臨着港英殖民政府及中國政府的文化權威。一方面，超自然現象和怪力亂神的電影題材一直困擾着二十世紀的中國知識分子，這些中國電影自一九三〇年代國民黨在南京政府成立的電影審查制度以來，從來都是挑釁及禁忌的題材。另一方面，中國的鬼怪故事和民間信仰並沒有惹起英國殖民地政府很大的關注。我曾研究過香港殖民政府對於中國電影和文學的審查制度，指出由於冷戰和恐共的原因，由中國所製作的高度政治電影皆被禁止在殖民香港上映。[1] 在一九五〇至六〇年代，港英政府對傾向針對來自臺灣的電影，甚至荷里活電影都有進行秘密的審查，原因是因為殖民政府懷疑這些電影會挑起政治的紛爭。不

---

1   Kenny K.K. Ng, "Inhibition vs. Exhibition: Political Censorship of Chinese and Foreign Cinemas in Postwar Hong Kong," *Journal of Chinese Cinemas* 2.1 (2008): 23–35.

過，英國並沒有興趣積極滲透或參與本地中國電影業的生產與上映。實際上，殖民政府更關心的是盡量減少中國國家政治與冷戰衝突在香港所造成的社會對抗，以維持殖民地自由放任的經濟。

　　當英國於一九五〇年代開始審現新中國的政治現實，殖民政府花盡心思在教育政策方面推動中國傳統文化，希望「中華文化與英國殖民主義皆能在共產主義的威脅和陰影下共存下來」。[2] 港英殖民政府在透過教育促進中國文學、歷史和文化的同時，極力建立一種與具體政治現實無關的「抽象中國身分認同」。[3] 這也許解釋了英國為何在某程度放任中國電影的蓬勃發展，儘管它們涉及各種各樣的政治取向。在本質上，幾乎所有在冷戰時期在香港生產的戰後中國電影都是比較非政治性的。它們試圖以資本主義或社會主義的新世界秩序來解釋中國價值觀及文化遺產，包括傳統的儒家思想。事實上，左翼與右翼文化陣營之間的意識形態分裂比我們預期的要小。比起預期而言，這些作品的政治意味並不算濃厚，它們並沒有大力倡導或批評資本主義或共產主義。反之，它們多是市場導向，或者是以個人自由和社會教化為主題的文化批評。此外，邊緣化的左派電

2　　Bernard Hung-kay Luk, "Chinese Culture in the Hong Kong Curriculum," 667; quoted from Kwok-kan Tam, "Post-Coloniality, Localism and the English Language in Hong Kong," in Kwok-kan Tam, Wimal Dissanayake and Terry Siu-han Yip, eds., *Sights of Contestation: Localism, Globalism and Cultural Production in Asia and the Pacific* (Hong Kong: The Chinese University Press), 118–119.

3　　Ibid., 119.

影導演及公司通過製作明確的非政治類型電影,如文藝愛情片、喜劇片、戲曲片和奇幻電影,嘗試攻佔本地和海外市場。他們努力學會利用電影的「軟實力」,將電影商品化和普及化,以吸引本地和海外華人的電影市場。來自不同政治陣營的電影人通過利用中國民間文化和傳統的符號,以及明星演出的帶動下,在銀幕上重新搬演中國鬼魅寓言,隱隱然為文化中國和民族主義宣教。

在《幽靈女優》(*The Phantom Heroine*)一書,蔡九迪(Judith Zeitlin)提示我們,「鬼」這個中文單字比起英文單詞「ghost」具有更深廣的含義。在古代,「鬼」這個字具有「返回」(「歸」)的意思。而「鬼」的同音字的意思包括「前往、回來、依靠、發誓效忠、為(一個女人)而結婚、死亡」。[4]這是一種回歸、渴望回家和歸根的感覺。對於鬼怪來說,這是一場從死亡世界回到人類世界的奧德賽式(Odysseus)飄流記。但是,亡魂的家到底在哪裏?當鬼魂無法回家時,他們被那種歸家感所牽絆,並即異化為一種陌生而離奇的存在狀態。若按照佛洛伊德(Sigmund Freud)的心理學來說,它們可理解為無以明狀的「怪怖」(uncanny),其德語為「unheimlich」,實解作一種「無所適從」(unhomely)的悵惘。這種社會心理學的說法可以幫助我們利用寓言的方式閱讀中國的鬼怪敘述,因為它們闡述了「中國性」及中國身分認同在冷戰時期的亞洲華人社會中的問題。中國鬼怪故事的文化意義,在於它們意味着一種對中國文

---

4   Judith Zeitlin, *The Phantom Heroine: Ghosts and Gender in Seventeenth-century Chinese Literature* (Honolulu: The University of Hawaii Press, 2007), 4.

化的「歸家感」和「無家可歸感」，鬼魅幽靈暗示了中國過去的光譜之存在。中國的鬼魂就像分散各地的中國人，有一些留在祖國（即中國大陸），又有一些留在東道國（即中國以外的土地，包括殖民地香港），他們共同各自奮鬥，並在所在地落地生根。

在「現代中國」文化論述裏，當國家精英及知識分子以「進步」和「目的論」的名義接受西方科學和理性時，中國傳統的魑魅魍魎便成為遺害文明的精怪。王德威指出，自二十世紀初以來，因受到十九世紀歐洲「真實」（the real）與現實主義的主導影響，中國文學世界裏的奇幻與超自然題材受到重重擠壓。[5] 早在一九三〇年代上海出現了由文化局管轄的電影審查制度，華語恐怖片成為當局主要打擊對象，因為此類電影散佈迷信及傳播封建思想。國民政府展開其審查運動，藉以把神怪電影從主流電影中連根拔起。不但那些展示超人力量的武俠片不受歡迎，鬼片也被稱為「神怪片」，當局認為這兩類電影既不科學，又反進步，危害着建立一個強盛中國的目標。[6]

1949 年以來，中共政權繼續為國營電影驅鬼除魔，撻伐鬼

5　David Der-wei Wang, *The Monster That Is History: History, Violence, and Fictional Writing in Twentieth-century Chin*a (Berkeley: University of California Press, 2004), 264–65.

6　Zhiwei Xiao, "Constructing a New National Culture: Film Censorship and the Issues of Cantonese Dialect, Superstition, and Sex in the Nanjing Decade," *Cinema and Urban Culture in Shanghai, 1922–1943*, ed. Yingjin Zhang (Stanford: Stanford University Press, 1999), 183–99; Zhang Zhen, *An Amorous History of the Silver Screen: Shanghai Cinema, 1896–1937* (Chicago, IL: The University of Chicago Press, 2005), 199–243.

怪的政治在社會主義的新中國下雷厲風行，當局大力執行反迷信運動，驅除中國大陸的鬼怪文學及戲劇。在電影控制方面，中國共產主義政權為了潔淨國有電影，一直把鬼怪趕出電影的大銀幕。與此同時，又對某些「牛鬼蛇神」留有一手，刻意標籤他們，使他們成為階級敵人。在發動「無產階級文化大革命」時，毛澤東把他的政治敵人稱為「牛鬼蛇神」，並可怕地鼓吹人們集體地把這些「鬼怪」驅散。在如此情況下，到底銀幕裏還有沒有容下鬼魅的空間？這些不受歡迎而且到處徘徊的鬼魂和超自然生物無處可逃，花果飄零，只好植根在戰後殖民地香港的中國電影，包括粵語電影和國語電影裏。瑪利・道格拉斯（Mary Douglas）在《純潔與危險》（*Purity and Danger*）中明言，純潔和信仰，以及其對立面皆存在於每個社會的中心。[7] 誠然，鬼魅會玷污中國人的顏面和身分，會損害到中華民族的純潔和儒家傳統。現代中國的民族主義思想於是愛把鬼怪邊緣化，成非我族類的「非中國人」，不容於中國的社會生活和現代文明。矛盾的是，在戰後的香港，家無所依的中國幽靈一一被電影人所召喚，百無禁忌，魂兮歸來，因為鬼魅承載着的是中國傳統文化的記憶，鬼影幢幢背後的前世今生，在在動搖了表面上穩定的殖民家國。

死者甦生：《倩女幽魂》的再生與改編

在中國的電影改編中，女鬼投胎轉世為人是擺脫死亡和墮

7　Mary Douglas, *Purity and Danger: An Analysis of Concepts of Pollution and Taboo* (London: ARK Paperbacks, 1984).

落而得以自我救贖之關鍵。在冷戰時期,「投胎轉世」,又或借屍還魂的主題,為粵語電影及國語電影提供了一種折衷的戰略性敘述模式。當中,尤為重要的兩種主題,亦即復活及轉世可從《艷屍還魂記》中得以一探究竟。在這兩個故事中,女鬼都渴望轉世為人,希望返回陽界,享受幸福的愛情、婚姻及家庭生活。如果鬼魂在人類的社會中被邊緣化為「他者」,那麼我們能夠在甚麼意義上把中國鬼魂的轉世,以及他們回復人性的故事,以寓言的方式解讀成冷戰時期中國身分認同和文化復興?

電影改編和翻譯古典文本本身就是一種文化翻譯和跨文化挪用的策略,惟其促進了外國文本、聲音及文化價值觀之間的對話,從而協商出新的身分認同及可能性。在戰後的香港電影中,古典志怪敘述之互文改編,電影將中國的古典鬼怪故事進行修改,並為它們賦予人性化的一面,是為了重新定義了「中國性」,是作為一種跨地域的文化政治。這些改編電影反映了重寫香港和中國身分認同的願望、弔詭、以至危機。

李翰祥的《倩女幽魂》改編自蒲松齡的〈聶小倩〉,是一個很好的例子,來闡述國語電影如何處理鬼怪的題材,以及電影如何以女鬼投胎轉世的情節來延續大團圓結局。聶小倩早逝,正值十八歲的花樣年華,含冤而為女鬼。小倩不幸地為千年妖物姥姥的可怕所操控,一直要替姥姥誘惑和殺害男人,換取他們的鮮血,以養活姥姥。寧采臣則是一位年輕正直的讀書人,他深受儒家文化薰陶,正值前往京城赴考,卻誤闖聶小倩身處的金華寺。在電影中,寧采臣被少女的音樂天賦和洋溢才情所

着迷，但卻能再三抵擋她的色誘。為了報答寧采臣對她的尊重和真愛，聶小倩背叛了姥姥，並懇求寧采臣把她埋在荒墳的屍骨帶走，幫助她投胎轉世，以擺脫姥姥的魔爪。電影的結局可謂跟蒲松齡的原著頗有出入，電影中聶小倩與寧采臣幾經波折，終於逃離姥姥的魔爪後，聶小倩最後返回人間，並與寧采臣結髮為夫妻。

然而，李翰祥的電影改編將蒲松齡的〈聶小倩〉之整個下半部份刪去，讓聶小倩得以逐漸恢復人類的活力，重獲新生。在原來的故事中，寧采臣拯救了聶小倩，並把她帶回家。儘管聶小倩是一隻女鬼，寧采臣與她二人仍能過着愉快的生活。在寧采臣的妻子病逝後，聶小倩吸收了陽間精氣一段時間，逐漸恢復人的本質，並為寧采臣誕下麟兒，使寧家得以繼後香燈，最終聶小倩與寧采臣成為合法夫妻。

女鬼聶小倩為寧采臣帶來好運和成功，使他在官場上步步高升。通過描繪寧采臣與聶小倩之間大逆不道的人鬼戀和異常婚姻關係，蒲松齡的女鬼轉世故事將死亡與生命融為一體，無疑挑戰了儒家思想反對人鬼聯姻的禁忌。儘管這個故事體現了一些守舊的儒家思想，例如儒生成功在朝廷上考取功名，並擁有金屋嬌妻，但在二十世紀的中國電影製作人眼中，也許這個由蒲松齡在明清時期寫成的志怪小說之結局可能過分離經叛道。李翰祥的電影版本提供了一個突兀而不同的大團圓結局。他的結局提醒我們，聶小倩必須先轉世為人，才能與寧采臣結為夫妻。張建德（Stephen Teo）認為，電影精心地刪去原來古典小說中凡人與鬼魅的雙宿雙棲的情節，是出自於人們對人鬼

聯姻的禁忌[8]。而李焯桃則指出，「國語電影與粵語電影皆對恐怖電影類型存在一種相同的心理負擔」。[9]

李翰祥的電影重新塑造並凸出了燕赤霞這個人物。燕赤霞是一個中國的道教術士，而他在電影裏表現更具性格，為這改編故事增添了幾番寓言的意味。在原來的故事中，蒲松齡並沒有對燕赤霞的外貌和「劍術」進行細緻的描寫，在小說裏扮演着無關重要的角色，僅僅是寧采臣的守護者。對於讀者來說，蒲松齡只簡單地交代了燕赤霞的身分，為一名信奉道家的書生。最終只有在他為了救寧采臣時，他的匕首從神秘的箱子裏疾飛出去以擊退姥姥的時候，其劍客身分及其神秘的超能力，才得以展現出來。可是，在電影裏，燕赤霞成為了一個擁有超凡劍術的劍客，不時練劍，不時引吭高歌，抒發愛國的激情，及去國的憂傷。在燕赤霞與寧采臣在金華寺的第一次相遇中，劍客正在月光下高歌舞劍。他唱出了對當時的政治現實的不滿，並表達了對「反清復明」，恢復明朝統治的願望。

這部電影利用俠義和愛國主義重新演繹了燕赤霞。在寧采臣與燕赤霞的交談，顯示出燕赤霞是一個入世的人，深深地關注着國家的命運。這個細節揭露了這部電影的寓言意圖和歷史主義傾向，藉此述說「中國」在冷戰時期的命運。

---

8   Stephen Teo, "The Liaozhai-Fantastic and the Cinema of the Cold War," unpublished paper, presented in Conference in Cold War Factor in Hong Kong Cinema, 1950s–1970s, 27–29 October 2006.

9   Li Cheuk-to, "Introduction," in *Phantoms of the Hong Kong Cinema: The 13th Hong Kong International Film Festival*, 23.3.89–7.4.89 (Hong Kong: The Urban Council, 1989), 9.

在寧采臣留在金華寺的第一個晚上，他聽到了燕赤霞借歌所抒發的哀嘆：

燕赤霞（歌詞）：看破紅塵，歸隱山中，
　　　　　　　　想起舊情豪氣平，
　　　　　　　　但只見月掛松梢，
　　　　　　　　氣朗天清勾惹起。
　　　　　　　　物外之懷又添豪性，
　　　　　　　　添豪性，持劍在手中。
　　　　　　　　地動山搖，狐鬼皆驚。

　　有別於蒲松齡小說中的寧采臣在官場上得意，電影裏的寧采臣無意追求功名富貴，因為他不滿當時「亂世」下的政治現狀。在寧采臣與燕赤霞二人交談時，寧采臣便引述《三國演義》裏諸葛亮的話：「苟全性命於亂世，不求聞達於諸侯」。

燕赤霞：天下紛亂，群雄四起。國家正是用人之際，
　　　　難道寧公子也要學我這一介武夫歸隱山中
　　　　嗎？

寧采臣：中原盡被清兵所據，到處奸殺搶擄，無惡
　　　　不作，加以洪承疇、吳三桂之輩助紂為虐。
　　　　揚州十日，嘉定三屠，據說就殺了我們無
　　　　辜百姓一百九十幾萬。國家興亡，匹夫有

責。無奈家母年事已高，需人奉養。因此
忍辱偷生，實在於心有愧。

燕赤霞：依寧公子的看法，中興大業尚有可為嗎？

寧采臣：本朝的疆土還有廣東、廣西、湖南、江西、
四川、雲貴。正規軍就有幾百萬，再加上
各地綠林豪傑所領導的義師不下幾千萬，
怎麼說勢不可為了呢？而且臺灣的鄭成功
隔海而治，有險可守，是我們中興最大的
希望。

燕赤霞：國破家亡，兵敗身全，招魂而湘江有淚，
從軍而蜀國無弓弦。

　　張建德認為，對於國語電影與邵氏電影在一九六〇年代的
觀眾，亦即在香港、臺灣和東南亞的華人觀眾來說，寧采臣與
燕赤霞的對話向他們傳達了明確的政治信息。我們可以把這個
寓言故事聯繫到當時的歷史語境（即一九六〇年代），縱使臺
灣在「癱瘓軍隊」後已成「被擊敗的國家」和「失落的家鄉」，
但它仍然充滿希望。「這個鬼怪故事是一個關於當今（現駐臺
灣的國民黨，與正在統治中國大陸的共產黨之間的）冷戰中國
的寓言。」在國際電影市場上，邵氏早把《倩女幽魂》及很多
李翰祥的其他歷史史詩電影定位為「國片」，清楚地說明了兩

個意識形態陣營如何爭奪再現中國的話語權。此外，《倩女幽魂》於 1960 年在第十三屆戛納電影節中放映，被視為「第一部在國際電影節競選的中國彩色電影」，「代表着國民黨中國」。也就是說，如果電影贏得了任何獎項，國民黨政權所掌控的臺灣將受到國際的認可。張建德又指出，李翰祥和他的奇幻歷史電影如同他的歷史先行者——蒲松齡。二人皆經歷着歷史的交接時期，就蒲松齡而言，他身處於明朝與清朝（建立於公元 1644 年）的過渡時期。在電影中，李翰祥恰恰凸顯了寧采臣和燕赤霞的挫敗感，以及他們對晚明的懷念，曲折地反映了當時的華人在冷戰時期的心態。寧采臣和燕赤霞在政治上皆是無可而為的角色，二人被困在自我身分認同障礙和困境中，徒勞地為恢復明朝而奮鬥。（可是，情況已經不可逆轉，因為清朝已經確立了新的政權。）

張建德為《倩女幽魂》提供了明顯的政治解讀。對於中國觀眾來說，尤其是那些沉迷於電影美學成就和浪漫基調的人，張建德的分析可能會忽略了電影的藝術貢獻，例如通過細緻的場面調度來展現出誘人的過去和死亡世界。為了同時以奇幻 (the fantastic) 及歷史主義 (the historical) 來閱讀這部電影，以及挖掘電影中所蘊含着有關全球冷戰的潛台詞，我們可以深思燕赤霞與聶小倩的身分認同危機，從而解讀凡人與鬼魅之間的道德戰爭。燕赤霞不但是一名驅鬼大師，同時也是一個隱姓埋名的愛國戰士。可是，燕赤霞找不到一個思想進步的領導者來跟隨，和實現他的愛國夢想。在與姥姥的最後一場對抗場面中，本來已經撤回的燕赤霞回來殺死姥姥，並拯救了寧采臣和聶小倩。

此刻劍客無法體現的野心，就是希望追隨優秀的政治領袖以精忠報國，徒然表露在他對正邪不兩立的堅持，誓要消除萬惡的姥姥，捍衛一對勢孤力弱的戀人，而這兩極的道德標準正好提供了一種政治寓言的解讀。

　　細味電影裏兇殘又暴虐的中國怪物 —— 姥姥的形象及其故事背後折射出的政治和歷史意義 —— 我們可以把姥姥視為冷戰怪物和敵人的「原型」（archetype），它們可以在人與非人的形態之間轉換，是意識形態的載體，隨時迷惑、戲弄、以至改變人們的思想。在研究冷戰時期不乏的荷里活科幻電影中，傑克・史密斯（Jeff Smith）指出，怪物和外星生物被塑造成具威脅性的異客，我們可以寓言的方式把它們理解成即將入侵和消滅人類的（共產主義）敵人。[10] 就像這些荷里活災難電影中的冷戰異客一樣，《倩女幽魂》中的姥姥象徵着這種非人性化的怪物威脅。在小說中，這怪物般的生物被描繪成具有「電目血舌」的鬼怪；[11] 而在電影中，姥姥是奴役和強迫女鬼吸取男人精血來逼害人類的怪物。電影的結局清晰地表露了這隻怪物的詭計多端，姥姥故意欺騙寧采臣，使他陷入幻覺，闖入姥姥所佈置的人間陷阱，以活捉寧采臣和聶小倩。面對擁有強大法力的妖怪，男女主角都很脆弱和無助。吾心終可恃的，惟有是聶小倩需抱着回「歸」成人的強烈渴望，決心背叛姥姥來尋求重生的機會，脫離妖怪的陣營，將自己的身分從邪惡敵人的「他

10　Jeff Smith, *Film Criticism, The Cold War, and the Blacklist* (California: University of California Press, 2014), 255.

11　Pu Songling, "Nie Xiaoqian," *Strange Tales from Make-do Studio*, trans. Denis C. and Victor H. Mair (Beijing: Foreign Languages Press, 1989), 101.

們」變為人類同胞的「我們」。在《倩女幽魂》裏，那突如其來的結局似乎說明了這一點。寧采臣將小倩的遺體帶回家，幫她安葬，讓她等待輪迴，令這幽靈女主角終將重返人間，生活在一個更美好的未來世界。然而，在飽受冷戰時期的政治動盪和不確定因素時，有誰能說出人性化的世界和道德秩序到底在甚麼時候才能恢復？而那個美好的新世界又在哪裏呢？

《艷屍還魂記》——在殖民地香港起死回生的女鬼

本文的第二部份繼續探討冷戰時期香港粵語片中的鬼魅形象，主要回答以下的問題：當粵語片工作者屢屢自我告誡、提醒不要在電影裏散佈迷信及封建思想時，那些不受歡迎的遊魂野鬼以一個甚麼樣的鬼貌出沒於電影中？這部份會討論中聯電影企業有限公司（1952-1967，以下簡稱中聯）拍的一部改編自中國的經典浪漫鬼故事。中聯是由一群有名的電影演員（如吳楚帆和白燕等）及導演所創立，他們志在提升戰後粵語片的質素和地位，它是以合作公司的模式來營運，主要是模仿一些左翼電影公司（如長城、鳳凰、新聯）的聯合創作方式。中聯的創立是懷着一個很崇高的使命，那便是要把粵語片從精神的墮落中拯救過來，故堅持慢工出細活，不拍迷信封建的、嘩眾取寵的電影。儘管中聯常苦苦掙扎於如何獲取更多的利潤及政治理想主義之間，即五四進步及批判傳統中國文化的精神，他們還是勉力拍攝有寫實主義精神及道德教誨的電影，並要在導、演、編劇及製作方面做到出類拔萃。在它短短十五年的歷史裏，

中聯總共拍了四十四部電影（與一九五〇年代產量約二千部的粵語片相比，可說是微不足道），其中超過一半是改編自中外文學作品，包括一些經典的小說及戲曲、現代話劇作品、及當時非常流行的天空小說。

　　我在這裏大膽地嘗試研究一部改編自著名戲曲《牡丹亭》的電影——《艷屍還魂記》（1956，李晨風導演）。《牡丹亭》乃十六世紀明末戲曲作家湯顯祖（1550-1616）的名著之一，[12] 而《艷屍還魂記》可說是第一部改編成電影的作品。中聯拍這部經典戲曲其實毫無政治意圖和動機，這跟同期很多左翼粵片的情形相同，他們只想拍一些迎合香港以及海外華人社會口味的電影，故此，在改編這齣浪漫戲曲時，會設法把情節、背景及風格改動得適合當時當地的口味。《艷屍還魂記》當然把這個大名鼎鼎的愛情故事裏的浪漫、死亡、以及喜劇情節呈現出來，在這些元素以外，我更想探討其別出心裁的編劇方式及美學呈現手法，我認為當中暗藏着戰後粵片工作者對自身文化定位及發展的焦慮。

12　早在十七世紀，《牡丹亭》已以崑劇的形式搬上舞台。崑劇的發源地是靠近今蘇州省之崑山命名。一般認為湯顯祖在 1598 年完成此劇時，並非欲以崑劇的形式演出，但是從那時起，《牡丹亭》卻被改編成崑曲，並成為崑劇的傳統曲目，只在精英階層的家裏演出。到了十九世紀時，京劇代之而興，崑曲逐漸式微。時至今日，《牡丹亭》仍然是崑曲著名的曲目。崑曲迷及其表演者均致力保存其傳統，並使之再現於現代舞台上，如白先勇改編之青春版《牡丹亭》。欲了解更多《牡丹亭》表演的傳統，請參閱 Catherine C. Swatek, *Peony Pavilion Onstage: Four Centuries in the Career of a Chinese Drama* (Ann Arbor: Center for Chinese Studies, University of Michigan, 2002).

乍看之下，中聯選擇湯顯祖的經典戲曲，把它從舞台搬到銀幕，頗令人詫異。一群粵語電影工作者為何會對一齣成於十七世紀的明代戲曲，而內容不過是描寫一個害了相思病的女子之死而復活的故事感興趣？戲曲裏那個奇幻世界、迷信思想又如何與中聯注重社會與現實的路向相契合？某程度來說，中聯鍾情於改編中外文學經典也許可以說是為了滿足市場對精心編寫的電影劇本的需求、以及懷着要提升粵片藝術水平的使命。[13] 儘管如此，要把一個有五十五幕的戲曲濃縮成一個不到二小時的粵語電影，對任何電影工作者來說，確是一個極大的挑戰。事實上，這齣戲在拍成電影之前不久，已被改編成一個廣播劇，即所謂的天空小說，[14] 導演大可根據這個小說再拍成電影。這個《牡丹亭》廣播劇可說是首次把一個經典故事通俗化，而且，讓中聯得以在這個本土化了的劇本上再做文章。

《牡丹亭》的故事發生在南宋時期（1127–1279），劇裏女主角杜麗娘是南安太守杜寶獨生女。一日她在花園中睡着，與一名儀表不凡的年輕書生柳夢梅在夢中相遇。當他們的愛開花

13　欲了解中聯改編的西方文學作品，見 Ting Guo, "Dickens on the Chinese Screen," *Literature Compass* 8.10 (October 2011): 795–810; 如要了解一九五〇到六〇年代香港電影業界跨文化的改編情況，可參閱 Mary Wong Shuk-han, "Personal Weakness, Personal Choice: *Eternal Love* and Transcultural Adaptations of 1950s Hong Kong Literature," *One for All: The Union Film Spirited*, ed, Grace Ng (Hong Kong: Hong Kong Film Archive, 2011), 98–108.

14　根據香港電影資料館的館藏目錄顯示，湯顯祖的《牡丹亭》在被拍成電影之前不久，已被改編成「天空小說」，在麗的呼聲廣播，當時麗的呼聲為一商營電台。

結果之時，杜麗娘的夢則愈發旖旎纏綿、春色無邊。原劇杜麗娘從未在現實生活中見過書生，但她對他的渴求如此強烈，致令她醒後終日只想着尋找夢中人，因遍尋不獲，最後鬱鬱而終。三年後，杜麗娘化為鬼魂，找到柳夢梅，二人才在人世中初遇。

推動這齣戲的關鍵是夢的情節，但其中卻弔詭非常：到底一個女人會不會夢到一個她從來不曾見過但又真實存在的人？她會不會為這個人殉情？戲迷都很清楚杜麗娘這個聞名遐邇的夢發生在第十齣〈驚夢〉裏，而柳夢梅在第二齣〈言懷〉中也曾道出他曾夢到梅花樹下遇到一美人。[15]到底這兩個夢是交叠在一起，還是他們兩人都在同一夢裏？

把《牡丹亭》從文字變為演出，無論對舞台劇或電影導演來說，確是充滿技術層面的挑戰。如何把二人的夢同時呈現出來？Tina Lu指出，夢境與劇場是兩碼子的事，完全不搭調。「戲劇表演是表現外在的東西，相反，夢境則要表現內在真實。一個關於夢的戲劇壓根兒是一個怪胎，它完完全全地把內在的與外在的東西糾結成一團。」[16]觀眾難以理解舞台上呈現出來的夢境，因為他們分不清這是戲裏的現實世界，還是角色的內在真實 —— 夢。

《艷屍還魂記》的導演李晨風改編《牡丹亭》的夢境時，

15　Tang Xianzu, *The Peony Pavilion: Mudan ting*, 2nd ed. Translated by Cyril Birch (Bloomington: Indiana University Press, 2002), 3–5 (Scene 2) and 42–52 (Scene 10). All chapter references and citations of *The Peony Pavilion* refer to this English translation.

16　Tina Lu, *Persons, Roles, and Minds: Identity in Peony Pavilion and Peach Blossom Fan* (Stanford: Stanford University Press, 2001), 74.

做了不少很有創意的改動。[17]例如，他安排二人同時做夢。此外，李晨風以兩位主角在真實世界中的相遇作為影片的開場：柳夢梅在回家途中遇到杜麗娘一家的轎子經過，杜揭起窗帷與他對望。導演以二人的主觀視角（point-of-view shot）來表現他們之間的互望，充滿浪漫多情的色彩。不久，兩位主角因要避雨，竟在路旁的亭子二度相遇。這次相見也用上了主觀視角，不過，其中柳的視角則充滿性暗示：我們看見他在偷看杜麗娘從轎子伸出來的光光的腳丫子。[18]這樣的一見鍾情為他們的愛情提供了心理動機，而且為他們後來夢中的幽會埋下伏線。

李晨風心懷使命，要在粵語世界中復興中國文學的傳統，

17　李晨風生於 1909 年，廣東新會人。1929 年入讀剛成立的廣東戲劇研究所，其創立人之一為著名劇作家及戲劇演員歐陽予倩，該所創立目的乃欲以粵語來改編及演出話劇。1933 年移居香港後，李立刻加入了粵語電影界，並於 1935 年開始其電影事業。一九五〇年代初，李晨風已是推動「粵語片清潔運動」要員之一，而隨後即協助當時電影界的先鋒成立中聯。他被譽為十大進步導演之一，創作及執導超過一百部電影，其中很多是改編自五四小說及話劇，還有西方翻譯文學作品。1985 年於香港逝世。他與粵語片的關係，可參閱 Stephanie Chung Po-yin, "Reconfiguring the Southern Tradition: Lee Sun-fung and His Times," in Wong Ain-ling, ed., *The Cinema of Lee Sun-fung* (Hong Kong: Hong Kong Film Archive, 2004), 16–25.

18　對於此電影的批評，可參閱 May Ng, "A Garden of Rare Fragrance: Cantonese Opera Pictures by Union Film," *One for All*, 75–77. Michael Lam 也討論了那段顯示了柳夢梅的戀足癖的戲，見 Michael Lam, "Remembrance of Things Past: Lee Sun-fung's Costume Films," in *The Cinema of Lee Sun-fung,* ed. Wong Ain-ling (Hong Kong: Hong Kong Film Archive, 2004), 118.

他於是借助了經典荷李活電影語言，把一個既複雜又綿長的劇本改編成一個情節直線發展、有着清晰因果關係的電影。他更進一步把故事現代化，除了把故事背景設在民國初年，還集中描寫這對浪漫的人鬼戀人如何反抗中國的父權制度和「封建主義」。夢境的那一場戲展現了導演非常精巧的舞台調度，顯示了粵片如何收放自如地改動經典戲劇（例如園子裏朦朧的夜晚、鞦韆、穿着白色長袍唱歌的少女杜麗娘等）。柳杜二人因為那麼的渴望見到對方，竟因此做着相同的夢。導演用了電影蒙太奇（montage）手法，把二人入睡、做夢的情景同時顯示出來。而那條給柳夢梅在亭子上拾起、後又還給杜的手帕，便是連接夢境與真實的重要道具。

影片從柳夢梅在開場時初遇杜麗娘到夢中相見全是男性為主導的視角。柳是一個主動的追求者及觀察者，而杜麗娘則變成一個被動的、被觀賞的客體。這麼一個嚴重傾斜的視角很可能跟中聯所關心的、並要作批評的主題有關：傳統中國家庭裏過重的男性權力。如此一來，影片便跟原著有很大的差別，因為《牡丹亭》的主體是杜麗娘，戲裏處處充滿了女性特質。[19] 再

19　《牡丹亭》在歷史上很受女讀者的歡迎，因為裏面以描寫女性及其愛慾情感為主，而女性可從中滿足其對性及愛情的幻想。以女性主義角度及其與女性文學的關係來討論此作品的，可參考 Judith Zeitlin, "Shared Dreams: The Story of the Three Wives' Commentary on *The Peony Pavilion*," *Harvard Journal of Asiatic Studies* 54.1 (June 1994): 127–79; Dorothy Ko, "The Enchantment of Love in *The Peony Pavilion*," *Teachers of the Inner Chambers: Women and Culture in Seventeenth-century China* (Stanford: Stanford University Press, 1994), 68–112. 我特別要感謝 Judith Zeitlin 在我報告本文時所給予的意見，她指出此劇歷來吸引不少女

者，電影版變得非常乾淨，原著中那些情慾的、道德的越軌均消失無蹤。無論在夢中還是變成鬼魂，杜麗娘在原著中也能享受雲雨之情，可是電影版裏的這對戀人卻變得玉潔冰清、純真無瑕。在夢中相會的那場戲裏，二人只是拘謹地、含羞答答地互訴衷曲，遣字用詞平淡如水，毫無激情。柳夢梅此時問杜是否已訂了親，而事實上，原著是在第三十二齣〈冥誓〉中，柳才向杜提親。[20] 其後，這精簡扼要的調情給杜麗娘的爹無情地打斷，那時，他帶同一群僕役及官兵要棒打柳夢梅，拆散鴛鴦，二位主角隨即同時驚醒。劇情發展至此，主題立現：家庭壓迫對個體解放。

此外，戲裏杜父迫令杜麗娘下嫁她那迂腐的儒生表哥，杜麗娘為此而鬱鬱寡歡，最後更在成親前夕憂憤而亡。可是在原著裏，杜麗娘是因尋夢中人不得，因一己的愛慾癡情致死。五四精神的其中一個主題在電影裏再明顯不過，那便是年輕人對中國傳統家庭的不滿。這部改編的電影對傳統家庭倫理的批判、對個人愛及自由的權利的重視實乃衍生自五四對中國文化的批判，而且也與巴金的打倒中國傳統家庭制度的思想遙相呼應着（早在 1953 到 1954 年期間，中聯已把巴金的《家》《春》《秋》改編成電影）。在這部電影的宣傳單張裏，很強調杜麗娘「迫嫁表哥，積鬱而死」。[21]

性主義學者批評，其表演方式的發展亦應注意。

20　Tang Xianzu, *The Peony Pavilion: Mudan ting*, 2nd ed. Translated by Cyril Birch (Bloomington: Indiana University Press, 2002), 180–191.

21　《艷屍還魂記》特刊，香港電影資料館，266x。

電影理論和心理分析理論均把電影和做夢相類比，指出二者為電影的影響力提供了心理上及意識形態上的基礎，其影響所及，不但把觀眾帶進電影世界裏，還塑造了他們的真實世界觀。[22] 電影的威力驚人，它能創造一個如幻如真的世界，並且誘騙觀眾，讓他們在不知不覺間認同了那個世界，當然還包括戲裏的角色。[23] 儘管如此，我們還是會質疑《艷屍還魂記》裏那場做夢戲能否喚醒觀眾對中國文化及社會的批判，雖然這是中聯一貫所要提倡的左傾思想。李晨風一面要維持寫實主義的精神，另一方面卻創造了一個奇幻的世界，讓現實和夢境交織在一起。戲裏，杜麗娘死後三年，柳夢梅回鄉途中，因為避雨迷路，意外地在她家留宿，不過，這時她的家已經半荒廢，只剩下老僕一人，導演把家園破敗的景象拍得像歌德式的鬼屋一樣，鬼氣森森。隨後，他在花園與杜的鬼魂重遇相認，並與她過了一段尋常但快樂的日子（諸如杜麗娘替她縫衣燒茶打掃、二人下棋玩捉迷藏等，其樂融融），李晨風把這段生活拍得詩意無比。他們的愛是柏拉圖式的、唯美浪漫的，完全沒有性的成份，

----

22   Jean-Louis Baudry 的電影機制理論聲稱電影會使觀眾產生幻覺。見 Baudry, "Ideological Effects of the Basic Cinematographic Apparatus," 及 "The Apparatus: Metapsychological Approaches to the Impression of Reality in Cinema," in Leo Braudy and Marshall Cohen, eds., *Film Theory and Criticism: Introductory Readings*, 5th ed. (New York: Oxford University Press, 1999), 345–355 及 760–777.

23   如欲進一步了解夢與電影之間那複雜關係的心理分析，參 Christian Metz, *The Imaginary Signifier: Psychoanalysis and the Cinema*. Translated by Celia Britton, et al. (Bloomington: Indiana University Press, 1982), 101–137.

反觀《牡丹亭》則與之剛好相反，如在第二十八幕＜幽媾＞裏，作者隱晦地寫出柳和杜有人鬼共枕席之情景，而柳夢梅在這一刻根本不知道與他共赴巫山的是一隻鬼。這一幕令人拍案叫絕，因為作者創造了一個如幻似真，人鬼不分的世界。其後，杜麗娘跟柳夢梅坦承自己為鬼後，柳夢梅一則以驚，一則以疑，他明明記得那夜他摟着的是一具「有精有血」的女體，那麼，鬼魂可以有溫暖的軀體嗎？人鬼交媾無害嗎？但是，不管他有多疑惑，在《牡丹亭》裏，男性的慾念和性的歡愉肯定先於愛的盟誓。而杜麗娘呢，一隻在冥府生活慣的游魂野鬼，自然不太受人世間的道德所規範了！不過，她以一個「癡鬼」／「艷鬼」[24]的身分與她的男人交歡，就得像世人一樣，須遵守儒家禮節之規範。所以，在她還陽後，她堅持要成為柳夢梅貞節的妻子，她在第三十六幕「婚走」裏是這樣說的「鬼可虛情，人需實禮」。

　　電影版清除了原著裏道德的曖昧和罪過，卻強調了兩個主角之間高尚的情感及柏拉圖式的愛情。因此，即使這套戲本身不否認有鬼神的存在，它還是沒有把原著裏因鬼魂而造成的道德過失及情慾的無政府狀態放到電影裏去。在《牡丹亭》裏，當美麗又神秘的杜麗娘親出現在柳夢梅面前時，他純粹受慾念的驅使而親近她；相反，電影裏的柳夢梅卻是一個多情的戀人，在他終於找到她的住處前，他已尋覓了杜麗娘三年。儘管他知道杜是一隻鬼，而且她又告誡他說與鬼接近會損他的陽壽，柳還是義無反顧地與她相愛。有趣的是，兩位主角均以兄妹相稱，

24　Anthony Yu, "'Rest, Rest, Perturbed Spirit!' Ghosts in Traditional Chinese Prose Fiction," *Harvard Journal of Asiatic Studies* 47.2 (December 1987): 429.

而且聲言他們的愛情是儒家格言裏的「發乎情止乎禮」。戲裏人鬼之間那段不顧社會規範的幸福家庭生活，雖然有點冗長，但還是一段令人回味的愛情戲。導演透過電影美學表現手法，把幻與真交織在一起，再配以反覆出現的鞦韆、庭園、嬉戲的鏡頭，使這段戲充滿夢幻情調。

其後，杜麗娘的爹杜寶又出現，再次破壞兩人的私會，這彷彿呼應電影開場不久時，杜麗娘夢見她爹要棒打柳夢梅、拆散鴛鴦的情景，於此，夢幻讓路給社會現實主義。電影裏的杜寶是一個專橫的父親，他的惡行初見於女兒的婚姻大事：他迫令她下嫁她富裕的表哥，全因他經濟上要倚靠這個表哥。及後，杜寶發現這對人鬼密會，便找來道士驅鬼，還狠心地要道士把打她入十八層地獄，使她永不超生。試問，家庭律令如何能懲處鬼魂？究其因乃電影欲借此批判「舊社會」，正要呼應歌劇《白毛女》的政治信息：「舊社會把人變成鬼」。電影那個父權壓迫者杜寶其實使人想起五四文學所描寫的家長，他跟原著那個慈愛的杜寶完全不同，後者寵愛女兒，寧願獨自神傷，也讓她跟所愛遠走高飛。[25]

《牡丹亭》裏對鬼的描述以及其身分的問題讓人不禁要問：到底得以為人、化作鬼魂的條件是甚麼？誰人有這個地位、這種權力去審判人鬼之分野？這些問題引起了學者的討論，尤其是在杜麗娘還陽後她模糊不清的身分，她的家人和圍觀者均猶

25　Wilt L. Idema, "'What Eyes May Light upon My Sleeping Form?' Tang Xianzu's Transformation of His Sources, with a Translation of 'Du Liniang Craves Sex and Returns to Life,'" *Asia Major* 16.1 (2003): 126.

豫不決要不要認她作「人」。[26] 這種身分危機在電影裏卻有不同的演繹。對柳夢梅來說，杜麗根雖然是鬼，可是她永遠是他多情的愛人、知己、以及忠貞的伴侶；但對杜寶來說，她不管是人是鬼，仍要聽命於家規。他那暴虐的舉措，諸如要把她打下十八層地獄、拆散她和柳夢梅等，加劇了她身分認同的危機。到底鬼魂還會不會受人世間封建藩籬的禁錮？所以，電影裏的杜麗娘比原著的杜麗娘處在一個更絕望的境地，因為她不知要往哪邊走，家庭嗎？家人說她不孝。愛人嗎？她也擔心人鬼戀對柳的身子有害。很多中國傳統鬼故事裏也出現類似的情況，女鬼均希望還陽，以恢復人的身分，重覓所愛，當一個被社會認可的合法妻子，杜麗娘不也有這樣的一個心願嗎？

由此觀之，李晨風把《牡丹亭》裏那段引人入勝的偷屍情節刪掉不是沒有道理的。此舉既不是隨意的忽略，也不是意圖精簡情節。原因是原著這段故事太不乾淨了，第三十五齣〈回生〉裏柳夢梅開「艷屍」的棺，輕輕依偎着她，並用道術令她還陽，這情節有點戀屍戀物癖的成份，還有對性愛的迷戀，更有一點點黑色幽默。電影變得清純多了，李晨風借用了中國傳統鬼故事的妥協精神，讓杜麗娘借一還未下葬的屍身轉世回生，以此作為大團圓結局。

26　Shu-chu Wei, "Reading *The Peony Pavilion* with Todorov's 'Fantastic,'" *Chinese Literature: Essays, Articles, Reviews* 33 (2011): 75–97. Wei 用 Tzvetan Todorov 的「奇幻」理論來檢視《牡丹亭》文本及演出裏，角色、讀者和觀眾對那些超自然的戲有着如何的反應。如要了解杜麗娘在復活後重投人間後的生活，以及她家人的反應，可參閱 Lu, *Persons, Roles, and Minds*, 97–141.

反思：借屍還魂和改編

　　華語電影處理傳統鬼故事中女鬼與凡人結合的這類禁忌題材時的手法確實值得深思。《艷屍還魂記》讓杜麗娘轉世成人，得以與柳夢梅結縭，兩人在經歷了各種悲歡離合後，終能長相廝守，這麼一個通俗劇式的大團圓結局，立刻把觀眾帶回講求儒家秩序及社會和諧的人間世。這個結局同時也是中聯着力要宣揚的思想，那便是肯定婚姻與家庭關係、否定女鬼與凡人結合的可能，後者也許是所有父母的肺腑之言。

　　值得注意的是，這時期不管是粵語鬼片還是國語鬼片，在處理那些經典鬼故事時，會稍作改動，令它們更人性化，並策略性地採取一種妥協的態度給電影來一個團圓結局，那便是借屍還魂了。李翰祥導演的《倩女幽魂》顯示了國語片也同樣用上了借屍還魂作為大團圓結局。在原著裏，書生寧采臣救了女鬼聶小倩一命，並把她的骸骨帶回家，從此雙宿雙棲，人鬼均相安無事。蒲松齡的故事描寫了一段不正常的、難以接受的人鬼婚姻，而女鬼更替寧誕下兩個兒子，這麼的一個故事，當然有悖於我們一向認為人鬼不能結合的常理。雖然故事裏儒家思維仍然存在，像寧采臣中了進士、還有一個美滿的家庭，但一個十七世紀的鬼故事的結局對於一群二十世紀的電影工作者來說，依然顯得太過激進和荒謬。而李翰祥《倩女幽魂》的結局，也難逃改寫的命運。李給電影版一個頗為突兀的結局，那便是在結尾時暗示小倩終能再生為人，得以下嫁寧采臣。

　　還是會有人批評中聯的《艷屍還魂記》比湯顯祖的《牡丹

亭》更守舊，因為前者把文本中任何有關道德越軌或性慾的描寫都清理乾淨，可又放不下社會現實主義的意識形態。[27]但是，不要忘記，流行粵語電影中，常會看見殭屍和驅邪法師同台較勁、吸血鬼和巫師相互廝殺、更有斷頭皇后和飛來飛去的首級，在這些光怪陸離的粵語鬼片裏，我們會發現女鬼被塑造得威力驚人，她們死不瞑目，誓要重返陽間，為的是報仇雪恨、取回公道，還有奪回所愛。此外，中聯也給了我們一個頗為另類的女鬼，她有別於柔順聽話的模範妻子，也異於性感誘人的女鬼，後二者全是傳統文學作品裏男性幻想出來的形象。這樣說來，粵語片替女鬼建立了一個那麼人性化的形象，又把她們的身分從陰鬼變為陽人，實應記予一功。事實上，歷來鬼魂跟它們的人類伙伴一樣，根本沒有一個早就設定好的、固定的身分；從文化角度而言，鬼魅也跟人類無異。

本文在討論電影如何呈現鬼魅形象和改編鬼故事時，以西方的／荷李活的和傳統中國文學的材料來佐證對比。這些在殖民地時期或改編或重拍的電影，讓我們了解到原來它們有着那麼多樣以及複雜的功能。戰後香港電影業可說是廣納百川，靈感取材不拘一格，可以是經典或流行作品，也有來自中國傳統和五四的文學作品，還有外來和本土的名著。透過重組排列各式各樣的材料，電影工作者創造了一個另類的香港電影文化，這個文化可說是沒有地域和國族的疆s界。[28]改編不是一味的模

27　吳君玉：〈別有洞天—漫談中聯電影中的戲曲世界〉，藍天雲編：《我為人人—中聯的時代印記》（香港：香港電影資料館，2011），頁104。

28　研究指出香港電影業歷來拍過上百部改編自文學作品的電影，

仿，而是革新的行為，它是一種文化翻譯和文化修訂，它有計劃地讓不同的文本、聲音、和文化思想互相溝通協商，從而創造新的身分，和無窮的可能性。正因那時電影工作者對過去作了跨時空的想像，那些千年亡靈才得以繼續在殖民地香港的銀幕裏出沒。其實，鬼故事裏的鬼是一種比喻，它的深層意思是返鄉，或回到文化的根源，這種比喻確實意義深遠。因為其時中國大陸禁絕一切鬼怪文學及戲劇作品，可是，這批千年亡靈卻能在「鬼佬」統治的地方找到回鄉之路。這也正正說明了當時的香港電影是一個典型的跨地域、跨文化、又五光十色的銀色世界。

一九五〇到六〇年代為改編的高峰期。見梁秉鈞，黃淑嫻編：《香港文學電影片目》（香港：嶺南大學人文學科研究中心，2005）。

從「賣豬仔」題材看新聯電影對「南洋華僑」的軟性統戰策略 ——
《少小離家老大回》與秦牧小説改編

麥欣恩

　　一九六〇年代，是冷戰高峰時期。冷戰指全球兩大意識形態 —— 共產主義與資本主義的對壘。然而，假如我們把目光從美、蘇兩大政權拉開一點，除了包括中國赤化、越戰、韓戰等矚目國際的政治事件，還牽涉到各地區內的左、右意識形態之爭、後殖思潮與民族主義的抬頭。它不但改變了幾個超級強國如美國、蘇聯、中國之間的政治關係，還影響亞洲及地區政治，例如是日本、臺灣、東南亞與香港的外交生態。這些複雜的文化、政治狀態在冷戰的高峰年代籠罩全球，影響着一代人的文化思維與日常生活。愈來愈多有關冷戰的研究都指出，所謂的「冷戰」，不單只在美國和歐洲兩大「戰場」上展開，多處的世界舞台亦同時進行意識形態的爭奪戰。在第三世界地區所發生的事件，並不是冷戰的附屬場面，卻是現今冷戰研究的中心事件。除了由兩大意識形態主導的冷戰，民族主義、非殖民地化、反帝國主義這三股強大浪潮在二戰以後直捲亞、非、拉，不少地方脫離原來的宗主國組織自治政府，許多新興的民族國

家相繼成立。對亞洲人民來說，他們最關心的是該地區爭取獨立、革命、種族融合等跟建國運動相關的議題，而這些千變萬化的地區政治如何跟兩大意識形態以及超級大國周旋，都是研究冷戰年代的新方向。劉宏和 Michael Szonyi 提到近年冷戰研究的一個重要轉移，是從政治研究轉為社會文化的研究，[1] 而冷戰如何影響亞洲的流行文化、性別政治、種族關係種種題目，都能夠為冷戰研究在跨國性和比較文化的框架下，開展更多探索領域。本文在這個方向底下，嘗試以香港左派電影公司新聯出品的《少小離家老大回》，剖析電影文本所隱藏的，那對準東南亞華僑的「軟性統戰策略」。當中所涉及的，不單是香港內部左右兩派之爭，而是香港在整個東南亞地緣政治上，所扮演的微妙角色。

「南洋華僑」背後隱藏的「中國視點」

在進入討論前，筆者希望對題目上「南洋華僑」這個詞彙作一點補充。現今「東南亞」範圍，從前稱為「東南洋」，要到清康熙年間才有文獻以「南洋」這詞語來指稱今天「東南亞」地區。根據前新加坡國立大學中文圖書館館長李金生所述，「南洋」一詞，「興盛於民初，至廿世紀下半葉逐漸式微」。[2] 李金

1　Michael Szonyi and Hong Liu, "New Approaches to the Study of the Cold War in Asia", in Zheng Yangwen, Hong Liu, and Michael Szonyi, eds., *The Cold War in Asia: The Battle for Hearts and Minds* (Leiden: Brill, 2010), 6.

2　李金生：〈一個南洋，各自界說：「南洋」概念的歷史演變〉，《亞洲文化》第 30 期（2006 年 6 月）：頁 113。

生認為，在 1927 至 1948 年間，有大批中國知識分子南移新馬，故此這段時間出現新馬兩地是「南洋」的說法。從「南洋」到「東南亞」，這兩組詞彙應用的此消彼長，我認為這是代表世界秩序的改變。「東南亞」一詞是從二戰時期才普遍運用的。為了對抗日本在馬來亞、新加坡、緬甸、香港、蘇門答臘的侵略，英國首相邱吉爾便於 1943 年 8 月在加拿大魁北克召開的英美元首會議裏，建議設立「東南亞盟軍司令部」（Southeast Asia Command）。[3] 翌年，英國把香港亦納入「東南亞盟軍司令部」的保護範圍。第一本在英國出版，把「東南亞」視為一個整體地區的歷史專論，是由時任香港大學歷史系教授 Brian Harrison 撰寫的《東南亞：短篇歷史》（*South-East Asia: A Short History*）（1954），[4] 這部專論亦把香港列入「東南亞」範圍之中。「東南亞」這個名詞最初出現是跟二戰及冷戰形勢相關，英國人以軍事概念來考慮其在「東南亞」區域的部署。有趣的是，雖然「南洋」跟「東南亞」所指的範圍相約，而英國人又把香港納入「東南亞」區域之內，可是香港的華人從不會把自己視為「南洋華人」的。筆者認為，在一九五〇、六〇年代，香港人對於「南洋」的想像，是新加坡和馬來亞（後來的馬來西亞）這兩個地區，這其實是混合了中國的「南洋」與英國的「東南亞」兩個概念。

在冷戰年代，香港人對於「南洋」的想像，大部份是關於

3　Anne Sharp Wells, *Historical Dictionary of World War II: The War Against Japan* (Lanham, ML and London: The Scarecrow Press, 1999), 248.

4　Brian Harrion, *South-East Asia: A Short History.* London: Macmillan & Co Ltd, 1954).

星馬的;另一邊廂,當時中國大陸對於「南洋」的想像,卻是關於印尼的。劉宏在《中國 —— 東南亞》一書指出,「在五六〇年代,中國成為後殖民時期印尼現代化的一種模式」,[5]印尼在蘇加諾時期(1949-1965)與中國建交,而在這段時期,中國與新加坡、馬來(西)亞的關係卻明顯轉弱。

至於「華僑」這個詞彙,根據王賡武的考證,早於十九世紀八〇年代,黃遵憲的著述可能是第一次提到這個名稱。[6]而王賡武在討論海外華人的組成,提出四種模式:華商、華工、華僑、華裔。[7]王賡武認為,「華工」的出現是「過渡性」(transitional)的,北美很快便停止輸入華工,而在東南亞方面,在一九二〇年代已經停止。可是,它是一種具時代意義的模式。「華僑」這詞是比較具爭議性的,它不同於「華商」和「華工」,「華僑」並沒有具體指明該人士的工作,它的意思是泛指所有的海外華人。王賡武提到「僑」這個字有短暫居留在外的意思,而「華僑」這一個詞包含到民族意識層面。王氏認為中國民族主義是「華僑」的一大特徵,最早是由孫中山先生宣揚的革命思想所引發的,後來亦對由國民黨和共產黨執政的中國產生認同。所以,「華僑」是指那些對中國具有民族及文化認同的海外華人。王賡武與劉宏均認同,1955 年在印尼舉行的萬隆會議,是「華僑時代」的結束,因為周恩來在會議上宣佈海外華人不能擁有雙

---

5   劉宏:《中國 —— 東南亞:理論建構•互動模式•個案分析》(北京:中國社會科學出版社,2000 年),頁 12。

6   王賡武著、姚楠編:《東南亞與華人:王賡武教授論文選集》(北京:中國友誼出版社,1987 年),頁 125。

7   王賡武:《中國與海外華人》(香港:商務印書館,1991 年),頁 4-13。

重國籍，意即海外中國公民要不返回中國，要不放棄中國國籍。故此，在一九六〇年代，新馬華人在文化身分認同上，處於一個「轉變期」——從「中國人」過渡到「新加坡華人」或「馬來西亞華人」的時期。在一九七〇年代以前，「華僑」一詞，在新馬當地仍然非常廣泛地運用的。

筆者認為，因為冷戰氣候致令地緣政治形勢的轉變，香港靠近新馬同時，中國亦因為其共產主義主張，窒礙了她和新馬地區的外交關係。中共在建國後，一直希望對鄰近的東南亞發揮影響力，然而，由於冷戰形勢，英國政府為要對抗馬共，遏止共產主義在馬來亞的擴展，在 1948 年於馬來亞實施長達十二年的「馬來亞緊急法令」。新中國不能跟新加坡和馬來西亞發展正常外交。跟新馬關係良好的香港（同屬英國殖民地），便在這段時間發揮重要作用。加上在一九五〇、六〇年代，新馬華人的文化身分認同正處於轉變期，令香港成為一個可以向新馬輸出文化產物的重要「缺口」。

冷戰形勢下香港成為重要的「缺口」

在中國共產黨建國之後，一些中共官員認為東南亞的民族主義熱潮與反殖民運動，都是受到中共革命成功的啟蒙。[8] 他們認為中共的革命經驗也許能夠在東南亞複製，並認為「今天的中國是明日的東南亞」。當時的外交部長陳毅在一九六〇年曾經說過，中國革命成功對於世界的貢獻，是為那些正受着壓迫

---

8 〈東南亞各國的民送解放運動〉，《人民日報》，1948 年 2 月 17 日。

而渴望解放的民族帶來鼓舞,在中國人民身上,他們可以看到自己的將來。[9] 在共產主義與資本主義對抗的冷戰年代,中共希望能夠對鄰近的東南亞發揮影響力。可是,英國在東南亞仍然有重要的政治及軍事控制,前英國殖民地馬來亞和新加坡都實施反共政策,中共不能跟他們發展正常外交,只能跟由蘇加諾執政的印尼建立密切關係。在這個冷戰形勢裏,香港成為一個非常微妙而重要的缺口,讓中共可以透過香港向海外華僑部署文化統戰。

根據周承人轉錄,在抗戰後的 1945 年 9 月上旬至 10 月中旬之間,中共廣東區委任命譚天度為代表,與港督任命的代表在香港談判。最後,港英政府接受中共代表提出的條款:

- 承認中共在港的合法地位,同意中共在港建立半公開工作機構;
- 允許中共人員在港居住、往來、從業自由及募捐;
- 同意中共在港出版日報及刊物;
- 同意並幫助中共在港設立秘密電台;
- 在中共武裝撤出後,英方應保護共方非武裝人員和傷病員的安全;
- 共方在大鵬灣的海面部隊,因要保護商旅安全,應准予延緩撤出時間;
- 准予港九人民有武裝自己和維持社會治安的權

9　關於陳毅的說話,引自 A.M. Halpern, "The Foreign Policy Use of the Chinese Revolutionary Model," *The China Quarterly 7* (1961): 10.

利；

- 組織戰後救濟會，賑濟災民；
- 非經共方同意，英軍不進入共方控制地區等。[10]

　　後來，共方向英方也作出承諾，不論是秘密和公開活動均不以共產黨名義出現；中共在香港的活動也不以推翻港英政府為目的。正因為雙方作出了承諾，中共在香港擁有活動空間，而從 1945 年底開始，中共在香港建立「進步的」報社、學校、藝團、電影公司等機構，他們亦同意將秘密工作與公開活動嚴格分開。在 1949 年 10 月 1 日中華人民共和國成立之後，英國在 1950 年 1 月 6 日便率先承認新中國，並維持代辦級的外交關係。英國一方面讓香港成為中國通向西方世界的窗口，另方面也通過香港向外地進行文化統戰。新聯電影公司一位重要導演盧敦說過：「解放後，中國被全世界包圍，唯一缺口就是香港，所以要在香港搞電影，用這個渠道將要說的話說出來。」[11] 筆者認為，新聯公司在香港的「文化任務」，不單只向本地觀眾滲透「共產主義」的意識，還欲利用香港這一個「缺口」，向東

10　轉引自周承人：〈只有粵語片才能在香港生根……試說新聯成立背景〉。何思穎主編：《文藝任務・新聯求索》（香港：香港電影資料館，2011 年），頁 54–55。此段資料引自譚天度：〈抗戰勝利時我與港督代表的一次談判〉，中共中央黨史研究室、中央檔案館編：《中共黨史資料》總第 62 輯（北京：中共黨史出版社，1997 年 5 月），頁 64。

11　羅維明、郭靜寧訪問，郭靜寧撰錄：〈盧敦：我那時代的影戲〉，郭靜寧編：《南來香港》，香港影人口述歷史叢書 1（香港：香港電影資料館，2000 年），頁 130。

南亞華僑，尤其是中共不能發展親密外交的新加坡和馬來西亞，
透過電影軟性地輸出左翼意識形態。而《少小離家老大回》這
部電影，正是一個很好的例證。

　　新聯公司跟非左派的電懋、邵氏一樣，非常重視「南洋」
（星馬）市場。新聯的創業作《敗家仔》（1952）之主角，便
是歸港華僑。於 1955 年新聯又開拍了以南洋華僑教育為題材的
《桃李滿天下》。在新加坡步向獨立之後，於 1961 年，新聯的
盧敦導演改編了左翼作家秦牧的小說《黃金海岸》，拍成一部
關於「賣豬仔」的「華僑血淚史」──《少小離家老大回》
（1961），分開上下兩集上映，以反帝國主義作為口號，爭取
邁向獨立的星馬「僑胞」的支持。剛好在星馬爭取獨立後，新
聯公司推出這樣一部以華人「賣豬仔」為題材的電影，究竟有
何意義？

（1）新聯的文化角色

　　　「新聯」是國家直接投資的。解放後，中國被全
　　世界帝國包圍，唯一缺口就是香港，所以要在香
　　港搞電影，用這個渠道將要說的話說出來。新聯
　　的創業作《敗家仔》（1952），及之後的《夜夜
　　念奴嬌》（1956）等都是掩飾來的，不能太左。
　　最初全是中國官方資本，負責領導的是周總理
　　（即周恩來），後來交到陳毅手上，再交給廖承
　　志管理。在香港負責的是廖一原。當年有個口號：

「背靠祖國，面向海外」，祖國遭封鎖，只有我
們能面向海外。我們當初無戲院，後來廖一原不
知由總理處批了多少美金來港，成立南華和銀都
兩間戲院。有了戲院，可跟人聯線，從中得到資
金。袁耀鴻其實當年是幫我們的，但不掛名字，
免招麻煩。[12]

　　香港影人盧敦，道出了戰後香港左派影業的狀況，其中三
點值得留意：一、冷戰氣候下，中國拉起竹幕，跟西方世界逐
步隔絕，香港成為唯一「缺口」，是左派文化統戰的前哨。二、
新聯影業公司，據盧敦所言，就是直接受中共資助在港經營的
電影機構。三、在香港辦「進步電影」，不能「太左」，硬銷
手法在香港行不通。關於這一點，除了考慮到藝術與娛樂性層
面，還牽涉到在冷戰氛圍下的文化政治。香港政府就曾在 1952
年，把一些左派人士逮解出境，長城公司的馬國亮、司馬文森
等十人遭驅逐離港。[13] 星馬方面，在 1951 年新加坡政府修訂了
新的電影審查條例，星馬從殖民地過渡到自治時代，任何刺激
種族情緒的題材，都未必能夠通過電影審查的。
　　根據鍾寶賢的研究，關於新聯公司的資金來源有多種說法，
其一來自新聯影業董事長廖一原，他稱新聯由「幾位愛國華僑

12　郭靜寧撰錄：〈盧敦：我那時代的影戲〉，頁 130。
13　朱順慈訪問、整理：〈廖一原〉。何思穎主編：《文藝任務‧新聯求
　　索》（香港：香港電影資料館，2011 年），頁 147。

投資」。[14] 姑勿論盧敦或廖一原之說法孰真孰偽，在一九五〇、六〇年代，廖一原與周恩來、廖承志、陳毅等中共領導人物過從甚密，[15] 新聯由左派資金支持這說法是肯定的。鍾寶賢指出在1959年底，中國文化部向全國電影部門發表文件，闡述發展影業之六大方針，表明將全力支持香港輸入並輸出更多電影，支持跟香港親中之電影公司合作，開發拍片計劃，亦調動資金，協助親中製片公司在香港拓展製作及發行工作。[16] 廖一原銳意保持新聯的競爭力，攝製於1961年的《少小離家老大回》便啟用了七生兩旦主演：吳楚帆、張活游、李清、周聰、呂錫貴、雷鳴、金雷、上官筠慧、陳綺華。從演員陣容可知，《少》片為新聯公司的「重頭戲碼」，新聯公司更以「大場面！大氣魄！大製作！」作為廣告的宣傳口號。[17] 其實，這部電影以「賣豬仔」為題材，講述華人長達四十年客居他鄉的受苦經歷。新聯着意經營一部清末民初的「華僑血淚史」，以電影講述一闋華僑哀歌，其目標觀眾為海外華人，這是不難理解的。

在冷戰年代，關於中共領導層對於香港電影的政策，曾經有兩種極端的看法。據廖承志所述，江青認為「**香港電影都是**

---

14 鍾寶賢：〈新聯故事：政治、文藝和粵語影業〉。何思穎主編：《文藝任務・新聯求索》，頁 41–42。

15 張家偉：《香港六七暴動內情》（香港：太平洋世紀出版社，2000年），頁 215–216。

16 鍾寶賢：〈新聯故事：政治、文藝和粵語影業〉。何思穎主編：《文藝任務・新聯求索》，頁 46–47。

17 《華僑日報（香港）》，1961年5月29日。

有毒的」,「最好將香港的電影事業完全取消」。[18] 不過,此言
論被周恩來批駁。[19] 無可否認,任何對統戰策略有遠見之領導
人,也不會否認香港之文化戰略地位。中共政權在 1952 年前後,
洞悉到必須更有效地利用香港電影,作為海外統戰的手段。
1952 年是香港電影史重要的一年,港英政府逮解十位影人出境,
除了標誌着香港影業跟中國母體之割裂,也推進了中共政府思
考對策,如何在一定「距離」下干預香港電影。據趙衛防所述,
在 1952 年前後,設在廣州的中共對港管理機構(香港城市工作
委員會)負責人陳能興,向當時中央主管外事工作的劉少奇匯
報時,提到香港粵語片的困境。劉少奇稱「在香港不能緊盯着
國語片,從長遠的觀點看問題,粵語片才是可以在香港生根的
電影。」[20] 新聯公司是在 1952 年 2 月成立的,而同年 11 月,中
聯影業成立,主動提出為新聯公司拍戲,取酬九折。[21] 左派更稱
五〇年代在香港崛起的粵語片「四大公司」,[22] 以新聯為先導,
如盧敦所言,中聯與華僑都與新聯有聯繫。[23] 新聯雖有左派資金
支持,可是他們在星馬卻沒有發行機構,陸運濤主理的國泰機

18   《廖承志文集》編輯辦公室編:《廖承志文集》(下)(香港:三
      聯書店,1990 年),頁 553。

19   同上。

20   見趙衛防:〈銀都體系六十年的產業和文化貢獻〉。載於《銀都
      六十 1950–2010》(香港:銀都機構編著,2011 年),頁 4。

21   何思穎、劉嶔訪問:黃憶。何思穎土編:《文藝任務·新聯求索》,
      頁 168。

22   粵語片四大公司為新聯、中聯、華僑、光藝。

23   郭靜寧撰錄:〈盧敦:我那時代的影戲〉,頁 130。

構主要購買長城出品，邵逸夫、邵仁枚主政的邵氏兄弟公司多買鳳凰出品，何啟榮兄弟主政的光藝公司則多買新聯出品。[24] 在一九五〇、六〇年代，香港生產的國、粵語電影之風格很不一樣。從發行體系可見，新聯更加靠近跟香港普羅大眾接近的粵語體系，作品風格也更貼近香港小市民的生活。

　　新聯的第一部作品《敗家仔》（1952），父親角色便是歸港華僑。由此，我們可以理解新聯從創建之初，已經認知香港影壇在冷戰時代的新形勢，並打算利用香港開拓南洋市場。新聯影業董事長廖一原曾經提及，「我們主要的市場，是新加坡、馬來西亞」，[25] 這與盧敦提及的「背靠祖國，面向海外」的香港左派影業使命如出一轍。自從一九三〇年代，星馬一直輸入中國電影，成為當地華人的主要娛樂。可是在 1952 年起，中國電影多不能再輸出，加上星馬等地嚴厲打擊左翼思想的流播，中共需要重新部署統戰海外華人思想的策略。後隨港英政府的自由中立的文化政策，左派影人看到了香港的「戰略」位置，他們確認了廣大的海外華僑仍然有觀賞「國產片」的渴望。長城與鳳凰打出了在港製造「國產片」的標籤，以上海影人為班底，拍攝國語影片，[26] 讓海外觀眾產生看長城、鳳凰電影等如看「國產片」的感覺。另一方面，在一九五〇年之後，粵語片的產量在香港大幅提高了，左派影人大概認同有必要在香港設立一條

24　趙衛防：〈銀都體系六十年的產業和文化貢獻〉，頁 4。

25　朱順慈訪問、整理：〈廖一原〉，何思穎主編：《文藝任務・新聯求索》，頁 155。

26　沙丹：〈「長鳳新」的創業與輝煌〉。載於《銀都六十 1950–2010》，頁 31。

粵語電影連帶，以吸納離散海外的廣東同胞。

（2）《少小離家老大回》的反帝反殖意識與新聯統戰南洋的策略

廖承志在 1964 年於北京召開的香港電影工作會議上，曾經提到香港左派電影的文藝任務：

> 在香港這個地方，電影拍給誰看？我以為香港的電影，要面向華僑，面向亞洲、非洲的人民。我們的片子要向這方面打開出路。那麼，在這些地方應該提倡甚麼呢？很明顯，就是要提倡反對帝國主義，提倡反對殖民主義。因此，可以得出這樣的結論，香港電影的藝術思想應該是屬於資產階級性質的革命的電影，是反帝國主義、反封建主義的電影，也就是新民主主義革命的電影。香港電影屬於甚麼範疇的問題說明白了，其他的問題就好辦了。[27]

中共海外統戰工作負責人廖承志清楚地提到，香港左翼影人應該利用香港，向海外華人提倡反帝反殖的思想。廖承志發表這篇講話之前三年，盧敦已經導演了《少小離家老大回》，

27　《廖承志文集》編輯辦公室編：《廖承志文集》（上）（香港：三聯書店，1990 年），頁 452–453。

是為新聯影業於一九六一年的年度鉅製。[28]《少》片全長 162 分鐘，分開上下兩集放映，第一集在港的上映日期為 1961 年 3 月 28 日至 4 月 4 日，第二集則從 1961 年 4 月 5 日放映至 4 月 11 日。這部電影的一個賣點，是此片動員了二千位演員，演出開荒種蔗的場面。筆者在香港電影資料館看過這部電影，影片中的種蔗場面似乎沒有二千位演員。可是，現今從關於這部電影的各種宣傳中，都以此為賣點。廣告除了突出演員陣容的強大，還羅列出以吳楚帆、張活游、李清為首等十六位知名演員參與製作。[29]新聯沒有自己的演員班底，他們採用「以老帶新」的方式，吸引觀眾，電影廣告形容場面之大「是粵片所罕見」。[30]此外，新聯又突出《少》片「賣豬仔」的主題，以作為籠絡星馬華人的手法。在報紙廣告上便有這樣的標語：「亡命天涯•兩地相思•歷盡滄桑•重見天日」、「為生存漂洋過海•這豬仔遭遇悲慘景•同是天涯淪落人•息息相關•守望相助•同舟共濟」。[31]在當年電影公司印製的電影故事特刊曾經以「大場面•大氣魄•大製作」為標題，宣傳這部電影：

> 故事通過它的主人公李灶發一家人的離合悲歡，
> 真實地反映出過去許許多多人為甚麼要拋妻棄
> 子，遠涉重洋謀生的情況；也真實寫出了僑胞在

---

28   參考電影廣告，《華僑日報》（香港）1961 年 3 月 28 日。

29   同上。

30   同上。

31   同上。

海外如何胼手胝足地披荊斬棘創造生存的天地的
動人事跡。僑胞們求生意志堅強，他們勇敢勤勞，
刻苦檢樸，他們雖身處海外，但心念故鄉……這
麼美好的題材，新聯公司監製人廖一原先生看到
之後決定將它搬上銀幕，而且一定要拍得好為
止。當時曾有些人表示，拍這種戲不容易，要動
員數千人，要花巨大的人力物力，然而新聯當局
為觀眾着想，決定不惜工本，對該片的製作投下
三十萬元之鉅，經過前後十多月的拍攝，『少小
離家老大回』終於完成……

　　該片男主角吳楚帆曾感動的說：『少』片場
面，氣魄之大故事的感人可媲美『一江春水向東
流』，老是粵語片的『一江春水向東流』，是我
從影三十多年來第一次拍這樣大場面，大氣魄的
電影。[32]

　　從上述這段宣傳文字可見，《少》片是對準海外華人而寫
的。從 1800 年代開始，華人已經因着貧窮、戰亂、經商等各種
原因，飄洋過海，遷移外地，其中最多華人遷徙的地方，是美
洲和東南亞。王賡武在討論海外華人的組成，曾經提過四種模
式：華商、華工、華僑、華裔。[33]「華商」是指移居外地的商人

32　《少小離家老大回》電影故事特刊，1961 年。資料來源：香港電影
　　資料館。

33　Wang Gungwu, *China and the Chinese Overseas* （Singapore: Times Aca-
　　demic Press, 1993）, 4–12.

和工匠，包括礦工。王賡武認為這是東南亞華人組成的最大多數，由於東南亞需要大量礦工，華商在當地工作，在一、兩代之後，許多華商會跟東南亞當地女子成婚，定居下來。「華工」是指華人苦力，不少是農民出身，又或是沒有田地的工人。在一八五〇年代以前，這類「華工」的組成並不顯著，在北美和澳洲的淘金熱開始之後，便大量出現這樣的「華工」。王賡武認為，「華工」的出現是「過渡性」（transitional）的，北美很快便停止輸入華工，而在東南亞方面，在一九二〇年代已經停止。可是，它是一種具時代意義的模式。「華僑」這詞是比較具爭議性的，它不同於「華商」和「華工」，「華僑」並沒有具體指明該人士的工作，它的意思是泛指所有的海外華人。王賡武提到「僑」這個字有短暫居留在外的意思，而「華僑」這一個詞包含到民族意識層面。王氏認為中國民族主義是「華僑」的一大特徵，最早是由孫中山先生宣揚的革命思想所引發的，後來亦對由國民黨和共產黨執政的中國產生認同。所以，「華僑」是指那些對中國具有民族及文化認同的海外華人。「華裔」模式則是一個較新的現象，是指由一個海外地方再移居到另一個海外地方的華人[34]。比較明顯的例子是東南亞華人移居到歐洲或北美。

　　《少》片描寫一群被賣到美國「金山」（夏威夷）的蔗奴，可算是王賡武提到的「華工」模式，而這個故事也正如王賡武所言，是在特定時代發生的、具有歷史參考的意義。故事開始在 1910 年，當時辛亥革命還未成功，電影中的角色都留長頭髮。

34　Wang Gungwu, *China and the Chinese Overseas*, 9.

由於角色眾多，電影以三位主角（李灶發、周傳祿、譚標）作為主線，把四十年在美國荒島做苦工的痛苦經驗娓娓道來。由吳楚帆飾演的李灶發可說是電影的主角，因為農村破產，李灶發被迫離開他熟悉的鄉村，在澳門他被騙到豬仔館，再被運到金山當蔗工。電影亦間中以平行剪接方式，交代李灶發妻子（上官筠慧飾）在鄉下怎樣被地主壓迫、怎樣逃離鄉下的平行剪接，以交代從 1910 年到 1949 年間中國大陸發生的政治大事。另外兩位主要人物周傳祿（張活游飾）與譚標（李清飾），前者是落魄的書生，後者是被封艇的漁民，因為賭博而被帶到豬仔館。這三位人物在南洋共同經歷許多苦難，嚐盡辛酸，三人更曾經計劃自製竹艇逃走，可惜逃走期間被殘暴的管工「啤梨」發現，最終周傳祿和譚標被啤梨開槍殺死，只有李灶發一人活着，並在荒島做了四十年苦工，才找到機會返回中國。

「少小離家老大回」，既然是關於華人被賣當苦工的故事，然而，這跟「反帝反殖」又有何關係？

《少小離家老大回》改編自秦牧的中篇小說《黃金海岸》，小說初版刊於 1955 年，其後於 1978 年加印新版。不論是小說還是改編電影，兩部作品都講述「豬仔」從「唐山」被賣到「金山」去。小說明確地指出地點是夏威夷的一個荒島（高威島），而操控這班「豬仔」的老闆是在檀香山開設糖廠的。關於豬仔船經過「火奴魯魯」（Honolulu），在小說裏面有這樣的描寫：「到了第三十二天，船到了夏威夷，就泊在美國人叫做火奴魯魯，中國人叫做檀香山的那個港外。」[35] 然後，輪船又開行十幾

35　秦牧：《黃金海岸》（廣州：廣東人民出版社，1978 年），頁 47。

海里，人們在茫茫大海看到一個小島，那個就是高威島。

可是，相對於小說，電影裏面呈現的地域觀念是非常含糊不清的。電影只有提示一群「豬仔」被賣到「金山」，觀眾只能籠統地猜到那是屬於美國的一個荒島 —— 而這個島嶼的外貌跟香港西貢海面的島嶼也差不多！雖然故事發生在美國，可是在電影裏，並沒有任何跟美國連繫的場景。筆者認為，這反而能夠讓東南亞觀眾容易產生代入感。「賣豬仔」的題材對南洋華僑來說，甚有切膚之痛，不少南洋華僑的先祖都是經由「賣豬仔」方式而移居當地的。電影雖然是講「金山」，其實這個「金山」也可以由「南洋」替代。

小說作者秦牧生於香港，在三歲那年，隨父母去到新加坡。他的足跡遍及泰國、新加坡、馬來半島、爪哇等地，秦牧自言他曾在馬來亞的城市、樹膠園及大菠蘿園裏度過童年。[36] 由於曾在南洋生活，秦牧對於華人賣買的史料，特別敏感。在 1951 年，秦牧看到了報章所載三個在十九世紀被賣到夏威夷的高威島做「蔗奴」的故事，同時看到畫家司徒喬所繪氣息奄奄的蔗奴畫像，印象深刻。及後，秦牧讀到司徒美堂在《光明日報》引述關於僑美的回憶，感到悲哀。如秦牧所述：

> 在我面前的這一堆華僑移民、美國向外侵略、東
> 方奴隸賣買的史料，引起我以那幾個老華工的故
> 事做骨幹，寫一本小說的強烈衝動。我想這樣的
> 材料，不正是資本主義的罪狀和社會主義的頌歌

36　秦牧：〈後記〉，《黃金海岸》，頁 137。

嗎？……這故事，雖然有若干的人物和情節出於
想像，然而整個骨幹，例如十九世紀的美國資本
家利用"豬仔頭"來管理華工，他們誘騙華工的
方法，以及在那與世隔絕的小島上，他們拋擲敢
於反抗的人下海喂鯊魚，勇敢的反抗者坐着小舟
向大海逃亡的事跡，根據的卻都是詳實的歷史。[37]

　　從秦牧的「後記」可見，《黃金海岸》的寫作動機，有一
部份來自反帝國主義意識的宣傳。改編電影《少小離家老大回》
繼承了小說的「意圖」，加重了一位名叫「啤梨」（在小說中
原名為「卑利」）的管工的醜惡形象，講他不但把患病的「豬仔」
拋下山崖，以省掉醫藥錢，還把所有華工寄回家鄉的書信燒毀，
並私吞他們寄回鄉下的家用。在電影中，「啤梨」的臉頰兩旁
留有髮鬢，猶似美國人形象，懂得粵語及英語，是美籍大老闆
管轄華工的中介。電影極力描寫「啤梨」依仗大老闆的權力，
刻薄欺壓華工，是電影中最為詭詐無賴的角色，「背負」了電
影人對於殖民者的控訴。在原著小說，作者直接描寫大老闆布
立特負面虛偽的資本家形象。他一手按着聖經，一邊說謊話。[38]
在電影裏，大老闆卻一直沒有露面，只有管工工頭袁坤及啤梨
在傳遞大老闆的指令。電影的末段，只顯露了大老闆的背面，
說了幾句英文，暗示他美國人的身分。電影沒有明確指示華工
被賣的荒島是夏威夷，也沒有明顯指出大老闆的身分國籍，這

37　同上，頁 138–139。
38　秦牧：《黃金海岸》，頁 29。

樣「模糊」的處理，也許就是要遷就東南亞華人的身分代入感，鋪設觀眾想像的連線。

另外，在《少》片中，導演強化了鄉間為富不仁的大地主形象。小說雖然有描寫地主錢二爺，對於李灶發一家的欺壓，比如是強迫李灶發賣田、把親妹賣給錢家當妾等等。但是，當李灶發出洋當豬仔後，小說沒有繼續發展錢二爺這條情節線；在電影裏，錢二爺在灶發離開後，迫死了灶發的親妹寶梨，還追殺灶發的妻子紅鳳（在小說中，灶發並沒有跟紅鳳成婚），令她必須在洞穴裏躲避。電影明顯地加強了對於地主的醜陋描寫，把「階級不公」具體化，以貫徹新聯對於香港及南洋觀眾之「思想滲透」。

在小說《黃金海岸》裏，第三節「羅網」講述李灶發從鄉下到香港一間米店打工，誰料港人梁昌威逼利誘他到金山，以三年為限。這一條情節，在電影裏，則改寫成澳門。電影記述李灶發初到澳門之時，還有澳門名勝「大三巴」的鏡頭展現。小說對於香港的描寫多是負面的，雖然香港自十九世紀末，「半山洋樓出現了，繁盛的街道也有了。大街上到處飄着布招子，人們穿着長衫馬褂、短打或者窄腳管西裝，忙碌地來來往往。」[39] 然而，秦牧藉着李灶發在香港被誘騙的經歷，揭露帝國主義及殖民主義的黑暗面，當時香港是「豬仔館」的集中地，「許多外國老板到香港來委託這些館口招募『豬仔』，一名給一百幾十塊錢。」[40] 不少窮人及農民就在窮途末路的情況底下，被迫成

39　同上，頁 16。

40　同上，頁 27。

為契約華工。新聯公司的總部設在香港,筆者估計,也許影人考慮到避免讓香港觀眾面對歷史陰暗面時產生負面情緒,在《少》片中把豬仔館改為澳門,電影沒有任何地方提及香港,拉開了港人對於賣買華工的距離感。

　　不論是小說還是電影,這部「華工血淚史」都發生在清末民初,雖然故事沒有直接提及五四啟蒙,可是在精神層面上,則繼承了擁抱時代變革的思想。小說最後,李灶發在夏威夷當了四十年蔗工,回到從前在「唐山」的村落,人面全非。灶發輾轉間找到了親妹,告之母親與紅鳳已經過世,「解放」後的新中國展現出新朝氣,灶發看見年輕的下一代,不禁發出強烈的震動——中國強盛起來了![41]在電影裏,編導改寫了結局——為李灶發設計了一個大團圓收場。灶發在被賣金山前已經跟紅鳳成婚,灶發在金山期間,紅鳳誕下兒子,並辛勤育養他。四十年後,灶發再次回到「唐山」,沒有想過能夠重遇故人,後來在偶然情況下,竟然走進了自己兒子的居所,見回失散四十年的紅鳳(紅鳳沒有再嫁!),灶發喜出望外,在新中國過新的生活。電影中,新中國建立前後的對照非常突出,以新時代的「光明」來映襯舊時代的「黑暗」,也藉此宣揚反帝反殖意識,襯托出解放後中國的「正面強大」形象。

　　在《少小離家老大回》第一集完結前,亦即整個故事的中段,當時華工在金山已過了三年,一眾華工聚集,致祭亡友。在野外墳前,由知書識墨的周傳錄唸出祭辭:

41　同上,頁 136。

維癸丑年九月十日，仝人等謹以野花清酌，致祭
於亡友之靈曰，嗚呼哀亡友，生不逢辰，國亂民
困，背井離鄉，異邦淪落，同墾荒島，三載於茲，
既賣身為牛馬，復奪命於鞭笞，積勞成疾，病乏
刀圭之藥，故生葬活埋，墳無姓氏之碑，生為中
國人，死則為異邦鬼，昔日荒山，今已綠蔭一片，
寸土尺地，無非血淚凝成，誰言蔗甘，苦向誰伸，
今當去矣，別我僑侶，荒塚青燐，魂應有語，墳
土一握，精靈所依，魂如有靈，隨我同歸，蔗林
森森，天地蕩蕩，痛哭陳詞，我心悲愴，嗚呼哀
哉，伏維尚饗。[42]

　　在電影中，祭辭由簡體字幕打出，不知道這是否出於其左
派背景。[43]這篇悼文的內容除了紀念受難的華工，表現華人在異
邦被殖民者欺壓的無力感，同時亦暗中悼念辛亥革命的烈士。
癸丑年即 1913 年，距離辛亥革命 1911 年只有兩年，電影加插
了革命成功的消息傳到金山，華工雀躍，認為中國從此強大。
這篇祭辭所表達的華僑在外「落花飄零」的怨恨與無奈，跟電
影所表現的情緒主調一致。由此，我們可以看到《少》片所表
達華僑懷念「故鄉」的悲傷，跟電懋、邵氏的一些南洋主題電
影，以星馬為家的樂觀情緒，背道而馳。同樣需要維繫南洋觀
眾的電懋、光藝、邵氏的「南洋故事」跟左派作品截然不同，

42　　見電影《少小離家老大回》上集。
43　　筆者所看的版本是香港電影資料館現存的版本。

右派影業出品強調以南洋為家，安居樂業，更銳意展示右傾陣營的現代化城市的美好想像。

　　新聯公司在這個時候，回溯重寫 1910 年間的事跡，除了懷舊，還加強對於帝國主義殖民者的控訴。筆者以為，這正是冷戰時代香港左派粵語電影所用以籠絡／教育南洋華人的方式。尤其是在 1959 年馬來亞已經獨立於英國政權的管治，而新加坡又舉行了第一次大選，正式步向獨立的里程。隨着星馬各地「建國運動」的展開，高舉「反帝反殖」的左翼思潮，更容易在高喊民族主義的星馬地區扎根。中共領導人早已看準這個良機，在 1960 年後，以香港所出品之電影作軟性意識形態抗爭。

　　同樣需要爭取南洋華僑，在內容題材上，左右兩派各出法寶，為求吸納更多海外觀眾。假如我們細心觀察，冷戰年代的香港電影業雖然在表面上則重於商業類型片，也重視南洋華僑觀眾；實質上，左、右兩派各有其「統戰策略」，務求在銀幕上以潛移默化方式去進行意識形態的爭奪戰。

從鄉村的封建大家庭敍事到都市玉女的日常危險 ——
談一九六〇年代的三部香港偵探片改編

魏　艷

　　談到偵探片這個類型與現代性的情感結構這個話題，這個片種中訴諸感官的恐怖體驗、偵查其來源並試圖在結尾處將其消滅，使社會歸於正常秩序等種種特色與結構安排均是我們觀察不同社會時期情感結構的一個極好的界面。罪犯的身分、犯罪的類型及如何懲處……從這一文體中對「罪」與「秩序」這兩大元素的熱衷裏，我們可以一窺該時期社會中的潛在焦慮。以香港六〇年代的偵探片為例，六〇年代是港產偵探片的一個高峰期，根據香港電影資料館「偵探片」這一類型的統計，五〇年代大約有近六十部，而六〇年代則超過 120 部。[1] 這裏面固

1　以上的數字只是大致的估算，香港電影資料館館藏電影目錄的統計上仍有一些疏漏，一些偵探片被放入了故事片範疇。有關偵探奇情片類型的興起，羅卡曾指出這股潮流自 1955 年光藝出品的《胭脂虎》開始，其他電影公司紛紛迎合，爭相競拍這一類型。「這現象說明了隨着社會經濟活動的日漸頻繁、都市生活和人際關係緊張復雜化，五〇年代初那種樸素的倫理／社會寫實已漸不能滿足粵語片觀眾。他們要求更新奇多樣的娛樂類型，更強的刺激性，以逃避宣洩現實

然有內戰之後香港電影工業逐漸復甦至壯大的考量，還有的原因也包括都市化、國際化、冷戰背景及新世代的因素，都促使創作者及觀眾能從更廣泛的題材和地域來呈現和思考日常生活中「惘惘的不安」。本文從電影改編的角度出發，集中討論三部或是根據中西方偵探小說，或是西方犯罪電影改編的六〇年代的香港偵探片，通過與原作的比較，既可以更加清晰的了解到不同政治立場的香港電影公司／電影人的偵探片改編的特點，也可以了解一些六〇年代香港的偵探類型片跨文化、跨地區改編的特點，而且從三部電影的對比中，還可以看出六〇年代前後期香港偵探片在題材、人物塑造及空間呈現上的差異。

文中選取的這三部偵探片中兩部為六〇年代中期以前的中聯作品，導演均是李鐵，演員也有重合，如白燕、黃曼梨、張活游等。一部為《吸血婦》（1962），改編自柯南道爾福爾摩斯短篇小說 *The Adventure of the Sussex Vampire*（1924）。另一部為《血紙人》（1964），改編自四十年代中期上海偵探小說家孫了紅的同名短篇小說。第三部為 1965 年青年導演羅熾的《追兇記》（1965），這部影片以原創為主，但影片的部份片段明顯的有向希治閣的《火車怪客》（*Strangers on the Train*, 1951）致敬的元素。這三部影片均從女性的視角來展開情節，女性觀眾的代入感很強，但它們的年代與電影公司有別，前兩部李鐵導演的中聯作品將原本的都市現代性強烈的小說「鄉村化」，突出了封建大家庭的罪惡，主題仍然是反對迷信、金錢為萬惡

的壓力。」羅卡：〈中聯 —— 從正午到黃昏〉，《我為人人：中聯的時代印記》（香港：香港電影資料館，2011 年），頁 54–55。

之源等。而 1965 年後出品的青年導演羅熾的作品不但外景涉及澳門與香港，而且善於將都市空間與敘事相結合，並通過丁瑩等青春女星的出演來吸引年輕觀眾，表現白領女性在日常生活中可能遭遇的種種危險。

一、民初嶺南家族制度的罪惡：「中聯」改編之《吸血婦》與《血紙人》

《吸血婦》（1962）與《血紙人》（1964）均是「中聯」晚期的文學改編作品，即屬於廖志強所概括的「中聯」第三個時期的作品：「兼顧教育性和娛樂性的平衡點」。[2] 主題上仍堅持「中聯」一貫的反封建、反迷信、展現人性在金錢誘惑下的貪婪等社會批判的訊息，技巧上也能較好的保持懸疑及緊張感，給觀眾一定的觀影娛樂刺激。

兩部影片的背景都發生在民初的嶺南，而且刪掉了原作中的偵探的個人探案，改為集體合作來發現真相。先來談《吸血婦》，這篇作品改編自柯南道爾（Conan Doyle, 1859–1930）所著的福爾摩斯偵探小說系列之《吸血鬼探案》（*The Adventure of the Sussex Vampire*, 1924）。在英國，吸血鬼的故事與福爾摩斯故事差不多同時流行，[3] 柯南道爾受此影響，創作了這個短篇，福

....

2　廖志強：《一個時代的光輝——「中聯」評論及資料集》（香港：天地圖書，2011 年），頁 68。

3　吸血鬼的經典故事 Bram Stoker（1847–1912）的 *Dracula* 創作於 1897 年，首部福爾摩斯故事 "A Study in Scarlet" 發表於 1887 年，而使福爾摩斯一夜成名的短篇 "A Scandal in Bohemia" 則發表於 1891 年。

爾摩斯戳穿了所謂的吸血鬼的詭計，這個安排本身就有着偵探
小說這一象徵着科學與理性的類型對抗哥特文學的寓意。故事
開篇福爾摩斯收到了一封客戶的信，裏面提到他的朋友娶了一
位秘魯的太太，生了一個健美的嬰兒，但這個秘魯太太近來舉
止奇怪。她兩次毆打前妻所留下的十五歲的跛足的孩子，她的
嬰兒的脖子上被發現有傷口在流血，女主人最初用錢賄賂女僕
讓她不要聲張，後來男主人發現了她正在吸嬰兒脖子上的血，
震驚不已，但這位秘魯太太卻拒絕辯解。福爾摩斯與華生前往
調查，從一隻四個月前癱瘓的獅子狗身上發現了線索，原來是
這個十五歲的跛足少年出於嫉妒用毒箭向嬰兒下毒，女主人發
現後幫孩子吸出毒液。福爾摩斯堅信，所謂的吸血鬼的主意是
荒謬的（absurd），這種事情在英國的犯罪史上從未發生。

　　李鐵導演、程剛編劇的「中聯」版本《吸血婦》當年頗受
好評，成為 1962 年十大賣座粵語片之一。與原作相比，「中聯」
的版本有這樣幾處主要改動。首先，整部影片以女性為主體，
而男性則或軟弱或負面，整個敘事的重心並不在破案，而是夾
雜了粵語片中常見的苦情文藝片模式與「中聯」電影中一貫的
反封建的意識形態。影片海報上有這樣的宣傳詞「賢白燕捨己
為人險被釘死，張活游難逆母命護妻無方，黃曼梨食古不化誤
中鬼計，容小意忍辱偷生揭穿計謀。」這裏直接用藝人的名字
代替她們所飾演的角色，一方面可看出「中聯」的演員所飾演
的角色的樣板化，另一方面也顯出了影片中女性角色的主導性。

　　《吸血婦》中的女性涵蓋了不同年齡、階層、職業與處境
（母親、寡母、情婦、單身女性等），既涉及黃曼梨為代表的

女性權威以及何仙姑所代表的迷信勢力對弱勢女性的壓迫，也通過白燕幫兒子吸出毒液，以及容小意打算自殺前女兒對她的不捨來突出母性的堅強與勇敢，還有奶媽、女僕等一眾角色來表現女性的善良及信任。影片結尾處白燕的獲救也是多虧谷小意所飾演的二少奶的及時悔過，當眾揭發管家陰謀，最後整部影片以女性的和解結束，黃曼梨將權力交給白燕。相對而言，影片中的男性形象都較為負面，如管家的貪婪與狠毒，張活游飾演的大少爺的軟弱，整個家族的族長面對黃曼梨要釘死白燕的不作為等。這些都顯示了影片想要討好女性觀眾的意圖。這與柯南道爾的原著中一種比較積極的男性介入敘事與行動（男性寫信報案、福爾摩斯與華生偵查、女性被關入房間）的安排形成了鮮明對比。

其次，「中聯」版本的目的是要揭露封建大家庭的罪惡及反對迷信。宣傳海報上寫明這齣戲「把活生生的人迫成魔鬼，將血淋淋的事搬上銀幕」。而對比之下，柯南道爾的原作中人物關係比較簡單，只有女僕、男女主人和他們的兩個兒子，並體現了福爾摩斯故事系列一貫的英帝國的意識形態：福爾摩斯在開頭就指出了吸血鬼故事都發生在東歐地區，「匈牙利吸血鬼妖術。還有，特蘭西瓦尼亞的吸血鬼案，」他斥責吸血鬼傳說是「胡扯」，稱它為「那種非得用夾板釘在墳墓里才不出來走動的僵屍」，而且不會出現在工業革命的文明理性的英國：「吸血鬼的說法在我看來是荒誕不經的。這種事在英國犯罪史中沒有發生過。」故事的最後福爾摩斯證實犯人是男主人前妻所留下的十五歲的跛足少年，並提供了心理學的動機解釋：

正因為它是出於被歪曲了的愛，一種誇張的病態
的對你的愛，還可能有對他死去的母親的愛，正
是這種愛構成了他行動的動機。他的整個心靈充
滿了對這個嬰兒的恨，嬰兒的健美恰恰襯出了他
的殘疾和缺陷。

而「中聯」的改編將原本的英國鄉村故事放在民初嶺南一
個封建大家族的環境中，增加了黃曼梨所扮演的大家長、容小
意所扮演的二少奶、奶媽、何仙姑、管家、家族祠堂及族長等
眾多典型的傳統鄉紳生活環境下的人物譜系，將原著中的男主
人弱化為一個不敢反抗母命的孝子形象，刪除了福爾摩斯與華
生的偵探角色，並增加了老太太曾經將第一個大少奶逼死、大
少奶臨死前發誓報仇的往事，將西方吸血鬼傳說轉化為了中國
民間傳統信仰中的鬼魂復仇的猜測。[4] 這些都是為了配合揭露封
建大家族的老人對年輕人的壓迫及破除迷信的主題。視覺上李
鐵使用多個定鏡來展現舊時大宅的陰森及門口石獅子的威嚴，
並運用長鏡頭慢慢推進舊式的窗口的方式來模擬對大家庭內部
黑幕的窺視。

4　故事中張大少爺的第一個夫人的兒子從樹上摔下，老太太以對孩子
　　照顧不周的理由將這位夫人趕出家門，她上吊自殺，臨死前發出惡
　　毒詛咒。因此老太太不讓新的大少奶（白燕）接近自己的新生嬰兒。
　　白燕從二少奶處知道給自己孩子解毒的方法後，每晚偷偷前往為自
　　己的孩子吸出毒液，被奶媽以為是前大少奶的鬼魂出現。管家買通
　　何仙姑告訴老太太是前大少奶的鬼魂作祟。白燕再次吸血時被抓，
　　被污是鬼魂上身要放入桃木棺材中釘死。

儘管這些都符合中聯一貫的意識形態，但李鐵在一些鏡頭的處理上似乎又游走在這一主題之外，例如雖然是要批判迷信，但李鐵饒有興致的多次記錄了何仙姑作法的整個儀式，如「撒火粉」等視覺奇觀。結尾處管家東窗事發而出逃，雖然是罪有應得，但李鐵的鏡頭下，鄉民們四處緝兇，捉拿管家和他的情婦，管家奔跑後跌倒，看到眾多看不清面目、只有陰影的村民蜂擁而至，兩人逃到了懸崖邊，李鐵運用快速蒙太奇剪接，特寫鏡頭下鄉民的面目模糊，既是正義的執行者，又是暴力的實施者，最後管家在這種壓迫下跌落懸崖。這種對群眾集體暴力的處理在六〇年代文革即將到來的背景下看顯得意味深長。

　　影片以家族和解的大團圓結尾，曾肇弘認為這個結局是令人洩氣的：「中聯早期作品（如《家》、《大雷雨》）中，主角離開腐敗的封建家庭，甚至不惜與之決裂的勇氣，到了《吸血婦》竟蕩然無存。這或許反映了李鐵及中聯影人思想上的調整，雖對傳統仍然不乏批評，但是不再激進，反而多了一份同情和諒解。」[5] 筆者同意該片的大團圓結局設置突兀，按照黃曼梨飾演的老太太的性格發展，不可能一旦在何仙姑的詭計被戳穿後立刻悔改並放權，而且影片對下一代甚至是下下一代的態度相當寬容，前文提到柯南道爾的原作《吸血鬼探案》中的真兇就是十五歲的兒童，而中聯版本將所有的過錯都歸結為中年管家，其他人雖是間接的幫兇，但本質上是無辜的。正如廖志強所觀察的，這種兩代人和解的結局安排代表了「中聯」人對

<hr />

5　曾肇弘：〈李鐵與中聯電影〉，《紫釵、兇影、小市民：李鐵的電影藝術》（香港：香港電影資料館，2013 年），頁 39-40。

六〇年代香港社會發展的理想：「過去他們不敢提出要求上一代放棄保守的封建道德禮教，只鼓勵下一代作出反抗，但香港社會在逐漸走向現代化，要真正的解決問題，是尋求一個和解。這種用和解去解決社會中上下兩代的對立矛盾，也是『中聯』製作人的另一種包容。」[6] 六〇年代開始，香港社會世代更替，不但兩代人需要和解包容，年輕人更是要團結起來自救，一起改善生活的環境，《吸血婦》中就有這種明確的訊息：故事的轉折點發生在二少奶倒掉了大少爺參湯中的毒藥，與他聯合起來揭露管家的陰謀。但也正是因為要美化下一代的意圖，使得對他們迅速轉變時的處理，特別是他們在這個事件中「原罪」的一面顯得過於簡化，缺乏反省的深度。

　　接着，我們再來看另一部偵探作品改編的影片《血紙人》。1964 年 4 月上映的《血紙人》依舊由李鐵導演，馮鳳謌編劇，已是中聯接近尾聲的作品。劇本改編自四十年代上海偵探小說家孫了紅（1897–1958）的同名短篇小說。孫了紅與程小青齊名，是三四十年代民國偵探小說家中最重要的兩位，以創作俠盜魯平系聞名。但不同於後者的力圖用偵探小說給民眾科學啟蒙的文以載道式的寫作態度，孫了紅稱自己的故事是「十字街頭的連環圖畫」，並否認他們有任何教化的功用，他曾聲稱，「我並沒有一個確定的人生觀；甚至根本不知道甚麼叫做人生觀。」[7] 在程小青筆下，偵探小說擔負了科學啟蒙的重要使命，筆調嚴

6　　廖志強：《一個時代的光輝 ——「中聯」評論及資料集》，頁 77。

7　　孫了紅：〈生活在同情中〉，《萬象》第 3 卷第 2 期（1943 年）：頁 203–204。

肅，並不時有提醒青年正確的人生觀的教化之語；而孫了紅的
小說則更加注重挖掘現代都市裏種種新奇的一面，筆法調侃，
展現了玩世不恭的生活態度，雖就探案邏輯上不如程小青嚴謹，
但對現代都市誘惑性的渲染上孫則更勝一籌，閱讀上也較程小
青的作品有趣味性些。

　　《血紙人》也是如此，它雖然有諷刺上海的資本家為富不
仁、罪有應得的主題，也宣揚了因果報應的民間樸素的正義觀，
但故事的特色更在於描繪上海都市中的資本家在種種的都市刺
激下的精神衰弱的表現。小說採取倒敘手法，寫一位名叫王俊
熙的資本家，他本是一個浙江偏僻小鎮旅店的店主王阿靈，一
日偷看到一位投宿的旅客攜帶了大量財富，於是以白蓮教的罪
名報官將他處死。利用這筆財富，王阿靈到上海成了一個成功
商人，並娶了一位青樓女子為妻。一日王參加一場佛教講演後，
其中的因果報應觀引起了他的恐慌，接下來他又看了一場恐怖
電影受到更大刺激，在家中的樓梯過道及花園似乎都看到了
十二年前被他害死的旅客的鬼魂。俠盜偵探魯平早就在那次佛
教活動中注意到王的異常，覺得有機可乘，便假扮成醫生到王
的府上調查，結果發現王的太太竟然是十二年前王害死的旅客
的女兒。原來王一次酒醉時說出了過去的部份真相，王的太太
便聯合她的哥哥假扮鬼魂繼續恐嚇他，她的情人更是在王的飲
食中加入慢性毒藥，王最後在驚恐中毒發身亡。

　　孫了紅在故事中以多個心理學的術語來形容王的精神衰
弱，如歇斯底里、夢遊症、憂鬱性的刺激等，並且說明了都市
的刺激，特別是卡洛夫主演的《再世復仇記》中的恐怖鏡頭是

觸動王神經衰弱的重要導火線。《再世復仇記》也是講述一個人被冤死，醫生使用了科學手段使他復活後復仇的故事。王俊熙看後印象最深刻的都是一些感官刺激的鏡頭，例如被冤枉的人踏上電椅服刑時的悲憤道白聲音，配合着提琴的音樂以及牢獄背景，「使觀眾們的每一支神經上，不期而然都受到一種針尖挑刺似的感覺。」[8] 這裏孫了紅利用西方恐怖片對觀眾心理的刺激這點來挖掘上海觀眾的精神焦慮，恐怖片情節成為與其偵探故事相得益彰的重要文本互涉的手段。王俊熙在看過恐怖片後反覆回憶到影片中冤死者的眼神，並在自己家的花園中再次看到類似的幻覺，感到「整個兒的軀體，似被推進了冰窖。一陣陣的冷汗從他的每一個汗毛孔中分泌出來，粘住了他的內衣。」[9] 之後王俊熙又多次見到幽靈與種種靈異事件，故事充滿了大量他感到恐懼的感官描寫。在孫了紅的這個故事中，恐怖片與王俊熙自己的惡行互相觀照，產生了人生如戲、戲如人生的效果，是孫了紅的魯平故事中官能描寫最強烈的一篇，也充分反映了魯平故事如何將都市的聲光化電、官能娛樂與故事情節巧妙交織，閱讀故事就如觀看電影一樣，充分調動讀者的感官體驗。

但對比孫了紅作品中對上海都市聲色犬馬的摩登刺激一面的強調，中聯的改編反其道而行之，不但刪去了魯平這個偵探角色，還將故事的背景由上海都市改為嶺南的某個小城裏的一

8　孫了紅：〈血紙人〉，《俠客魯平》（北京：中國廣播電視出版社，1991年），頁8。

9　同上，頁22–23。

個封建大家庭，重點不再是原作中對都市人在聲光化電之下神經衰弱的心理分析，而是大家庭中由於母親的過度溺愛造成子女貪財犯罪、官僚腐敗、屈打成招等常見的批判舊社會主題與「弱女喪親後飽受悲情命運」、「軍人強娶民女等豪強迫婚等常見的粵語文藝片劇情」。[10] 影片採用順敘手法，吳楚帆扮演一位富裕家庭的二世祖任本善，整日遊手好閒，他誣陷旅店投宿的仇萬年為血人黨成員，仇被捕後任將金條據為己有。仇的女兒金花（白燕飾）覺得父親死因蹊蹺，打聽到任本善是父親投宿時的保證人。金花與任家二少爺任本良（張活游飾）熟識，在他的幫忙下改名換姓到任府展開調查。任本善詭計多端，不露痕跡，金花則佈置各種鬼影，企圖嚇唬他吐露真相。最後任本善在與軍官的內鬥中雙雙中槍身亡。

如果說《吸血婦》除了結局的大和解顯得勉強外，基本上仍算是一個成功的本土化的改編的話，《血紙人》基本上是一個失敗的改編，情節上有諸多的漏洞與不合理。與五四啟蒙作品一樣，任本善一身中式馬褂，代表了所要批判的封建傳統，他的弟弟任本良穿西式中山裝，代表了新一代的五四進步青年。原作中王俊熙的太太是個比較複雜的女性，父親含冤死後，她被哥哥賣到青樓，在那裏有了個情人，但後來為了金錢嫁給了王俊熙，她的情人故意成為王的弟子，兩人暗中騙取王的金錢。而電影中白燕所飾演的任金花則改為是善良美麗勇敢有智慧的理想女性化身。吳楚帆所飾演的任本善在影片的前半段尚算成

10　蒲鋒：〈李鐵的偵探特色電影〉，《紫釵、兇影、小市民：李鐵的電影藝術》，頁93。

功，但結尾處在對方並無證據可以指證他時卻畫蛇添足，以至自取滅亡，實為敗筆。按照影片的邏輯，任本善之所以會自亂陣腳在於任金花、任本良聯合僕人用鬼故事嚇唬他，李鐵利用主觀鏡頭等來製造緊張的氣氛。故事中任本良是個雕塑家，他的地下室安置着他的作品，如黑白無常等，宛如一個陰曹地府。但影片並沒有很好的利用這一點。前半段白燕與張活游在這裏對話的一幕，已經向觀眾交代了這都是假的，後半部份吳楚帆也僅僅是到地下室看到這一切覺得很是恐怖，但仍未被嚇得吐露真相。因此這些道具除了視覺上的逼真，並未推動任何敘事，而且按照故事中任本良是個西化的藝術家設定，也不大可能生產此類的雕塑。這讓人覺得這一地下蠟像的情節生硬，似乎是要故意模仿如陳查理電影等西方商業犯罪片類型中的一些蠟像館的視覺噱頭。

「中聯」《血紙人》改編的失敗反倒是襯出了孫了紅原作中「具有一點『上海性』的故事」的精彩。由於六〇年代開始，香港已慢慢由「五〇年代的轉口商埠發展成為工商業的大城市」「新移民的一代已經在香港生根，新一代亦開始成長，成為土生土長的香港人」，[11]「中聯」出品的這種仍發生在廣東嶺南、地下室中陳列着黑白無常雕塑的作品便顯得有些不合時宜，自然也會被其他更能抓住香港都市發展時代脈搏的電影所取代。

11　黎傑：〈今日看六〇年代粵語片〉，《第六屆香港國際電影節：六〇年代粵語電影回顧》（香港：市政局主辦，1996 年），頁 20。

二、青春玉女與都市獵奇:「新光」改編之《追兇記》（1965）

如果說「中聯」的《吸血婦》與《血紙人》仍基本上延續着五〇年代粵語片的封建家庭倫理悲劇的套路的話，1965 年由羅熾導演，張儀、丁瑩主演、新光影業出品的粵語片《追兇記》則更能代表六〇年代香港社會人口結構及其觀片口味的變化，正如葉富強所觀察到的:

> 可以說，新的轉變是與人口的本質改變有關，其
> 一固然是與人口愈來愈年青有關——愈來愈多
> 年青人成為電影觀眾，但另一方面就是他們受的
> 教育，都較上一代多了西方文化的影響，較接近
> 國語片呈現的那一種生活方式 [……] 他們不能認
> 同五〇年代流傳下來的粵語片風格與演員，就盡
> 量找最接近他們口味的粵語片來看和擁護年青的
> 粵語片演員。[12]

《追兇記》的主演女星丁瑩即屬於此類青春片中的粵語女星，新光與嶺光電影公司關係密切:

> 雖然嶺光公司一樣有拍古裝或趨時的時裝片，但

12　葉富強:〈六〇年代香港粵語片與社會變遷〉，《第六屆香港國際電影節》，頁 16。

> 基本上還是以爭取工廠的女觀眾為主。影片替
> 丁瑩安排的遭遇往往反映出工廠女工們的幻想
> [……] 丁瑩以溫順善解人意，充滿關懷別人的表
> 現，亦在當時女性之中樹立了一個行為標準。[13]

　　內容上這部影片寫澳門女子梅少英（丁瑩飾）剛做過手術，戴着眼罩，從醫院回家途中遇到黑幫火拼，她的未婚夫下車查看情況時被黑幫成員羅財發（張儀飾）開槍打死，丁瑩因為眼盲被放過，但羅財發狂妄的笑聲給她留下深刻印象。羅財發離開澳門在香港開公司，碰巧梅少英經羅太介紹到羅的公司當秘書。羅財發率先發現梅就是當年的盲女，而梅也在一次宴會上從羅的笑聲認出了他。最後兩人在荔園的摩天輪上談判，梅拒絕了羅用錢收買她的要求，在羅要謀害她時，警探趕到，經過一番打鬥，羅被擊斃。影片中雖然有張英才飾演的澳門臥底警探，但該劇仍主要是丁瑩與張儀的對手戲，並且以丁瑩為主來展現都市女性在日常生活中可能遇到的種種危險，在澳門與香港的幾處充滿着摩登生活的外景為該劇增加了不少特色。

　　香港粵語片從五〇年代中就開始改編希治閣電影的作品，如 1955 年良友影業公司出品的陳皮、珠璣導演的《後窗》（改編自 *Rear Window*, 1954），1956 年文華電影公司出品，王鏗導演的《飛賊黑貓》（改編自《捉賊記》，*To Catch a Thief*, 1955）。這部羅熾導演的《追兇記》雖然內容上大致與希治閣的電影並無相似，但部份情節卻有向他的《火車怪客》（*Strangers*

13　黎傑：〈今日看六〇年代粵語片〉，頁 20。

on a Train, 1951）偷師的味道。[14] 例如影片開頭就模仿了《火車怪客》中對行走中男性皮鞋的特寫；原作中 Bruno 高高站在 Jefferson Memorial 的台階上看着 Guy，這一全景俯鏡有力的暗示出 Bruno 的巨大威脅，而羅熾的版本中則特意在澳門找到了一個類似的建築 —— 澳門大三巴牌坊，劇中張儀從澳門大三巴牌坊的階梯走下，而便衣偵探在旁偷偷觀察；結尾處張儀與張英才在荔園的旋轉蘑菇杯中打鬥，還原了希治閣原作中 Bruno 與 Guy 那場經典的在旋轉木馬上的爭鬥。

但除了這些簡單的相似之處，羅熾版的《追兇記》本身也有一些創新。首先就是實景拍攝。影片在香港、澳門兩地取景，故事的前十八分鐘均發生在澳門。羅卡曾提出「有別於香港的繁華虛榮，澳門以比較樸素、寧靜的小城風貌出現，作為一種與香港對比的異地風光，異鄉情調，而且往往擺脫不了澳門就是落後小城，香港才是工商繁榮都會的定型。」[15] 雖然本

14　香港六〇年代共拍過兩部《追兇記》，除了羅熾的這部外，另一部同名電影為 1963 年何夢華導演、邵氏出品（國粵語對白）。後者目前只留下宣傳單張，故本文不做分析。單從兩部影片的內容簡介上對比，有相似之處，例如均有部份場景發生在澳門與香港。1963 年的邵氏版本中大致劇情為：「建築商馬志棠往澳門公幹，無端成為富家女被殺案的疑兇，遭阿飛吉美乘機勒索。」這與希治閣的《火車怪客》中 Bruno 殺害了 Guy 的太太 Mirium 後勒索他的情節也似乎有一定相似性。但希治閣的版本被認為是心理學上雙重人格（double）的主題，Bruno 與 Guy 代表了本我與超我的鬥爭，而 1963 年的故事似乎並無此用意，就是好人蒙冤，後來真相大白，再加上夫妻誤會等鬧劇橋段。

15　羅卡：〈電影中的澳門形象〉，《香港電影點與線》（香港：國際演藝評論家協會香港分會，2006 年），頁 372。

部影片中的澳門的空間也多半是寧靜的高速公路或者廢墟的建築物，但卻不再是個落後小城，澳門政府為了形象宣傳，出動了警隊協助，因此電影中特地安排了一個情節，當丁瑩在餐廳中聽到張儀的笑聲報案時，有兩分鐘警隊的各種交通裝備特寫。至於香港的取景部份則的確更加現代，包括建築工地、淺水灣的別墅、英軍砲台、荔園遊樂場中的摩天輪、咖啡杯和鬼屋，還出現了張儀高掛在摩天輪上的驚險一幕。對於大量工廠女工觀眾來說，這些新奇的景觀不僅僅是現代化的娛樂生活的預告，也因為其中的各種藏匿空間造就了緊張刺激危險的都市生活感受。

其次，不同於希治閣的原作中側重 Bruno 與 Guy 來作為本我與自我的性格的心理學探討，羅熾的這個版本為了迎合女性觀眾的代入感，改以女性為主角，並且大部份的敘事均以丁瑩的女性視角展開，她穿着斯文，是現代女性的裝扮，而且故事中女性之間都顯得情深意重，互相信任與關懷。故事突出了她這樣一位普通的白領在都市中可能遇到的種種危險，例如張儀故意讓手下冒充警察打電話將她騙到一座廢墟的二樓（當時她仍眼盲），在一樓模仿錄音，企圖讓她摔死（其實這一幕中歹徒完全可以把丁從樓上推下，但導演似乎就是想要顯示錄音帶這一現代事物而故意這樣做）；在建築工地上利用卡車想製造車禍；在舞廳的酒杯裏下毒藥等。當這些都失敗後，張決定與丁談判。於是丁走到哪裏都發現張在跟蹤，兩人用各種交通工具在都會穿梭，張最終找到了丁並把她帶到淺水灣的別墅，但他似乎始終都沒有要加害丁的意思，兩人的追逐似乎僅僅是貓

捉老鼠的遊戲，顯示出電影的主要目的就是靠着丁瑩的一驚一嚇引導女性觀眾來探索都市表面風光下的種種潛在危險。因此，與前面兩部中聯電影中鬼怪的恐怖氣氛相比，1965年的《追兇記》中的懸疑緊張感更加來自於張儀所飾演的羅財發對丁瑩所代表的都市女性無時無刻不在的窺視與威脅。

三、結論

從「中聯」作品中的「大家庭」到「新光」電影中的職場女性，我們可以看出一些六〇年代粵語偵探片改編中的不變與變。「中聯」的《吸血婦》與《血紙人》雖把原作中的都市仍搬到廣東嶺南的傳統封建大家庭的背景中，但故事的結局均暗示着「大家庭」已逐漸解散，新一代的年青人選擇留守，並獲得權力後作出改變的可能性。而「新光」的《追兇記》則直接發生在現代的澳門與香港，女主角從澳門到香港，隱喻着逐步進入一個更加摩登現代的都市生活後可能會面臨的種種挑戰與危險。與原作中以男性主導不同，三部改編的粵語片均以女性為主，迎合的也是女性觀眾，它們均刪除了原作中的男性偵探，而突出的均是女性受害者的情感體現，表現了女性友誼。從賢妻良母類的白燕到青春時尚的丁瑩，這三部作品中女性世代的更替也預告了香港六〇年代女性觀眾與口味的迭變。

沒有原因的反叛？——
漫談一九六〇年代粵語片的阿飛

曾肇弘

一、引言

　　青少年成為香港社會問題，始自一九六〇年代。由於戰後嬰兒潮出生的一代，開始步入躁動不安的青少年階段，然而，成年人往往長時間在外為口奔馳，使他們缺乏家庭溫暖，生活苦悶。政府又缺乏針對青少年的社區服務、文娛設施及活動，而且，隨着工業化、都市化的迅速發展，社會衍生的矛盾日益嚴重，傳統的道德價值不敵西方流行文化的入侵，令精力旺盛卻無處發洩的青少年，逐漸產生憤世嫉俗的反叛心理。嚴重者甚至誤入歧途，糾黨生事，影響社會治安。1966 年天星小輪加價觸發九龍暴動，事後官方便認為青年長期生活壓抑，容易受到誘惑及煽動，是導致暴動的主要原因之一。[1]

　　不同年代對不良青年都有不同的稱呼，在六〇年代，人們對放浪形骸，衣着打扮及生活喜好均深受西方流行文化影響的

1　　香港九龍騷動調查委員會：《一九六六年九龍騷動調查委員會報告書》（香港：香港政府印務局，1966 年），頁 101–104。

青年男女，普遍稱之為「阿飛」、「飛仔」或「飛女」。阿飛
問題惹人關注，粵語電影工作者秉承人文關懷的傳統，自然亦
以「阿飛」為電影題材。本文嘗試從「阿飛」一詞的由來說起，
並通過六〇年代多部粵語片，探討電影如何刻劃「阿飛」，以
及對「阿飛」問題的態度。

二、「阿飛」一詞的由來

　　「阿飛」一詞深入民心，但當初為甚麼會有這個稱呼呢？
就恐怕不是很多人知道了。關於這個詞語的來由，眾說紛紜，
其中一個普遍的說法，是指源自上海的「洋涇浜英語」。[2] 二十
世紀初，美國經濟發達，很多大城市都出現一些三五成群、不
務正業的青年。他們以欺凌別人為樂，依賴巧取豪奪為生，就
像蒼蠅般隨處亂飛惹人討厭，於是美國人便把這些人稱作「蒼
蠅」（fly）。到了二十年代以後，「十里洋場」的上海也出現
了這些習染西方文化的不良青年，外國人也稱他們為「fly」。
由於英語「fly」的本義和最常用「飛」的意思相同，而現代漢
語單音節詞往往不能組成詞彙，所以人們在「飛」之前加上
「阿」，稱他們為「阿飛」。[3]
　　另外一個說法是指早期上海的菲律賓籍樂師，他們的髮型、

2　「洋涇浜英語」是十九世紀以還上海中外商人所使用的口頭語言，
　　在上海話、寧波話等方言結構中，夾雜英語詞彙，因流行於上海洋
　　涇浜地區而得名。

3　薛理勇編著：《閑話上海》（上海：上海書店出版社，1996年），
　　頁 168–169。

衣着及打扮都十分時髦，引起不少年輕人紛紛模仿。由於「飛」
與「菲」同音，故稱這些年輕人為「阿飛」。[4]

　　至於「阿飛」這詞語何時傳到香港，現時不得而知。可以
肯定的是，五〇年代荷里活電影《阿飛正傳》（*Rebel without a
Cause*, 1955）的影響很大。[5] 導演尼古拉斯‧雷（Nicholas Ray）
透過電影反映戰後美國經濟儘管一片欣欣向榮，但年輕人的心
靈空虛頹廢。男主角占士甸（James Dean）口叼香煙，一身白 T
恤、紅夾克及牛仔褲的打扮，奠定了阿飛桀驁不馴的典型形象。
由於占士甸的英年早逝，更增添了其傳奇色彩。[6]

　　與占士甸同期，還有憑《美國飛車黨》（*The Wide One*，
1953）、《碼頭風雲》（*On the Waterfront*，1954）聲名鵲起的
馬龍白蘭度（Marlon Brando），他也是以一派放蕩不羈的形象
示人。稍後的《夢斷城西》（*West Side Story*，1961），也是刻
劃紐約青年街頭糾黨鬧事。這些荷里活阿飛風靡了無數年輕觀
眾，當中也包括香港的青年男女。[7]

　　踏入六〇年代，香港經濟走上軌道，社會風氣漸趨開放，

4　　吳昊：《打拼歲月 —— 走過六〇年代香港》（香港：喜閱文化，
　　　2002 年），頁 188。

5　　《阿飛正傳》要到 1956 年才在香港正式公映（本文所有外國電影的
　　　上映年份，均以當地首映年份為準）。另外，值得一讚的是影片在
　　　香港的中文譯名《阿飛正傳》，比起大陸譯名《無因的反叛》或臺
　　　灣譯名《養子不教誰之過》要出色得多了。

6　　《阿飛正傳》1955 年 10 月 29 日在美國首映，但占士甸已於 9 月 30
　　　日車禍身亡。

7　　劉蘭：〈在六〇年代粵語片中尋找阿飛〉，羅卡編：《躁動的一代：
　　　六〇年代粵片新星》（香港：市政局，1996 年），頁 89。

年輕一代熱愛追隨西方的潮流文化及新奇事物。誠如張月愛在
〈香港 1841–1980〉一文中所說：

> 五〇年代中，年青的一代，在物質匱乏的社會中，
> 差不多祇是上一代生活方式的延續，到六〇年
> 代，外國流行音樂大規模地衝激着在這時候長大
> 的年青人，搖擺樂和民歌統治着這時候他們的音
> 樂品味，六〇年代以後的年青人文化，基本上是
> 崇洋，組織樂隊，學習結他，籌辦舞會，初嘗西
> 方輸入的新奇玩意和在服飾上的改變，第一次使
> 香港的成年人發覺年青的一代，在生活各方面都
> 可以和他們不同，而且是那麼明顯的不同。[8]

那時候，聽「貓王」皮禮士利（Elvis Presley）、「披頭四」
（Beatles），跳「阿哥哥」，穿牛仔褲、迷你裙，梳「飛機頭」
或蓄長髮、騎「綿羊仔」，都被視之為新潮男女的象徵。[9] 除了
外表標奇立異以外，有的更加生活放蕩，經常聚眾生事、欺凌
弱小。

是故，六〇年代香港流行用「阿飛」、「飛仔」、「飛女」
等詞，形容游手好閒、奇裝異服的不良青年，甚至衍生出「牛
屎飛」、「沙塵飛」、「涼茶飛」、「沙漠飛／寒飛」、「拖

8　　張月愛：〈香港 1841–1980〉，魯言等：《香港掌故（第四集）》（香
　　　港：廣角鏡出版社，1981 年），頁 41。

9　　1964 年 6 月「披頭四」訪問香港四天（當時譯作「狂人樂隊」），
　　　便是轟動一時的大新聞，所到之處皆萬人空巷。

鞋飛」、「欄河飛」、「打壞飛」、「窄腳飛」、「帶街飛」、
「甩毛飛」等不同的港式稱呼。[10]

三、粵語片的「阿飛」

　　早在五〇年代後期，粵語片已經出現「阿飛」的身影。麥
基、鄭君綿、丁羽、夏春秋、俞明等男演員，都曾在電影中演
過游手好閒、撩事鬥非的「阿飛」，其中麥基更因經常飾演「阿
飛」，贏得「東方占士甸」之稱。他們每次都是梳一個光亮的「飛
機頭」，穿上企領夏威夷恤，三五成群出場，專門調戲良家婦
女，作威作福。若然一言不合，便馬上伸出彈簧刀威脅對方。
然而，五〇年代主流粵語片仍然離不開家庭倫理、愛情文藝、
戲曲及歌唱片等類型，「阿飛」往往只屬於電影中的綠葉角色，
佔戲不重，形象亦流於片面，僅着重表現其狡猾奸險的一面，
欠缺西方阿飛那種叛逆不羈的精神。

　　從五〇年代過渡到六〇年代，值得一提 1960 年李晨風導演
的《人海孤鴻》，是少數較早關注問題青年的粵語片。片中李
小龍飾演的阿三，自小失去父母，由奶媽（李月清飾）湊大，
長大後跟隨黑幫老大，以扒手為業。他的衣着打扮雖然不如「阿
飛」般洋化入時，仍會穿唐裝短打，但他反叛、抽煙、愛跳
Cha-cha、「周身郁，企唔定」，倒符合「阿飛」某些性格特質。
說起來，這個角色簡直是為李小龍度身訂造，現實中的他十分
活潑好動，讀書時已是出名的麻煩學生，經常惹是生非。據說

10　吳昊：《打拼歲月 —— 走過六〇年代香港》，頁 189–190。

他當年在喇沙書院就因打架和曠課而被趕出校，於是改到聖芳濟書院繼續學業。[11] 而《人海孤鴻》正是他童星生涯的最後一部電影，之後他離港赴美攻讀大學。

《人海孤鴻》由吳楚帆改編歐陽天的報章連載小說，通過孤兒院主任何思琪（吳楚帆飾）一角，表達對問題青年的同情與關懷，相信教育可以使人改過遷善。片中有幕何思琪與學生到處尋找阿三，目睹一些青年露宿街頭、集體聚賭，反映出像阿三誤入歧途的青少年，在當時香港比比皆是。不過整部電影仍是着重刻劃親情倫理，而不是探討社會問題。何思琪積極照顧孤兒，多少是為了補償妻女在戰爭中遇襲身亡、兒子下落不明的遺憾，讓他可以延續「父親」的角色和責任。而阿三的墮落亦簡單歸咎為戰爭帶來骨肉分離的禍害，直至何思琪重遇奶媽，方知道阿三原來是失散了的兒子，最終父子相認，阿三痛改前非作結。

至於首部真正仔細描寫「阿飛」的粵語片，大概要去到1965 年蔣偉光導演的《紅男綠女》。在此之前，「阿飛」問題之嚴重，已經到了執法者無法不正視的地步。1963 年 1 月 1 日，警方正式成立「反飛組」特別部門，據報短短三個月內便掃蕩了三百八十名年屆八歲至二十歲的不良少年，其中有四人因為再度犯事，被判入感化院，而九龍有十五家小舞院亦因顧客減少而先後倒閉。[12]《紅男綠女》雖然不脫戲劇虛構成份，但編劇

11　馮應標：《李小龍年譜：一代武星戲裏戲外的真實人生》（香港：中華書局（香港）有限公司，2017 年），頁 33–34。

12　〈反飛組幫辦講述消滅阿飛措施〉，《工商日報》1963 年 6 月 3 日。

陳雲（化名「陳秋帆」）的故事已具備一定的寫實基礎。有幕出現的報章標題便寫道：「誤交飛仔飛女失蹤 當局成立反飛組」，也特別強調女孩當娼接客的地點，是在品流複雜的大角咀、旺角一帶的酒店。

六〇年代中，粵語片開始走向青春化，意圖迎合年輕一代的觀眾。然而，對於他們所熱衷的西方流行文化，粵語片卻往往持強烈的否定態度。《紅男綠女》就由一大班青年男女跳舞展開，講述洪國基（胡楓飾）、俞天娜（林鳳飾）為首的一班高中生，無心向學，終日只顧跳舞玩樂。他們又與另一幫「阿飛」在郊外飆車「鬥大膽」，這段情節顯然啟發自《阿飛正傳》，最後洪國基意外受傷進院，從此洗心革面，甚至鼓勵其他同學一起改過。而俞天娜也贊同求學時期應該專心讀書，甚至認為唱英文歌、跳茶舞及扭腰舞、看牛仔片都是不良的「阿飛」作風，應予革除。兩人翻天覆地的轉變，自然引起同學間的分歧。

《紅男綠女》後半段劇情急轉直下，主要是描寫未有改過的年輕人如何自毀，有的染上毒癮，為黑幫賣命，有的未婚懷孕，有的被「阿飛」（由慣演「阿飛」的麥基飾演）拐帶、強姦，逼良為娼。教育在片中接近失效，飾演教師的駱恭除了會說幾句教訓別人的話以外，根本一籌莫展。電影亦譴責家長其身不正，疏於管教，以致子女走上歪路。最諷刺莫過於俞天娜的父親（李鵬飛飾），為了籠絡好色老闆（鄭君綿飾），從而升任經理，不惜像皮條客般不斷介紹少女給對方洩慾，結果差點連自己的女兒也奉獻出來。幸好最後警方及時到來拘捕犯事「阿飛」，青年悔不當初，父母也承認錯失，願意肩負管教子女的

責任。這種以群戲展現飛男飛女墮落過程的戲劇程式，亦成為往後多部阿飛片的雛型，蔣偉光 1969 年也再拍一部《七彩紅男綠女》，內容則完全重新編作。

除了社會犯罪片類型，亦有粵語片將「阿飛」題材拍成喜劇。1967 年黃鶴聲導演便用上 1958 年楊工良導演《兩傻遊地獄》的插曲「飛哥跌落坑渠」為片名，說的是鄉下仔陳正非（新馬師曾飾）來到城市，糊裏糊塗投靠舊鄰居佐治（俞明飾），加入「阿飛」行列。佐治教陳正非改英文名、跳「阿飛」舞，對「阿飛」的「工作」性質說得很妙：「唔使氣力，你跟住我撈，自然有得你洗，有得你着，有得你住，有得你食，有得你玩，不過要有啲膽至得㗎。」於是，佐治派陳正非向小販收保護費，惟菜販李鳳瓊（鄧碧雲飾）不肯就範，把陳正非推落坑渠，當眾出醜，復被警察捉拿掃街。自此，陳正非決定改過自新，轉當貨倉看更，甚至見義勇為報警拘捕竊匪。可是佐治等阿飛對李鳳瓊圖謀不軌，最終全部遭警方繩之以法，陳正非與李鳳瓊這對鬥氣冤家亦締結良緣。

其實新馬師曾與俞明此時已屆中年，飾演「阿飛」明顯超齡。電影本身亦接近五〇年代粵語片流行的光棍喜劇，李少芸的劇本粗糙平庸，純粹為了戲謔一下「阿飛」，聊博觀眾一粲而已，並非要真實反映社會現狀。反而改編自 *Three Coins In The Fountain* 的同名插曲，因為旋律易記、歌詞生鬼，比電影更加深入民心。

1966 和 1967 年兩次暴動，是香港歷史上很重要的分水嶺，

尤其青年人更經歷理想失落的創傷。[13] 新一代具有社會意識與藝術良知的導演，繼承粵語片注重寫實及人文關懷的傳統，將目光投放在這群青年人的身上。1969 年，多部粵語片不約而同以阿飛大做文章，其中以《冷暖青春》（又名《冷暖青春冷暖情》）、《飛男飛女》與《飛女正傳》最為人談論。[14]

三部電影的故事模式十分類近，都是以多線敘事的形式，交織出問題青年的群像，嘗試探討他們行差踏錯的原因，結局同樣相當悲慘。過去粵語片那份樂觀、自信、溫馨的調子不見了，轉而瀰漫着一種挫敗、茫然的情緒，矛盾亦不再那麼輕易得到解決。為了增強觀眾感官刺激，這些電影更加入暴力、血腥、色情等元素，凡此種種皆反映出暴動後人心的徬徨與困惑。原來燦爛的青春變得殘酷可怕，最後只能以鮮血洗禮。[15]

《冷暖青春》的故事是環繞一所叫「南華大學」的高等學府，雖然地點純屬虛構，但片初導演楚原便現身說法，指出電影所講的是這個社會上青年人的故事。[16] 電影中的一群大學生，來自社會不同階層，他們不是耽於逸樂，開舞會、追女仔，便

13　郭靜寧編：《摩登色彩——邁進 1960 年代》（香港：香港電影資料館，2008 年），頁 33–34。

14　《飛男飛女》原為粵語片，但筆者現時找到的是國語配音版本。

15　羅卡：〈星象與景觀——六〇年代粵語片一瞥〉，羅卡編：《躁動的一代：六〇年代粵片新星》（香港：市政局，1996 年），頁 48。

16　《冷暖青春》資料顯示是由楚原編劇、導演，但據陳雲自言，該片的劇本是他不具名撰寫的。參見陳樹貞、羅卡：〈陳雲暢談六〇年代粵語片界〉，羅卡編：《躁動的一代：六〇年代粵片新星》，頁 110。

是為非作歹，無所不為：闊少胡湯美（張清飾）倚仗父蔭，揮
霍無度，每天坐勞斯萊斯房車上學，又要父親投資電影公司，
讓他捧紅女友安琪兒（狄娜飾）。可是安琪兒貪慕虛榮，不惜
出賣色相，當上應召女郎，其母（黃曼飾）發現女兒步其後塵
後，羞憤跳樓自殺。胡湯美的弟弟（石修飾）嗜賭成性，欠下
巨債，妹妹（森森飾）被 King（馮淬帆飾）派手下大衛（秦沛飾）
強姦，並拍下裸照勒索，從此精神失常。眾人中較令人同情的
是周海傑（曾江飾），因為喪父沒錢交學費，於是被逼帶白粉、
收數，維持他與另一窮學生江帆（朱江飾）的開銷。縱使電影
沒有言明，但這班學生種種無視校規與法紀的行徑，已跟「阿
飛」無異。他們甚至在學校集體偷試卷作弊，又聯群結黨飛車、
揮刀決鬥（令人想起《阿飛正傳》、《夢斷城西》等外國電影
的情節），最終釀成悲劇收場。

　　片中一眾主角裏，最堪玩味莫過於南紅飾演的圖書館管理
員王瑩，她與這群大學生宛如身處兩個不同的世界。她是虔誠
的基督徒，每天上教堂唸《聖經》，在她的眼裏，世界充滿上
帝的愛，卻沒有任何醜惡齷齪的地方。對於這樣脫離現實或自
我逃避的人物，楚原不無反諷之意。有幕當王瑩責備弟弟大衛，
大衛反問她知不知道現時有多少大學生失業，有多少高學歷的
女生只能當吧女，並指責社會沒有關注青年人的苦悶、寂寞及
出路時，她只是一臉茫然，無言以對。

　　至於陳雲編導的《飛男飛女》，跟他編劇的《紅男綠女》
有點接近，都是刻劃一群「阿飛」，有的中途忽然覺悟從良，
其他就繼續沉淪，不過《飛男飛女》描繪得更加狂暴混亂。《飛

男飛女》講述高彼得（鄧光榮飾）發起成立一個號稱「七大寇」的電單車黨，成員包括高的妹妹康妮（馮寶寶飾）、同學麗莎（李司棋飾）、皮皮珍（沈殿霞飾）、安琪（王愛明飾）、湯美（林錦棠飾）與唐煌（伊雷飾）。成年人認定他們是「阿飛」組織，警方更視之為眼中釘，欲除之而後快。可是，高彼得等人堅持「七大寇」不是作奸犯科的「阿飛」，他們只是不願意再受舊思想、舊作風約束，追求自由自在的生活方式。

事實上，電影亦是從成年人及建制的角度去理解年輕一代。影片前段主要刻劃麗莎改過自新的過程。她仍是「七大寇」一分子時，已不像其他成員反叛。有幕她向高彼得透露自己曾阻止成員利用茶舞聯絡感情，又反對他們去尖沙咀碼頭抗議，後者雖然沒有明確解釋他們的抗議內容，但相信是影射 1966 年上街反對天星小輪加價的年輕人，麗莎認為這些行為都是不正確的。後來另一派阿飛「九金剛」下戰書挑戰「七大寇」，兩派於是相約郊外大打出手。麗莎事後為盡孝道，於是堅持自首，同時跟高彼得分手，脫離「七大寇」。然而，她的華探長父親（駱恭飾）並沒有真的把她送進警局，而是叫她回家當乖乖女努力讀書，回歸成人心目中的理想青年。

另一邊廂，麗莎離開後，高彼得變得生活靡爛，而「七大寇」其他成員亦受到黑幫「乾媽」（起初只見背影對着阿飛說話，直到最後才知道幕後黑手是一男一女，男的更是知法犯法的警察）所操縱，以迷幻藥控制湯美和皮皮珍，使皮皮珍淪為酒帘女。安琪在郊外被輪姦，事後不堪羞辱自殺。康妮亦被唐煌姦污，更為他偷盡家財，結果失足墮樓身亡。各人最終都付

出了沉重的代價。

　　陳雲堅持粵語片的教化傳統，他在《飛男飛女》特刊中強調：

> 阿飛問題是一個嚴重的社會問題，必須社會上的
> 每一個人都加以重視，警惕和合作。這決不是我
> 個人的力量所能做到的，而我，是一個電影工作
> 者，有責任把這個問題提出來，使它能盡快獲得
> 解決，這是我拍本片的一點期望。[17]

據說此片的靈感源自電視上一次有關「阿飛」犯罪問題的討論，
家庭與教育界人士都互相推卸責任，陳雲覺得雙方皆責無旁貸。
同時，他不贊同警方只得拘捕的一種做法，認為管教與勸導缺
一不可。[18] 其實「七大寇」各人的出身背景皆不俗，好像高彼得
父親是富商名流，麗莎也是來自中產家庭，家住美孚新邨，只
是他們都缺乏家人的關懷和照顧。片中有幕記者就阿飛問題作
訪問，首先高父在鏡頭前推諉說，學校要對教導學生負上最大
責任。校長則感無能為力，認為學生走出校門，到處都是誘惑
和陷阱。最後探長總結時，才強調家庭、學校與社會皆有責任
云云。

　　《冷暖青春》和《飛男飛女》雖然都有討論「阿飛」問題

17　郭靜寧編：《香港影片大全第六卷（1965–1969）》（香港：香港電
　　影資料館，2007 年），頁 270。

18　羅卡編：《躁動的一代：六〇年代粵片新星》，頁 172。

的成因，後者甚至鼓勵從良回歸家庭，但看法未免流於片面及一廂情願。為了加強對社會的控訴力量，兩片的劇本同樣陷入粵語片閉門造車的毛病：人物性格蒼白，劇情過於堆砌，極盡聳人聽聞、誇張煽情之能事，到了結局更加完全失控。[19]《飛男飛女》最為離譜，尾段警察包圍夜店「瘋狂地帶」（夜店的佈景也很有趣，許多寫着「危險」的路障圍繞着舞池，似是別有寓意），幕後黑手為了自保，竟然拿起機關槍向「阿飛」掃射！

　　除了楚原、陳雲以外，龍剛是六〇年代後期另一位舉足輕重的粵語片導演。龍剛向來對社會的邊緣人物特別感興趣，譬如《英雄本色》（1967）講釋囚，《窗》（1968）講失明人士，都是粵語片過去甚少關注的對象。到了阿飛片大行其道之際，他也不甘後人執導《飛女正傳》，但就另闢蹊徑集中刻劃「飛女」。在粵語片低迷的情況下，此片引起極大的哄動，票房更創下粵語片記錄，收入高達七、八十萬元。[20]

　　《飛女正傳》雖然不乏龍剛最擅長的說教及煽情之處，但他並非完全向壁虛構，而是做了大量的資料搜集工夫，向社會福利署借出青山男童感化院作實地拍攝，並找來當時的年青影評人林年同、金炳興參與編劇，增強了故事的寫實性，使劇本

19　楚原晚年憶述時，也坦白承認《冷暖青春》不大寫實，他說：「在香港電影裏面，像《冷暖青春》這樣描寫一班年青大學生生活的並不多，不過那其實都是虛構的，大學哪裏會是這樣。但因為當年集合了十多位主要演員在手，他們也喜歡玩兄弟班，於是就寫一群大學生。」參見藍天雲、郭靜寧合編：《香港影人口述歷史叢書之三：楚原》（香港：香港電影資料館，2006年），頁27。

20　盛安琪、劉嶔合編：《香港影人口述歷史叢書之六：龍剛》（香港：香港電影資料館，2010年），頁243。

及人物有血有肉得多。[21]

　　另一方面,片中在敍事技巧和電影語言的運用上,亦顯出龍剛的功力。開場無疑已經先聲奪人,徐玉貞(蕭芳芳飾)與友人在酒吧狂歡起舞,有男子上前輕薄她們,她不甘受辱,於是拾起酒樽向對方迎頭痛擊。之後徐玉貞被送進法庭,法官聽罷徐母(夏萍飾)求情,原本允許她回家守行為,可是她卻高聲呼喊,要求進入女童院。這短短一段先是展現徐玉貞放蕩不羈的「飛女」作風,再是突出了她和家庭／母親之間的衝突。後來電影才通過回憶鏡頭,交代徐玉貞在父親彌留時,目睹母親與黎成(龍剛飾)有染,加上母親只顧生意應酬冷落了她,使她從此自暴自棄。蕭芳芳一把遮住半邊臉的長髮,再加上充滿怨恨的眼神,演活了憤世嫉俗的「飛女」。

　　影片也旁及女童院其他幾名院友,包括馬碧珊(薛家燕飾)、蘇茜(孟莉飾)、黎淑珍(葉青飾)等不同的遭遇。馬碧珊與蘇茜都是被欺騙感情而淪落風塵,馬的小孩後來更遭男友(伊雷飾)遺棄,欠缺照顧而病死。黎淑珍就因為家境貧困,被癮君子父親強逼帶白粉而被捕。至於曾江飾演的杜院長,則可以看成是導演的化身。杜院長並沒有用有色眼鏡看待飛女,而是同情她們,相信以循循善誘的態度去教化、勸導,能有助她們重拾正軌。

　　相比《冷暖青春》和《飛男飛女》,《飛女正傳》主要不是刻劃「阿飛」從墮落到從良的過程,而是寫社會如何驅使已

21　據羅卡所說,《飛女正傳》的藍本來自一部日本片,但他沒有指出是哪一部。參見羅卡:〈評飛女正傳〉,《中國學生周報》1969年4月4日。

改過的她們再次以身試法。龍剛沒有盲目樂觀地看待「阿飛」問題，亦坦白承認個人力量及感化教育的局限。《飛女正傳》後段「飛女」們逃出女童院，馬碧珊先在餐廳殺掉男友，之後眾人找黎成報仇，蘇茜錯手殺死馬碧珊，一下子變得瘋瘋癲癲。杜院長由於未能阻止悲劇發生，最終只能無奈目送徐玉貞與蘇茜步上警車，接受法律制裁。

　　當警車駛走，杜院長在街角驀然遇見楊小嬌（沈殿霞飾）。楊小嬌剛刑滿離開女童院，現已當上工廠女工。最後她陪伴杜院長一直走到街道盡頭，兩人的身影漸漸隱沒於漆黑之中，這一幕堪稱粵語片最令人難忘的結尾之一。而杜院長最後一句對白：「前面還有一條很遠的路等着我走呢」，更是一語雙關，惹人深思。儘管前路多麼黑暗漫長，只要身邊有人同行，就不會感到孤單失落，龍剛總算為這個悲慘的故事，寄予了一點良好的願望。

四、　結語

　　六〇年代末粵語片走向式微，這類強調反映社會現實的阿飛片也無以為繼。國語片方面，直至 1969 年張徹導演的《死角》，才開始出現描繪都市青年犯罪的電影，不過始終未能發展成一股熱潮。[22] 只因邵氏 1966 年開始攝製新派武俠片，翌年

22　嚴格而言，《死角》所寫的只是青年戀上富家女，卻被惡勢力逼害，最終反抗致死的故事，與粵語片的阿飛不盡相同。到了七〇年代，邵氏也推出過幾部像《叛逆》（1973）、《憤怒青年》（1973）、《朋友》（1974）等以問題青年為題材的時裝片。有趣的是，這些

張徹執導的《獨臂刀》獲得過百萬票房收入後，武俠片幾近獨霸影壇。不過新派武俠片往往連場浴血大戰，渲染血腥暴力，也切合當時年輕觀眾只求發洩、刺激的口味。有論者早已指出，張徹武俠片的主角，如《獨臂刀》的方剛（王羽飾），可以看成是「穿上古裝的阿飛」，具有強烈的反叛意識。在時裝片中，「阿飛」往往被視為負面人物，可是來到武俠片的世界裏，敢於挑戰成規的才是真英雄。[23]

　　隨着社會變遷，新一代青年已有不同面貌，「阿飛」自然成為過時的產物。到了九〇年代，王家衛導演的《阿飛正傳》（1990）找來張國榮飾演反叛不羈、內心脆弱的旭仔，才掀起一片「阿飛」懷舊熱潮。王家衛透過《阿飛正傳》遙向他個人成長的六〇年代致敬，片中所呈現的不是真實的六〇年代，而是經過想像、修飾及重構，甚至有着香港九七前途的隱喻。[24] 自此以後，阿飛不僅是六〇年代香港的社會現象，更演化成本土流行文化的重要符號了。

....

電影大部份都是由張徹導演（《憤怒青年》則是他與桂治洪合導），可見張徹並不如一般評論所指只沉醉在古代世界，脫離社會現實。而這批時裝片與他的武俠片所表達的反叛意識，值得另文探討。

23　郭靜寧編：《摩登色彩 —— 邁進 1960 年代》，頁 36。

24　也斯：《香港文化十論》（杭州：浙江大學出版社，2012 年），頁 202–207。

（三）藝術

從嶺南派到水墨畫 ——
周綠雲一九六〇年代藝術追求的改變

盛　虹

　　嶺南派[1]來自鄰近的廣東，水墨畫[2]則是在香港醞釀起來。雖然它們出現的原因和時代背景不同，它們的開拓者都曾經不約而同地苦思中國繪畫的出路。至一九六〇年代，嶺南派與水墨畫在香港碰頭，畫壇產生了微妙的變化。後起的水墨畫有一羣追隨者，以不同的方式探索，頗具實驗性。在這個背景下，周綠雲先隨嶺南派畫家趙少昂（1905–1998）學畫，約七年後，臨摹畫作已滿足不了她求新的意慾。此時她受到呂壽琨（1919–1975）在水墨畫課程中的啟發，她在思想、態度和畫風方面皆有顯著改變。這些改變，不止能反映她個人的追求，也可窺見那年代的藝術氛圍和思潮。

　　當時，無論文學或藝術，都進入了一個追求「新」，尋找、

1　嶺南派是中國南方的廣東畫家組成的畫派，創始人包括高劍父、高奇峰和陳樹人，他們吸取研習日本畫之所得來改革國畫。

2　與水墨畫相關的議題複雜，這裏「水墨畫」的用法沿用呂壽琨原初所用的（如他的課程名稱為「水墨畫」，著有《水墨畫講》），較為狹義。「新水墨畫」一詞後來常用作形容呂壽琨和他的學生的創作，卻不是他當時所用的詞彙。

探索「現代」的階段。這趨勢當然不是突如其來的，早在五〇年代中後期，已有文學藝術的組織推動現代文藝思潮，如「香港藝術家協會」和「現代文學美術協會」，後者更出版推介現代思潮的刊物《新思潮》和《好望角》，及於 1960、1962 和 1964 年舉辦了三屆國際繪畫沙龍，參展者來自本地、臺灣和海外，吸引了一羣對現代藝術好奇的觀眾。1962 年大會堂建成後曾舉辦「今日的香港藝術」展覽，當時美術博物館主任溫納（John Warner）在圖錄序言中談到評委的一些準則為「聰明之嘗試」和「新穎之創作」，可見官方對創新的支持。

史璜（Dorothy Swan）1963 年開辦的雅苑畫廊希望為藝術家提供較長時間的展期，其中一班追求「現代」的藝術家都曾在畫廊展出，如韓志勳（1922–）、林鎮輝（1932–2013）和呂壽琨等人。有趣的是，他們的創作吸收西方現代主義的思想和風格之餘，亦不忘中國文化和傳統，其中一個例子是雕塑家和畫家在作品中加入中國古文字的元素，這或多或少表達了他們身在英國殖民地下，對自己作為中國人身分的思考。

追尋「現代」的藝術家逐漸獲得更多的關注，但當中以水墨為主要媒介的不多。水墨畫的冒起要數到 1966 年呂壽琨在中文大學校外進修課程部任教「水墨畫」的課程。那一代的藝術家，大多都面對一個問題：中國畫／藝術如何走下去？他們不想拘泥於傳統的題材和皴法，希望創造與過去不一樣的作品。呂壽琨的課，吸引了想改變現狀的一羣。課堂上的呂壽琨聲線洪亮，門外往往站着無法佔上座位的人。周綠雲（1924–2011）正正是聽課的其中一個，她抱着尋求改變的心態，最終成為獨

當一面的畫家。她的個案雖不能代表一代的畫家，卻可為水墨畫下一個註腳。

上海、香港、澳洲

上世紀初，沒有多少藝術學院，很多藝術家都來自不同的專業。周綠雲起初立志行醫，後又轉讀經濟。自上海聖約翰大學畢業後，曾在《和平日報》工作。聽上去與藝術無甚關係，其實她自小已受藝術熏陶。1924 年出生的周綠雲，成長於一九三〇年代的摩登上海，曾學習芭蕾舞和小提琴。其父母都是五四新文化運動思潮下的知識分子。她的父親周蓮軒（1896–1982）喜歡音樂和攝影，認識不少文化圈的朋友，常常帶她參與朋友間的聚會，又愛帶她四處郊遊。她的母親金其超（1901–1950）是書法家，小時候周綠雲會在旁邊繞着看，所以紙筆墨硯對她來說並不陌生。金其超的性格剛烈，周綠雲形容母親用自己對於新文化的狂熱激進來教養她。[3] 可以想見小時侯的周綠雲，成長於一個較開放的家庭，受西式教育，不乏接觸西方思想和文化的機會。

1949 年周綠雲與丈夫楊彥岐（易文，1920–1978）移居到香港，中國內地易權前後，大批南下的文人和藝術家還包括劉以鬯、呂壽琨、丁衍庸、馬朗和徐訏等人。初來港時，周綠雲與丈夫二人皆須工作才足夠應付生活所需。至一九五〇年代末，

3　周綠雲：《綠雲畫藝》（香港：香港大學馮平山博物館，1986 年），頁 13。

易文在影視圈發展理想，知名度和收入都大有提升，周綠雲才開始學畫。後來，易文在圈中有不少花邊新聞，在雜誌小報都能讀到。周綠雲曾為此事深受困擾，她更因為丈夫不忠而多次有過自殺的念頭。[4] 在丈夫逝世的前後，她在情感和現實兩方面都受到困擾，情緒低落焦慮，影響健康。[5] 周綠雲內心對丈夫同時有着「一份深沉的愛和一份強烈的恨」[6] 的深層矛盾，無處抒發，作畫對她來說是一種救贖。繼三子女到外國升學，丈夫離世後，她慢慢由妻子和母親的角色，變成一個畫家。

因為一次中風，周綠雲在 1992 年移民到兒子居住的布里斯班。可以想像那地方對中國畫或水墨畫的陌生，她可說是重新開始，但憑着毅力與創意，她最終以藝術完成了自己。本文把焦點落在一九六〇年代，此時她的畫風尚未成熟，但有着多重面貌，是她繪畫生涯中，在思想上一個重要的轉捩點。

創作方向的改變

如前所述，隨着丈夫事業的發展，家中收入亦隨之提升，周綠雲身邊多了一班闊太朋友，閒時會相聚打麻雀和聊天。她本無學畫的想法，是這班友人偶然提及這個念頭，其中一位友

4　怡心、怡婕合著：《周綠雲傳》（卡帕拉巴，昆士蘭：橋生活雜誌，2001 年），頁 121。

5　周綠雲：《綠雲畫藝》，頁 19。

6　怡心、怡婕合著：《周綠雲傳》，頁 105。

人更於 1959 年 [7] 介紹她隨趙少昂正式習畫。當時，嶺南派第二代畫家趙少昂和楊善深（1913–2004）在香港開班授徒，教學模式以臨摹為主，學生多以老師的示範為創作藍本。作為趙少昂學生的周綠雲也不例外，她坦言初學畫時，以為「藝術就是抄老師的畫」。[8] 她也臨摹宋元古畫，在筆墨之中找到恬靜，悟到社會中難以得到的安詳和雍容。[9] 這時期她仍未有個人的風格，卻是學習繪畫技巧和筆墨的重要時間。

打開「今畫會」[10] 不同年分的年展畫冊，會發現不少學生的作品都有近似的主題，一些花卉和動物的主題重複出現，如牡丹、向日葵等，或鳥、狐狸、猴子、孔雀等。不但如此，甚至構圖和創作技巧也很相似，許多作品都在描繪一隻或一對鳥兒在枝頭上張望、俯身、唱歌或依偎，也有用大量渲染的山水，間或加幾艘漁舟，周綠雲的作品《儷影》（1967）和《山水》（圖一，1962）就是例子。若同時比較周綠雲的《山水》、歐豪年的《峰隔水深》和趙少昂的《巫山十二峰》，瞬即感受到三幅

7　一次與孫靈之女士的訪談中，二人談論起周綠雲於哪年開始習畫的疑團。有不同的資料顯示她在 1950 年，又或是 1954 年開始跟隨趙少昂學畫，資料中不乏畫家自己的文章。但本文作者認為周綠雲開始習畫年份為 1959 年，這個推論是基於以下的資料，包括《有生之年：易文年記》和《今畫》（第五輯）展覽圖錄後以英文寫成的周綠雲生平。後來，另一次訪問楊見平先生（周綠雲的兒子）時間及此一問題，他回憶母親在搬到界限街的寓所後才繪畫，即 1959 年（或以後）。

8　周綠雲：《綠雲畫藝》，頁 14。

9　同上。

10　「今畫會」的成員皆是趙少昂的學生，於 1961 年成立。

作品予人的感覺極為相似。無論是前景的山峰，中景的雲霧小舟，抑或後景的山巒，呈現了師生三人相似的技法和風格。

將 1967 年「今畫會」年展畫冊中菲露高華的《狐》（圖二）和周綠雲另一幅畫《狐狸》（圖三，1961）比較，即使構圖上稍有分別，但兩隻狐狸的樣貌和姿態卻極其相似。不同的是，周綠雲的作品展現了她不淺的筆墨工夫和描繪線條的準確。《狐狸》是她習畫兩年的作品，狐狸的四肢有力，眼神靈動，似是在側耳傾聽。牠有着堅定的眼神，腳趾頭抓着地面，小心翼翼地緩行，畫家畫出動物的神態和活力。旁邊的菊花和枝葉也畫得乾脆俐落，伸展出不同的形態，靈敏的筆觸讓人感覺到花的生氣。對比之下，菲露高華的狐狸展示的筆墨工夫明顯較弱，尤其描繪狐狸左前腳的線，畫得輕柔，似是無力。描繪眼睛、觸鬚、耳朵、腳掌和後方枝葉的線條亦較猶豫和缺乏生氣，沒有畫出狐狸的神氣或枝頭的生機。基於兩張畫作極相似的造型，兩位可能都在模仿老師趙少昂的作品。周綠雲勤奮練習，進步很快。她的畫作甚至曾被誤認為是趙少昂的作品，可見她的天賦和臨摹的能力。既然她對所學的風格技巧有不錯的掌握，是甚麼原因令她放棄嶺南派的風格呢？

有一天，當周綠雲在抽屜裏翻看自己一疊厚厚的嶺南派習作時，突然醒覺到無論她畫得有多好，最高的成就不外乎是跟趙少昂一樣。[11] 別人誤認她的作品出自趙少昂手筆，令她高興，但她明瞭自己從模仿得到的滿足是短暫和空虛的。這滿足感無疑帶給她信心，卻也是令她感到需要突破的來源。

11　盛虹訪問趙慧儀女士，2012 年 8 月 10 日。

圖一

圖二

圖三

適逢一九六〇年代中期，水墨畫先驅呂壽琨在中大校外進修課程部開授命名為「水墨畫」的課程，他一改傳統中國畫師承和臨摹的教學方法，強調作為藝術家對自己真誠的態度，大講中西畫史和哲學，吸引了很多求變的藝術家，也掀起了很多的討論和爭辯。呂壽琨一直思考中國畫的去向，卻只在六〇年代的香港才提出了「水墨畫」的概念。他相信水墨畫和中國繪畫之間有一種母子的關係，但前者有它獨立的生命。他說：「水墨畫，就是使用水墨表現自我的一種繪畫」，[12] 卻沒有定義甚麼是表現自我，反而特別地提出了「根」和「適」的概念。「根」不只是畫家個人的背景、成長、經驗等，也包括畫家承襲的文化傳統和面向的藝術氛圍。在汲取中國傳統和西方當代思潮時，不要持有偏見，要兩者兼得才能全面，由此畫家因應自己的取捨抉擇，以達至「適」，便能建立每人獨創的面貌。他認為若每個藝術家都抱着這種心態尋求，水墨畫應該是百花齊放，可以包容不同的可能性。

呂壽琨的學生來自不同年齡和背景，最年長的七十六歲，最年輕的只有十八歲，有博士、碩士，亦有校長、導師與學生，[13] 當中包括譚志成（1933–2013）、靳埭強（1942–）、郭孟浩（1947–）、蔡仞姿（1949–）等人。其實，呂壽琨所倡導的水墨畫，是一個很廣闊的想法。他針對當時藝壇的抄襲風氣，強調自我表現和獨創，鼓勵藝術家嘗試不同的媒介，技巧和風格，

12　呂壽琨：《水墨畫講》（香港：出版社不詳，1972 年），頁 9。

13　呂壽琨：《呂壽琨手稿》（香港：靳與劉設計顧問，2005 年），頁 371。

尋找屬於自己的藝術。這為周綠雲打開一扇更寬敞的藝術之門。在 1966 至 1968 年間，周綠雲轉隨呂壽琨學習，開始脫離了嶺南派的框架，展開尋找屬於自己的藝術旅程。她被視為「新水墨畫」的代表人物之一，她的藝術展現了「新水墨畫」的精神，一生不懈追尋自我，創意立新。

「根」與「適」

正如呂壽琨所言，若果藝術家都忠於自己，各人的藝術就基於各人的「根」和「適」而有自己的面貌。相比呂壽琨來自廣州，父親經營書畫店的背景，周綠雲在上海的生活和經驗令她有較西化的「根」。但是，二人在香港面對的藝術氛圍是相似的，同樣想為中國畫帶來新的面貌。周綠雲留意西方藝術的思潮與流派，也關心中國畫史和哲學。她說「這個『我』[⋯⋯]受的是二十世紀的教育，血液裏流着我國的傳統。」[14]「適」是基於「根」而建立的。呂壽琨認為「今日水墨畫就有如小小的樹林，每樹有每樹的根，既不可以一概而論，亦不可『以此例彼。』將來的變化，決定於環境文化背景下個別的『適』。」[15]藝術家的「根」與「適」隨着藝術家的生命和藝術進程而改變和發展。也就是說周綠雲在面對不同的環境或人生不同事件時，會有不同的「適」。

14　周綠雲：〈我從「星期日」開始作畫〉，《雄獅美術》第 23 期（1973 年 1 月）：頁 75。

15　呂壽琨：《水墨畫講》，頁 9。

嘗試、探索

　　若看過周綠雲成熟時期的作品，你也許難以猜想到《線條》（圖四）、《風箏》等作品皆出自周綠雲之手。1968 年，周綠雲在香港大會堂高座舉行了第一次個人展覽。當中所展出的作品已不見嶺南派的影子，反而有很多線條、色彩、空間等視覺元素的探索。一般來說，藝術家都會十分重視自己的第一個個展，但周綠雲並沒有展出她熟練的嶺南派畫風，而是選擇了自己的新嘗試，由此可見藝術家的個性和意決。《線條》一畫嘗試用不同粗幼，不同方向的線重疊交錯製造空間感。紅、綠、黃混在墨黑的背景使層次更加豐富。《環》（圖五）用一個重複的方形圖案編成一個圈包圍着中心，墨黑的背景襯托出紅、黃、綠色塊的跳躍，幾個方形圖案向不同的方向延伸，令畫面更有動感。再看同年「元道畫會」第一次聯展，周綠雲展出的《花》和《樹》（圖六），與其說是大自然的風光，更像一系列線條的練習。她利用線條把花和葉平面化，用一組組不同深淺的線紋來呈現主體和前後空間。《樹》一畫中的枇杷呈現於留白的負空間，在幾塊深色斜紋的葉上一目了然。另一幅也以《樹》（圖七）命名的作品運用連綿的線條拼出似是樹幹和樹枝重疊的有趣構圖，線條可延長至畫面的高度，或隨着樹枝彎曲的形態由左下慢慢往右上拉。每一條線的描繪都需要高度的專注，否則很容易和旁邊的線弄混了。周綠雲似乎在摸索線條、顏色、面塊和空間的關係，擺脫了以往對物象的追求。

　　其他畫友的作品也具實驗性。吳耀忠（1935–）的《女》所

圖四

圖五

圖六

通訊

第三號 · 一九六九年一月

香港中文大學校外進修部

晚村：譚志成作 →

樹：周綠雲作 ↓

現代技巧 · 中國心靈

一九六八年十一月，「元道畫會」假本港大會堂舉辦
第一屆會員作品展覽。展出十一位會員的水墨畫數十幅，
頗獲文教界人士好評。展出品中的六幅作品，更爲大會堂
美術館購藏。「元道畫會」會員全部爲本部水墨畫課程學
員，課程主講人爲呂壽琨先生。

NEWS LETTER

DEPARTMENT OF EXTRAMURAL STUDIES/THE CHINESE UNIVERSITY OF HONG KONG　　　Number 3　Jan., 1969

圖七

運用的都是曲線條，勾勒出幾個女體輕柔的姿態。李維安
（1937-）以寬大筆觸，潑墨似的方式來處理《構圖》。即使聯
展展出的作品並未成熟，卻別開生面。「元道畫會」的成員都
是呂壽琨中大校外進修課程的學生，他們逢星期天在九龍華仁
書院的美術室一聚，相互切磋。譚志成回憶起當年的情景，笑
說他們會看看旁邊的人畫甚麼，他們就不畫甚麼。呂壽琨在畫
會的序言當中寄語各人「求率性盡我，對自己真誠」，[16] 各自尋
求和試驗，從而建立自己的個人性。

　　同時期於中大校外進修部修讀水墨畫課程的同學也有類似
的試驗。從《水墨畫講》附錄的九十多幅 1967 年同學的習作看
出，呂壽琨的教學鼓勵學生用不同方法，實驗不同的視覺元素，
如點、線和面。有嘗試用一組組不同方向的短線佈局和擴散的：
有運用不同的墨色，以潑墨和點滴的方法帶動畫面的，令人聯
想到作畫者的動態：也有重複重疊一個圖案的，利用虛實，令
畫面富有動感。這幾十幅無名氏的創作練習不是筆墨練習，目
的也不在描繪甚麼，他們在反覆試驗、探索水墨畫的可能性。
從這些富實驗性的作品中，可窺見呂壽琨教學上的試驗。

　　相對於嶺南派，這學習的方法對周綠雲來說是新鮮的。除
了視覺元素的探索，呂壽琨對她的影響更多在於思想上的啟發，
特別是繪畫和表現自我的關係。呂壽琨提出了一個大的方向，
最後的完成卻要靠藝術家本身。探尋自我成了周綠雲的命題，
卻不容易做到。甚麼是自我表現？如何表現？她抱着這個心態，

16　周綠雲、譚志成等合著：〈序〉，《元道畫會聯展》（香港：元道畫會，
　　1968 年）。

尋找個人的一套獨特方法。

探索、創新

　　慢慢地，周綠雲找到一些屬於自己的主題，而這往往來自她身邊的人和事，尤其是她的丈夫和家庭，如《家庭》、《山火》、《手》等。《山火》描繪山脈中的熊熊烈火，象徵藝術家自己對繪畫熱愛的燃燒。可是，她同時又嘗試控制「火勢」，因為她的兒女正就讀小學及初中，仍很需要她的照顧。《家庭》（圖八）予人一種沉重的感覺，連綿的山不斷向後方伸展，永無止境。山脈間有一球狀的橙色發光體，被樹根似的線條纏繞着，從畫家在 1986 年出版《綠雲畫藝》一書中的回顧，為作品加上了這樣的注釋「這是一幅我為我丈夫作的畫圖；一家人：我，三個小孩，二個工人，一隻狗。小孩漸漸成長，教育費等等是驚人的，重重壓在丈夫的背上，做個家長是不容易呀！」[17] 這幅作品可說是象徵畫家丈夫所背負的沉重家庭負擔。

　　《樹》（圖九）的用色較沉鬱，墨色由濃至淡，左方有一綠色的圓圈，擴散至旁邊的樹枝。細看之下，畫作遍佈自樹幹延伸出來的枝條，其茂密程度卻更像是根。這複雜的樹根狀圖形，有時甚至令人喘不過氣。相信畫家是想透過樹來表達一些抽象的意象和情感，是窺探自己內心的嘗試。她自言已畫了約一萬棵樹。畫樹帶給她慰藉，她對樹擁有如朋友般的情感，感覺親切。這時期，她猶愛畫樹根交纏的狀態，有時複雜細密得

17　周綠雲：《綠雲畫藝》，頁 54。

圖八

圖九

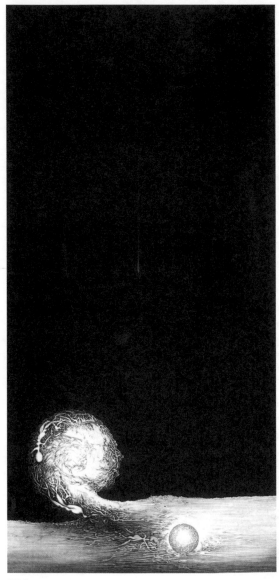

圖十

使人找不到出路，這或多或少地反映出她生活中的不愉快和糾結。

　　兩幅作品中的球體和樹根狀的圖案是周綠雲早期畫作中就開始成形的「主題」（motif）。周綠雲有一系列以樹為主題的作品，還有更多作品融入了似樹根狀的圖案，時而多層環繞着發光的球體，時而建構一個深邃無盡的空間。《內在一》（圖十）在重墨包圍下，下方有一處較光亮的土壤，土壤裏樹枝似的根交在一起，一直伸延到一個大球體，構成它內在旋轉和滾動的力量，推向墨黑的邊際。藍色的小球體雖仍在土壤裏，也有一種內在的動力，獨自發光發熱。她說「重墨的鬱枝，佔有畫面的大部份：是一種對畫家太重的壓力，也是我們人類，生活在『現在』的時間空間的壓力，令人透不過氣。」[18] 她又形容畫這些細枝時「進入了我自己似夢的憧景和旋律中，得到若干的滿足。」[19] 那精密和複雜程度的樹根狀的圖案，想必是畫家全神貫注的成果，有時甚至在過程中忘卻自己。晚期創作中似樹根狀的圖案不但沒有了糾纏複雜的意味，反而發展至似樹枝的形態，有生的啟示。《內心宇宙一》（圖十一，1996）有一排十多個藍色獨立的樹枝狀的圖案一字排開，像在發芽，在生長。《自畫像》（圖十二，2003）中也見到似樹根狀的圖案簡化，自由了許多，更像樹枝散開的姿態，配在平面的紅色圓形上，好像從櫻桃裏生長出來。其實周綠雲的「主題」到晚期皆有一種獲得解放的趨勢，與其說因為畫家眼睛、體力應付不了長時間集

18　周綠雲：《綠雲畫藝》，頁 18。

19　同上。

圖十一

圖十二

中地作細緻的繪畫，倒不如說畫家對從前的執着已有一種新的領會，已不在乎同一「主題」的呈現手法。

　　周綠雲沒有走捷徑，沒有從具象猛然跳到抽象。她一步一步深思如何運用藝術的語言來表現內心。她從身邊出發，把日常生活的事情和感覺納入繪畫中敍述。其後她對藝術的意義明顯有了更深的體會，慢慢探索出其他屬於自己的線條、用色和筆法，如激霰皴和雀躍皴。這些不同的「主題」均含有一種抽象的意義，是她表達內心的渠道。這些「主題」隨着年代產生不同的變化，是藝術家生命歷程的印證。雖然她曾說主婦是她的正職，畫畫只是用作打發時間，誰想到後來藝術甚至等同她的生命。

　　周綠雲在六〇年代碰上趙少昂和呂壽琨。他們代表着中國繪畫發展其中的兩條路線 —— 嶺南派和水墨畫。嶺南派在二十世紀初是改革中國畫不可或缺的一支，但時代的變遷令嶺南派第三代的畫家沒有了原初的革命精神。呂壽琨提出的水墨畫概念某程度上猶如接力般，集合了一班學生，繼續為更新中國畫而努力。他們追求「現代」，但不直接挪用西方現代主義的流派風格或技巧；他們不排斥中國傳統繪畫，卻絕不視臨摹為創作。他們求獨創，求自我。周綠雲最後選擇趕上水墨畫的新思潮，對藝術的態度萌生改變，然後開始實驗實踐。這些思想上的碰撞是她藝術道路上的一個轉捩點，讓她從模仿老師作品的習慣中開脫出來，最後踏上尋找自我的道路。

　　其他受呂壽琨啟發的學生包括王無邪、梁巨廷（1945–）、靳埭強、李靜雯（1941–）等人，他們有各自的追求，作品中呈

現了明顯的個人風格。這羣藝術家都珍視當時擁有的創作自由，同時心裏徘徊於中國與作為殖民地的香港兩個身分。呂壽琨提出「水墨畫」這新概念，不但改變了中國畫的教學模式，更特別注重個人探索和獨創，以「水墨畫」為中國繪畫開出了一個新的局面。歷史似是用不同的方式循環，後來水墨畫亦被取代，不再是香港藝術上的主流。可是，回顧六〇年代中後期，水墨畫的興起，無論是橫看臺灣和中國內地的發展抑或中國畫的縱向繼承，都是中國繪畫重要的一頁。中國內地在文革後亦發展出「實驗水墨」、「觀念水墨」等的概念，到今天我們仍見到各種各樣的「水墨藝術」，如果要追源溯流，六〇年代於香港誕生的「水墨畫」確是一個重要的切入點。

一九六〇年代的變革 ——
關於地水南音於香港式微的思考

羅劍創

引言

　　廣東南音，乃流傳於珠江三角洲、屬彈詞系統的民間說唱。[1] 地水南音為廣東南音系統內的重要類別，興於二十世紀、衰於六〇年代。[2] 杜煥，自十三歲習地水南音始，即以之謀生，[3]

1　說唱音樂可追溯到唐代，當時僧侶混合唱的韻文和說的散文，以講述佛經、教義。後該表演方式的內容與題材漸豐富，唱者也不限僧侶，形成雛型說唱。經多個朝代發展，據 1986 年《中國大百科全書》統計，近代約有三百多種說唱曲種，分鼓詞、彈詞、漁鼓、牌子曲、琴書、走唱、雜曲和板誦八類；彈詞，為韻、散文綜合體，主要由一人自操樂器伴奏；南音的形成大致分兩種說法，一）融合說，即由粵調木魚歌、龍舟與外省說唱曲種融合而成，至於外省曲種謂何，各家說法不一。二）本土生成說，區文鳳相信南音直接由粵調木魚歌產生。參李潔嫦：《香港地水南音初探》（香港：進一步多媒體有限公司，2000 年），頁 1。

2　李潔嫦：《香港地水南音初探》，頁 20。

3　杜煥（1910–1979），由 1923 年於廣州拜盲藝人孫生習南音至 1979 年香港病逝，一直以南音為主要謀生技能。相對於同期瞽師，他留

魯金稱之「最後一位會唱早期失明藝人唱曲的瞽師」。[4]《失明人杜煥憶往》乃杜煥演唱的一首長約六小時、自傳式南音，內容環繞唱者 1910 至 1975 年間際遇，對研究地水南音變演彌足珍貴。[5] 本文嘗試結合該曲曲文及相關資料，先探討地水南音特質，再剖析六〇年代香港變革與其特質之衝突，從而就之式微加以闡釋。

下錄音最多，1975 年更應美國匹茲堡大學音樂講座教授榮鴻曾邀，於上環水坑口富隆茶樓以自彈箏方式演唱長達三個月，留下四十多小時現場錄音，讓後人可一窺地水南音真貌。杜煥年表參李潔嫦：《香港地水南音初探》，頁 97–99。

4　瞽師為失明男藝人專稱，女藝人稱師娘；魯金語見，魯金：《粵曲歌壇話滄桑》（香港：三聯書店有限公司，1994 年），頁 189。

5　《失明人杜煥憶往》為杜煥 1975 年作品，距之離世僅四年，某程度可謂一生自傳。該曲全文約四萬三千字，分十二章，從演繹方式觀，曲詞蓋分演說與演唱兩類；從內容分析，主要陳述他八個人生階段，包括失明始末、學藝始末、赴港始末、戰前賣唱經歷（1926–1945）、戀愛及家庭生活、戰時賣唱經歷（1941–1945）、戰後賣唱經歷（1945–1955）、晚年賣唱經歷（1970–1975）。除戀愛與家庭生活一項外，餘者俱與地水南音有直接或間接關係，可作如是理解：失明始末乃習地水南音遠因；學藝始末述習地水南音近因及經過；戰前、戰時、戰後及晚年賣唱生活，分述他如何藉之維生，赴港始末則為上述三個時期鋪墊。概言之，此曲實杜煥謀生史。本文引該曲文詞蓋錄自，杜煥：《漂泊香江五十年：全本失明人杜煥憶往》（錄音及歌詞摘錄）（香港：香港中文大學音樂系中國音樂資料館、百利唱片有限公司發行，2008 年）。為便行文，僅於正文標示其章節，下不另註。

一、地水與南音 —— 地水南音的特質

　　李婉霞謂，地水南音在「廣東的本腔南音」基礎上發展出來。[6] 本腔，則南音的原生形態，學者稱地水南音為正宗腔，[7] 意謂這種繼生形態與原生形態相近，地水則指某些原生無之特質。[8] 該特質可從唱者身分、演唱目的及演唱模式三角度思考。首先，梁培熾認為地水實《易經》第七卦地水師，因瞽師多通占算，故以之代稱。[9] 學者也慣依演唱者身分將南音劃分為地水、老舉及戲台三類，分別由瞽師、粵妓女及粵劇演員演唱，[10] 故地水與失明之互釋可謂定論。

6　李婉霞：〈民國時南音的變異與傳承 —— 以《全部花月痕南音》和《秋墳》為例〉，《神州》第 11 期（2013 年）：頁 243。

7　梁培熾：《南音與粵謳之研究》（三藩市：舊金山州立大學民族學院亞美研究學系，1988 年），頁 26。

8　基於現存資料，較難界定何謂本腔，可以肯定的只是，其形態必為七字一句、四句一組，唱腔與繼生者未必相同。

9　梁培熾：《南音與粵謳之研究》，頁 26。另，據岑逸飛推測，春秋戰國時，晉國大夫師曠生而無目，精音律、善彈琴，後人將「無目」、「師」曠、精「音律」、地水「師」卦等元素聯繫，遂取地水為代稱。該說法頗新穎，惟仍待考究。岑逸飛言論參香港電台：《講東講西》（香港：香港電台，2014 年 8 月 6 日），2017 年 2 月 27 日擷取自：http://podcast.rthk.hk/podcast/item_epi.php?pid=527&lang=zh-CN&id=44783。

10　羅澧銘：〈顧曲談〉（香港：星島日報，1958）；馮公達：〈有關南音〉（香港市政局主辦南音演唱會場刊，1974 年 9 月 19 日）；梁培熾：《南音與粵謳之研究》，頁 26；李潔嫦：《香港地水南音初探》，頁 43。

余少華補充：「失明孩子多被父母送入特定的行業，跟師傅維生，師傅主要教授算命和占卜。算命先生亦會拉二胡或者等，用以招徠客人。由於整個行業的失明人大體來看都是會算命的，故名『地水南音』。」[11] 這段話除肯定地水代指盲人一說外，還有兩項內容值得留意。其一，余少華稱盲人從事的乃特定行業，這可作兩重解讀：這些行業門檻較高，非所有人能從事；或這些行業具某程度的厭惡性，非所有人願意從事。從現實而言，似後者居多。據〈英治時代香港盲人的生活狀況〉一文，十九世紀時，香港盲人被普遍認為無能力過正常生活，大多行乞度日或從事社會界定的盲人行業 —— 盲人行業與特定行業互註 —— 即說書、按摩、算命或音樂演奏等，演唱地水南音屬音樂演奏一類。[12] 其二，余少華指出失明人從事這些具厭惡性的特定行業旨為維生，這可以杜煥的生平經歷為證。《失明人杜煥憶往》所述的人生片段多與生計相關，足見維生乃該曲主題。它之所以成為焦點，概始於失明，杜煥也特意在曲名加入失明人三字，並在全曲開首，強調「幼年慘遇，做咗個失明人」為生平三不幸之一。[13] 其後，在第二章講述瞽師孫生知他僅憑數句木魚歌行乞，即表示：「咁點得架，日後大個就冇人俾。」

---

11 余少華：〈地水南音‧失明人士風格〉（錄音講稿），2017 年 2 月 27 日擷取自「香港記憶」網站：http://www.hkmemory.org/douwun/ text/index.php?p=home&catId=122&articleId=14。

12 思明：《香港盲人走過的路：從自我覺醒到尋求突破》（香港：明報出版社有限公司，2007 年），頁 98。

13 杜煥所說的三不幸，依次為，一）自小家貧；二）自幼失明；三）晚年很少人聽南音，無以維生。

遂授藝予他。由此可見，關注生計是當時瞽師的普遍現象，而在部份瞽師視野中，地水南音乃重要維生手段。余少華：「不是每個盲人都是音樂家，但杜煥的南音如此精彩，他不需要靠算命為生。」[14] 則演唱目的為賺取賞錢。

另外，因應唱者身分及演唱目的，形成相應演唱模式。在演出方式上，為遷就瞽師生理缺陷，以簡便為要，多一人作業，致不需讓其他人分享賞錢。以杜煥為例，他慣以自彈箏兼拍和形式賣唱，極其量也只添瞽師何臣以椰胡伴奏；在演唱內容方面，地水南音曲目頗豐富，包括《大鬧廣昌隆》、《觀音出世》等民間故事，或《客途秋恨》、《男燒衣》等歡場見聞，以便他們迎合茶樓、酒館、妓院、煙館等場所的觀眾。這些曲目或取自木魚書、或由文人編撰、或瞽師創作，總以悲調為主，且敘事成份較重，藉觸動聽眾情感以賺取賞錢。[15] 在演唱風格方面，余少華謂：「在地水南音裏，每個說唱人有不同的聲音，

14　余少華：〈地水南音‧失明人士風格〉（錄音講稿）；另，馮公達：「雖則我沒有聽他說過擺檔占卜，也沒有見他把算命的工具，即龜殼和銅錢拿出來過，但不表示他不擅長此道。」參馮公達：〈側寫杜煥（完結篇）說唱南音五十年〉，載《戲曲品味月刊》（網上版），於 2017 年 2 月 27 日擷取自：http://www.operapreview.com/index.php/網上雜誌 / 品味專欄 /item/580– 側寫杜煥 – 完結篇 – 說唱南音五十年。

15　陳國球分析，地水南音曲目有雅、俗之別，雅曲多涉及文人參與；另外，地水南音曲目雖多，但現存、仍經常演唱的曲目多敘述悲情故事，據此推論，這些悲情曲目應前輩瞽師經常演唱、聽眾較樂於接受的一類。陳國球說法，參陳國球：〈涼風有信 ──《客途秋恨》的文學閱讀〉，《文學世紀》第 8 期（2003 年）：頁 64–72。

唱法也不盡相同，有些沉鬱，有些高昂。」[16]該說法符合大眾對之印象，即如李潔嫦所言，地水南音「靈活多變」。[17]

　　簡言之，地水南音可從演唱者身分、演唱目的及演唱模式理解其特質，三者相互扣連，又分別受社會、聽眾因素影響。瞽師只能在極少程度上左右聽眾喜惡，更無力影響社會風尚。相反，社會與聽眾構成互維系統，社會風尚影響聽眾口味，聽眾喜好則促成社會風尚，而六○年代的社會及聽眾俱有所改變，致危害地水南音生境。

二、六○年代的變革 —— 杜煥的際遇與地水南音於香港式微的一些補充

　　《失明人杜煥憶往》第九章開首，杜煥以「真係光陰喺裏

16　余少華：〈地水南音‧失明人士風格〉（錄音講稿）。

17　腔，或稱唱腔，由曲調、旋律等元素糅合而成。魯金如此界定粵劇唱腔：「唱腔之被界定，是由於粵曲演唱者模仿粵劇演員的唱法而來 …… 換句話說，有粵曲演唱者模仿某演員的唱法，才能出現某演員的唱腔，如果沒有人模仿，就沒有這位演員的唱腔。」借取該定義，若眾瞽師唱腔呈現某種統一風格，則可藉之界定地水南音唱腔特點。惜就現階段而言，似無足夠錄音記錄用以歸納。潘兆賢概述杜煥的唱腔特點：「圓潤瀏亮、吐字清晰、善於運用鼻腔共鳴，而產生有節奏和醇厚的韻味！」在缺乏與杜煥同期的其他瞽師錄音資料情況下，杜煥唱腔特色在多大程度上能代表整個地水南音體系，本文存疑。故只能如李潔嫦般籠統地說「唱腔靈活多變」。而在很大程度上，這種多變乃相對於戲台南音而言。魯金：《粵曲歌壇話滄桑》，頁26–27；潘兆賢：《粵藝鈎沉錄》（香港：科華圖書出版公司，2001年），頁226。

面，唱左十幾年」數語交代於香港電台的經歷（1955–1970）。杜煥能細緻地憶述選取的人生片段，箇中歷史事件清晰可考，可證記憶力非凡。[18] 故此，這十五年留白或反映他的一種心理狀態 —— 根據曲文，第二次世界大戰後，杜煥多次提及欲尋長久安身計，如戰後於佐治公園賣唱，認為：「生活有它為正路，估話永遠可行。」遷居澳門，自謂：「我估安居係從此，就在澳門此地，永遠安居。」當別人薦他到港台工作時，又強調那人曾對他說：「若還合意，就一定係永遠。得到此抬腳，永遠生活就維持。」據杜煥的訪問錄音，他於港台演唱收入可觀、穩定，符合「永遠生活就維持」的願望。[19] 觀杜煥選唱者，多艱苦的謀生片段，料於港台演唱時生活尚愜意，故不詳述。然而，其經歷不代表其他瞽師，反屬特例。事實上，六〇年代是地水南音衰落而近於式微的時期。

（1）人心西化 —— 社會風氣與聽眾口味

五〇年代初，大量中國移民來港，魯金憶述，當時香港主

18　杜煥於曲中多次提及一些歷史事件，如乙卯大水災、省港大罷工、香港禁娼等，年份及細節皆無誤；另，工商晚報：「（杜煥）主持南音節目凡十五年之久 [……] 未嘗重複一闋歌目或一段歌詞。」〈傳統南音幾成絕唱：老瞽師應邀演一場〉（香港：工商晚報，1976 年 11 月 14 日）。

19　杜煥：〈電台演唱博取生意〉（錄音講稿），於 2017 年 2 月 28 日擷取自「香港記憶」網站：http://www.hkmemory.org/douwun/text/index.php?p=home&catId=107&photoNo=0。

要人口年約十九至四十五歲，這些人多曾接觸過粵劇、粵曲，促成傳統藝術蓬勃發展。[20] 該情況至五〇年代末已有所改變，《香港年鑑》陳述粵劇於 1955 至 1959 年經營困難，歌壇亦僅餘高陞茶座，[21] 杜煥獲香港電台聘請前，亦已「連氣七個月，山中隱」，地水南音之衰落可見一斑。《香港年鑑》（1962 年）分析粵劇經營困難原因：「未知是否港人日趨西化。」[22] 西化，泛指香港社會受歐美文化影響，致藝術品味改變。

於五〇年代出生及長大的青少年，素接受西方文化、歐式教育，遂對中國傳統曲藝不感興趣，轉而熱愛歐西流行曲。六〇年代，這些接受歐西文化的青年成為主要勞動人口，形成洋化風氣，洋化社會又繼續影響下一代，構成一個不適合地水南音生存的環境。關於六〇年代的洋化風氣，本文略舉數項佐證。首先，在五〇年代後期至整個六〇年代，香港多個團體，如星島報業、麗的呼聲、英文報章《星報》、可口可樂等，均相繼舉辦歌唱比賽。[23] 這些比賽皆以演唱歐西流行曲為主，摒粵曲於門外，魯金認為這影響青少年對傳統曲藝的印象，認為它們不合潮流。[24]

20　魯金：《粵曲歌壇話滄桑》，頁 28–32。

21　華僑日報主編：《香港年鑑》第八至十二回（香港：華僑日報出版部，1955–1959 年）。

22　華僑日報主編：《香港年鑑》第十五回（香港：華僑日報出版部，1962 年），第二篇，頁 93。

23　李信佳：《港式西洋風：六〇年代香港樂隊潮流》（香港：中華書局，2016），頁 15–23。

24　魯金：《粵曲歌壇話滄桑》，頁 29。

此外，六〇年代香港人生活尚較刻苦，收聽電台是最普遍的娛樂，故麗的呼聲自 1949 年創立至 1960 年，用戶已逾六十萬，[25] 後更如杜煥所述：「遍地收音。」電台節目在很大程度上反了當時風氣：

表一：香港電台節目表（1950 年 9 月 1 日）[26]

時間	節目	時長	時間	節目	時長
12:30	天氣報告	0:01	18:15	潮州語新聞	0:15
12:31	時代曲	0:19	18:30	時代曲	0:15
12:50	特備中樂特目：續唱《粉粧樓》	0:40	18:45	特備廣播粵語話劇：《清宮外史》	0:45
13:30	粵語新聞	0:10	19:30	特備兒童節目	0:30
13:40	國語新聞	0:10	20:00	轉播倫敦粵語新聞報告	0:15
13:50	潮州語新聞	0:10	20:15	香港政府新聞處報告及明日節目預告	3:00
14:00	休息	4:00		緊接轉播高陞戲院？聲粵劇團公演：《薄命桃花處處香》	
18:00	天氣報告及國語新聞	0:15	23:15	轉播美國之音及天氣報告	1:00?
				繼續轉播粵劇至完場止	

---

25 麗的呼聲是香港第一家商營廣播電台，於 1949 年啟播，首年僅 29707 名用戶，至 1960 年，用戶達六萬多戶，每戶聽眾約 10 人，即收聽市民逾六十萬。湯開建、蕭國健等：《香港 6000 年（遠古 — 1997）》（香港：麒麟書業有限公司，1998），頁 627、714。

26 凡以「？」表示者即字體不能辨識。〈今日播音節目〉（香港：工商日報，1950 年 9 月 1 日）。

據《工商日報》1950 年 9 月 1 日所刊之香港電台節目表，當日廣播時間約八小時，音樂節目佔約五至六小時，其中又以播放、轉播廣東傳統曲藝及粵戲為主。[27] 至六〇年代，情況大大改變：

表二：香港電台節目表（1962 年 1 月 3 日）[28]

時間	節目	時長	時間	節目	時長
7:00	時代曲	0:45	15:58	天氣報告	0:02
7:45	節目預告	0:05	16:00	故事演講：《西漢演義》	0:30
7:50	音樂	0:06	16:30	西樂欣賞	0:30
7:56	天氣報告及漁民天氣預告	0:04	17:00	故事演講：《歷史通俗演義》	0:30
8:00	粵語新聞	0:30	17:30	諧談節目：《攝影留念》	0:15
	每日公眾活動報告		17:45	諧曲一闋	0:13
	國潮語新聞		17:58	天氣報告	0:02
	特別報告		18:00	粵、國、潮、客語新聞報告	0:20
8:30	?曲在今朝	0:28		特別報告	
8:58	天氣報告	0:02	18:20	音樂	0:05
9:00	錄音轉播倫敦昨晚國語節目	0:15	18:25	科學與你：礦物質	0:05
9:15	京曲	0:30	18:30	兒童繪畫比賽：空中小畫家	0:30

----

27 五〇年代，主要由香港電台及麗的呼聲提供廣播娛樂，表一為香港電台節目分佈。至於麗的呼聲，中英兩電台每週播唱共三十四小時，十八小時為音樂節目，其中又以播放戲院粵劇（轉播）、粵曲、平劇為主，傳統曲藝之比重可見。參湯開建、蕭國健等：《香港6000 年（遠古）－ 1997》（香港：麒麟書業有限公司，1998），頁627。

28 凡以「？」表示者即字體不能辨識。〈今日播音節目〉（香港：工商日報，1962 年 1 月 3 日）。

9:45	？浦？？	0:30	19:00	名作家名作品：演戲的人	0:30
10:15	點唱節目：《空中小郵差》	0:43	19:30	歌唱比賽	0:30
10:58	天氣報告	0:02	20:00	偵探小說：紅絲？巾	0:30
11:00	時代曲	0:30	20:30	轉播倫敦語新聞	0:15
11:30	電影故事：《倩女情俠》	0:30	20:45	漁民天氣預告	
12:00	故事演講：《倩女情俠》	0:30		本台在工展會電台攤位播出之節目	0:30
12:30	漁民天氣預告	0:30		工展新聞	
	連續性廣播劇：《焚香記》			工展人物介紹	
13:00	時代曲	0:15		諧談節目	
13:15	粵語新聞	0:13	21:15	詩詞歌賦精華錄	0:15
	特別報告		21:30	影城巡禮	0:15
13:28	天氣報告	0:02	21:45	古腔今賞	1:00
13:30	故事《焦奇打虎》	0:05	22:45	轉播倫敦國語新聞	0:15
13:35	名伶與名曲	0:25	23:00	節目預告	
14:00	國語新聞	0:15		國語話劇：《小酒店的傳奇》	0:30
	特別報告		23:30	「夜闌人靜」時代曲	0:28
14:15	國語故事：《迦陵配》	0:30	23:58	天氣告及漁民天氣預告	0:02
14:45	時代曲點唱	0:15		粵語新聞簡報	
15:00	粵曲選唱	0:30	24:00	全日廣播完異	--
15:30	下午南音：《三門街》	0:28			

　　觀香港電台六〇年代節目表，廣播時間增至十七小時，添
增了許多戲劇類、談話類節目。在音樂類節目方面，雖保留下
午南音等傳統曲藝節目，但一些播放時代曲、流行曲的節目大
增。同時，據葉世雄憶述，當時轉播粵劇次數銳減，[29] 無異顯示

29　葉世雄謂：「五〇年代初期，香港電台粵曲節目主要是轉播粵劇演
　　出和播放粵曲唱片。[……] 踏進六〇年代，戲曲電影流行，粵劇演
　　員紛紛轉行拍電影，少在舞台演出，令粵劇陷入低潮，而電台轉播

聽眾口味轉變。

其時，青年人多喜好歐西流行文化，播放流行歌曲的節目愈多。郭利民（Uncle Ray）尤其著名，先後於香港電台主持「Lucky Dip」、「American Hot 100」、「Popularity Poll」等多個播放歐西流行曲的點唱節目。這些節目成為市民接觸流行歌曲的主要途徑，由之掀起六〇年代樂隊熱潮，大量以年青人為主的本土樂隊及歌星湧現，如以關維鵬（Teddy Robin）為首的「Baby Kids」樂隊、以許冠傑為首的蓮花樂隊（The Lotus）等，[30] 都曾風靡一時。1964 年 6 月 8 日，外國樂隊披頭四（The Beatles）來港演出，過千歌迷於啟德機場守候，反觀粵劇經營慘淡，人心西化可知。[31] 粵劇為香港最具規模的傳統表演藝術，尚難於經營，以賣唱為本的地水南音不言而喻。

地水南音興衰與聽眾喜好、社會風尚密切相關。當社會風

....

大戲的次數也減少了。」參葉世雄：〈葉世雄：電台粵曲節目〉於 2017 年 3 月 2 日擷取自「香港記憶」網站：http://www.hkmemory. org/jameswong/wjs/web/upload/book/8624yipon50sradio-e（1）.pdf；葉世雄：〈粵歌絃韻空中傳：六〇年代初港台粵曲節目的發展〉於 2017 年 3 月 2 日擷取自：http://chineseopera.rthk.org.hk/article_1_4. htm。

30　李信佳：《港式西洋風：六〇年代香港樂隊潮流》，頁 24-33。

31　披頭四（The Beatles），1957 年成立於英國利物浦。1964 年 6 月 8 日訪港，同年，由之主演的電影《一夜狂歡》（A Hard Day's Night）於香港上映。7 月，一名讀者致函《工商晚報》：「狂人迷與狂人們的作風，其影響於香港青年之巨大與廣濶，一直令我擔心！同時世紀末那種瘋狂，與披頭四那種不可抗拒的瘋狂威脅更實在使我膽寒。」該讀者顯然不喜歡披頭四，而由一個反對者角度看當時情況，更見香港青年之瘋狂。參〈讀者來函〉《工商日報》1962 年 1 月 3 日。

氣、時人口味轉變，式微固然，《工商晚報》1959 年一則小新聞可作註：「中區接近海傍的騎樓底下，一到晚上，便發現盲妹企立街頭，戴上黑色眼鏡，手執琵琶作賣唱狀。看來非常可憐，常常自言自語：企到腳痲痺總沒有人點唱，大嘆『師娘』搵食難。」[32]

（2）失卻演出場地及後繼無人 —— 都市化對地水南音的衝突

　　都市，源於人類群居，由建築物、交通設施等實質元素，及法律、典章制度等非實質元素組成。都市化，指人類逐步集居至城市，致生活質素、文化提升的過程。五〇年代之香港，大量中國移民湧入，帶來資金、技術人才及勞動力，至五〇年代後期，香港工業逐步發展，吸納大量就業人口，催生了香港的都市化，[33] 該變革改變了地水南音的生存環境。

32　〈企立街頭夜未闌，琵琶在抱懶頻彈；騎樓自訴傷心語，大歎師娘搵食難〉（香港：工商晚報，1959 年 10 月 29 日）；另，1960 年 5 月 24 日的《大公報》報導：「盲人連袂在街頭賣唱……自然，他們的處境是賺人同情的，所以靠賣唱求乞，還可以勉強維持。但保不住打風落雨，就只好縮在家裏嘆氣了。更不幸的是常常有被補控以『阻街』罪的危險。」1955 年 3 月 29 日，《大公報》的一則小新聞可作補充：「無業無址之男子周光，在街頭賣唱被拘，昨判儆誡。法官對他說：『如在街頭賣唱，須先得警務處長之許可，否則只能在茶肆中賣唱。』」「賣唱」或非專指地水南音，不過由之不難窺見地水南音之困境。

33　冼玉儀：〈社會組織與社會轉變〉，王賡武主編：《香港史新編》（上

地水南音原為瞽師謀生工具，賣唱地點多為茶樓、酒館、娼寮、妓院、煙館等娛樂場所。杜煥於《失明人杜煥憶往》憶述戰前色情事業：初抵澳門，於福隆新街妓館前賣唱片刻，輕易賺得六毫；[34] 於油麻地定居後，自謂：「一到夜間、光黑交界，嗰啲歌樂鑼鼓，在吳松街，不盡之聲既，呢啲呢真係引人快樂。我地投在油麻地，在娼寮搵食、賣唱，嗰啲生活非常豐富，嗰陣搵三兩蚊，好大資值，我地一出身十零歲，搵成兩蚊一晚。」可見妓院實杜煥主要收入來源。娼妓，乃人類古老職業之一，[35] 張柟說，娼妓制度將女性物化為商品，只要男性有錢，便可以購買，則女性僅公用的洩慾工具。[36] 如果說都市化旨為締造文明社會，那麼如娼妓般不文明的職業當取締。早在 1935 年，香港政府便全面禁娼，[37] 杜煥謂：「啱啱廢左娼，嗰陣時，我地既生

冊）（香港：三聯書店有限公司，1997 年），頁 204。

34　福隆新街是澳門中區的一條古老街道，於澳門 1940 年代禁娼前，娼妓事業於此十分蓬勃。參婁勝華：〈廿世紀上半葉澳門社會的發展與轉折〉，《行政》第 108 期（2015 年）：頁 439–452。

35　在古代，不論中西，俱有相類的宗教儀式要求女子於寺廟貢獻貞操，以示虔誠。後來這些娼妓職業化、世俗化，藉表演、賣淫等方法賺取金錢。參王書奴：《娼妓史》（臺北：代表作國際圖書出版有限公司，2006 年），頁 266。

36　張柟：《蘋果密碼——性別社會學：性別社會學》（臺北：秀威出版，2012 年），頁 172。

37　1932 年，英國政府令其各殖民地政府禁娼，港督貝璐遂宣佈西洋娼妓於 6 月 30 日後停業。並給予華人娼妓三年寬限期，允許持牌妓女繼續經營，但不發新牌照。1935 年 6 月 30 日後，正式全面禁娼。參劉蜀永：《簡明香港史》（香港：三聯書店有限公司，2016 年），頁 246。

活呢，格外貧寒。」「貧寒」源於失卻演出場地，直接影響其生計。瞽師經常賣唱的煙館，也與妓院面對相同命運。1945 年，港英政府令禁鴉片，[38] 當然，至五〇年代，如妓院般，仍有不少煙館私下經營，1955 年杜煥由澳門歸港，更曾為紅磡煙館主人收留。然而，至六〇年代，妓院及煙館等娛樂場所已然式微，由之助生的地水南音當亦難存。

另外，杜煥於《失明人杜煥憶往》第九章，述遭香港電台辭退，再度街頭賣唱：「任你街前賣唱，樓上亦冇人知，思想起來真慘切。」阮兆輝闡述該語：「那時香港已是到處高樓大廈，他在街頭演唱，樓上住客都聽不到，有誰召他上門唱曲？」[39] 該闡述符合香港的城市發展 —— 當瞽師於街頭賣唱，地水南音則為不折不扣的街頭藝術。袁瑾謂，街頭藝術即「大眾在城市公共空間進行的藝術表演行為」。[40] 惟五、六〇年代、都市化中的

38　鴉片進出口是早期香港的最大業務，一些西方商人更由之獲取不少利潤，故港英政府對之禍害視而不見，港督盧押更指煙館是「疲乏的苦力得以歇息並享受一點鴉片而富有者又得以聚集友朋、商談事務的好地方」。據統計，1906 年，全港 15 歲以上鴉片煙民達 25309 人，佔該類別總人口十分之一，情況嚴峻可知。1908 年，於多方壓力下，港英政府奉命停開煙館，後於 1931 年宣佈禁煙，1945 年更全面禁止販賣鴉片，但私煙館仍然存在。參劉蜀永：《簡明香港史》，頁 243-245；盧押語見金應熙主編：《香港史話》（廣州：廣東人民出版社，1988 年），頁 116-117。

39　〈杜煥‧一代瞽師的故事〉，2017 年 3 月 2 日擷取自「香港記憶」網站：http://www.hkmemory.org/douwun/pdf/douwun-ch1-ch.pdf。

40　袁瑾：〈當代中國街頭藝術的困境〉，《二十一世紀雙月刊》第 130 期（2012 年），頁 64。

香港，因城市發展、大廈林立，沒有提供甚至扼殺適合地水南音演出的公共空間。這種扼殺於失明人士影響尤甚，正如唐健垣憶述，於彌敦道擴建之際，杜煥連過馬路也有困難，更遑論尋找更適當的演唱地點。不過，從客觀角度分析，即使上述娛樂場所猶存，營業者、顧客或途人也未必喜歡地水南音，畢竟，影響至深者，實社會風氣及人們的藝術取向。

此外，在傳統社會中，失明人士備受歧視，可從事的職業甚少，在杜煥師傅孫生看來，賣唱地水南音是極佳謀生技能。換言之，社會接納與否左右了瞽師的來源。都市化除使六〇年代香港之建築、文化等改變，關於失明人士的福利政策亦大為改善。1956 年，為失明及弱視人士提供教育的心光書院在教育署註冊，並獲政府資助，1960 年，教育處設立特殊教育組，令盲人教育正式納入普通教育制度，即失明兒童有機會接受正規教育，再不需如杜煥般投師學藝。另一方面，香港盲人輔導會於 1956 年成立，提供多項新服務，包括點字書本製作、職業培訓等，為盲人提供更多職業選擇。[41] 六七暴動期間，曾發生盲人廠工人請願、要求改善福利事件，可見不單盲人福利及其出路於六〇年代改善，他們對自身權利的意識也有所提升；加上失卻傳統的演出場所，觀眾對傳統曲藝興趣減少，致整體賞錢不足以維生，地水南音後繼無人不難理解。

41　思明：《香港盲人走過的路：從自我覺醒到尋求突破》（香港，明報出版社有限公司），頁 98–101。

三、總結

　　南音原生型態之實貌難考，僅推測應異於繼生者，姑稱之本腔。後因各種社會原因，致大部份學習、演唱南音者俱失明人，形成了地水南音；學者慣推這種繼生型態為正宗，知之類近本腔。其特色可從三方面理解地水，即由失明人演唱、以賺取賞錢為目的，及靈活的演唱模式。

　　上世紀初，地水南音流行於珠江三角洲地區，乃大眾娛樂。本文則主要聚焦於香港，指出這種街頭表演藝術衰於六〇年代，一方面，因在城市發展過程中，瞽師失卻固有演出場地，同時由於社會保障趨完善，失明人出路增加，以演唱地水南音為業者近於無；另一方面，因大眾娛樂增加及觀眾口味改變，致難以藉地水南音討取賞錢，在無以維生前提下，促致瞽師來源減少。李妙嬋認為「社會風氣轉變和無後人承繼才是（地水南音）衰落的主因」，[42] 上文補充箇中狀況。六〇年代後，地水南音於香港以另一種型式流傳，習唱者多研究或愛好者，他們模仿已故瞽師唱腔，並主要演唱前輩遺留之經典作品，較之以往，數量大減；演出場地由公共空間、大眾娛樂場所，改為正規演出場地，且多不能自作伴奏，或由小型樂隊伴奏；演唱目的也由賺取賞錢改為推廣或純為個人興趣。這種型態與地水南音相類卻不相同，可稱之「去地水化」的南音。這種南音已漸由面向普通市民到面向知音、由娛樂到學術、由俗到雅，由大眾消遣變為小眾藝術。

42　　李潔嫦：《地水南音初探》，頁 20。

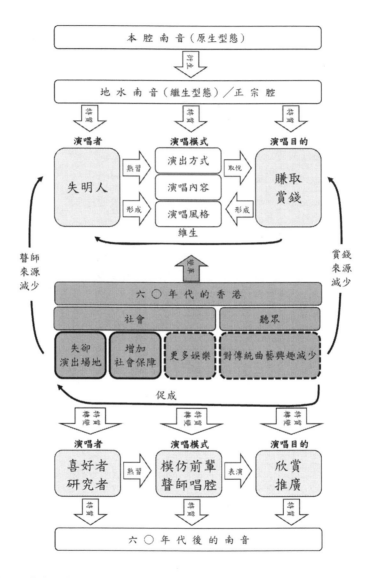

圖一：「地水南音的演變」。現將上文內容整理成此圖。

（四）社會

香港《文匯報》文藝版中的「澳門一二三」事件書寫 [1]

梁淑雯

一、引言：香港「六七」與澳門「一二三」

　　2017 年剛好是香港「六七暴動」的五十周年。在「六七暴動」發生的大半年前，一場左派政治風暴在澳門揭起序幕 ——在 1966 年 11 月 15 日因氹仔興建坊眾小學而引致澳葡警察與示威學生和民眾爆發衝突。事後，澳門左派團體的抗議行動未獲澳督表態，進而在 12 月 3 日將抗議行動升級，澳葡政府派軍警鎮壓群眾，釀成流血衝突，此稱之為澳門「一二三」事件。澳門左派團體發動制裁行動迫使澳督投降認罪。澳督嘉樂庇最後於 1967 年 1 月 29 日在澳門同胞前簽「認罪書」。[2] 研究「六七

1　本文研究成果是由香港理工大學人文學院 Dean's Reserve for Research, Scholarly and Other Endeavours (Start-up Funding for new staff members) 資助 。在論文寫作期間獲研究助理胡家晉先生以及香港大學圖書館協助，在此一併致謝。

2　張家偉：《六七暴動：香港戰後的歷史分水嶺》（香港：香港大學出版社，2012 年），頁 28–29。余汝信：《香港，1967：文化大革命漩渦中的香港》（香港：天地圖書，2012 年），頁 47、53、61。

暴動」的專家余汝信和張家偉不約而同地指出，澳門「一二三」事件給予香港左派精神上鼓舞，同時提供他們一個「練兵」機會，[3] 間接為香港「六七暴動」製造了有利因素。

本文無意從政治史角度，分析澳門「一二三」事件對香港「六七暴動」發生的影響。因為這方面前人著述甚豐，反而學界忽視從文化角度探討兩者之間的微妙關係。研究「六七暴動」的學者指出，香港左派報紙大篇幅報導澳門「一二三」事件的鬥爭勝利，來鼓動香港人反殖民政府的情緒，[4] 但卻忽視了這些香港左派報刊在報導這場政治風暴的同時，於文藝版上刊登大量以澳門「一二三」事件為題的文藝作品，作品類型包羅萬有，例如有小說、散文、詩歌、白欖、順口溜等等。雖然不同類型作品能配合不同讀者閱讀口味，但寫作方式以及所宣傳的意識形態卻是千篇一律，這種文藝創作無疑是遙遙呼應中國文化大革命時期的文藝政策。如此說來，通過討論香港《文匯報》[5] 中澳門「一二三」事件的文學書寫，不僅可以理解這份左派報紙如何以「文學」將澳門「一二三」事件經典化，從而向香港讀者灌輸文革鬥爭意識，更為重要的是，這些作品有助我們理解文革文學以及其文藝政策在香港這片英屬殖民地傳播及接受的情況。

3　張家偉：《六七暴動：香港戰後的歷史分水嶺》。余汝信：《香港，1967》，頁 53。

4　張家偉：《六七暴動：香港戰後的歷史分水嶺》，頁 29。

5　本文主要選取 1966 年 12 月 1 日至 1967 年 3 月 31 日在香港《文匯報》〈文藝〉和〈新風〉文藝版所刊載的文藝作品為討論對象。

二、小説：韋凡〈銅牆鐵壁〉與塑造英雄形象

香港《文匯報》〈文藝〉版在 1966 年 12 月 28 日，刊登了
一篇由韋凡所撰寫的小說〈銅牆鐵壁〉。韋凡利用小說重寫澳
門「一二三」事件的「革命歷史」，同時為其塑造一位以歐陽
海為樣板的英雄人物。在韋凡筆下，澳門「一二三」事件成為
了一件階級革命的英雄事跡。

韋凡將澳門「一二三」事件寫成無產階級的英雄事跡，並
非偶然，而是配合祖國的文藝創作路線的成果。張詠梅指出
1950 至 1960 年代在香港左派報刊發表的小說，基本上配合大陸
的文藝政策，當中主要以毛澤東在延安文藝座談會講話為文藝
工作的指引。[6] 除此，據本文觀察香港《文匯報》在 1966 年 5
月 22 日已刊登了一篇重要的文藝指引，這便是原載於 1966 年 4
月 18 日《解放軍報》的社論〈高舉毛澤東思想偉大紅旗積極參
加社會主義文化大革命〉，內容是關於〈林彪同志委託江青同
志召開的部隊文藝工作座談會紀要〉，[7] 提出了「文藝黑線專政
論」，大大影響到文革時期的文藝創作。除此之外，還有香港
《文匯報》在 1966 年 5 月下旬轉載了一系列批判「三家村」的

6　張詠梅：〈論香港《文匯報·文藝》副刊所載小說中的「香港」〉，《中
　　外文學》第 28 卷第 10 期（2000 年 3 月）：頁 154-155。同時參考
　　張詠梅：《邊緣與中心：論香港左翼小說中的「香港」（ 1950-67 ）》
　　（香港：天地圖書，2003 年）。

7　〈高舉毛澤東思想偉大紅旗積極參加社會主義文化大革命〉，《文
　　匯報》1966 年 5 月 22 日第 1 及 3 版。

文章，[8] 象徵着文革文藝政策在香港進一步大幅傳播。在文革文藝方針的介紹前，香港《文匯報》在 1966 年 3 月 1 日至 1966 年 7 月 13 日連載有「文革文學」的樣板小說之稱 —— 金敬邁的《歐陽海之歌》。這部長篇小說以歐陽海真人故事改編而成，寫年輕士兵以身攔截正奔向行駛中列車的馬匹，作者塑造歐陽海是「為人民服務」的無產階級英雄典型。小說被郭沫若稱讚為「是毛澤東時代的英雄史詩，是無產階級革命的凱歌，是文藝界樹立起來的一面大紅旗」。[9] 金敬邁更在小說發表後於大陸全國報刊中談及創作經歷和體會，部份文章轉載在香港《文匯報》，有刊載於 1966 年 12 月 7 日的〈破私立公，為革命而創作〉及分別刊載於 1966 年 2 月 28 日、3 月 1 日及 3 月 2 日的〈「歐陽海之歌」的醞釀和創作〉，這幾篇文章討論的核心是如何塑造英雄人物的形象。

　　誠然，如張詠梅曾略略提及，韋凡〈銅牆鐵壁〉是受到文革政治風暴影響的創作果實，[10] 而本文還想進一步強調的是，韋凡小說中的英雄人物塑造，明顯受到「文革樣板」小說金敬邁《歐陽海之歌》的影響。韋凡小說刻劃主人公冼百鍊在鬥爭時

8　姚文元：〈評「三家村」〉，《文匯報》1966 年 5 月 25 日第 1 及 3 版。高炬：〈向反黨反社會主義的黑線開火〉，《文匯報》1966 年 5 月 27 日第 1 及 2 版。何明：〈擦亮眼睛　辨別真假〉，《文匯報》1966 年 5 月 28 日第 2 版。

9　洪子誠：《中國當代文學史》（北京：北京大學出版社，2007 年），頁 174。

10　張詠梅：〈論香港《文匯報・文藝》副刊所載小說中的「香港」〉：頁 153。

快要倒下的一刻，內心吶喊着「他想起雷峰、王杰、歐陽海的英雄事跡」，[11] 韋凡在此把冼百鍊刻劃成為一個為鬥爭而奮鬥的英雄人物。塑造無產階級英雄是文革文藝的重要任務，金敬邁在〈「歐陽海之歌」的醞釀和創作〉中指出：

> 要寫好英雄，就必須寫好歐陽海是如何活學活用
> 毛主席著作的。生活在社會主義時代的歐陽海，
> 十分幸福地直接從毛主席著作中吸取了精神力
> 量，直接用毛澤東思想這一強大的精神武裝來改
> 造自己，改造社會使自己成為一個十分自覺的、
> 目標十分明確的無產階級戰士。[12]

冼百鍊便是利用「毛澤東思想這一強大的精神武裝來改造自己」。[13] 他出發到澳督府進行革命鬥爭之前，整晚在床上高聲朗讀《毛主席語錄》，學習毛思想，用毛思想觀點認清一切反動派都是紙老虎，他還教育思想落後的妹妹倩文如何讀才能真正把自己武裝起來。

> 冼百鍊認真地說：「你只會唸，像背書那樣，當
> 然得不到效果啦。你得一邊唸一邊想，聯系自己

---

11 韋凡：〈銅牆鐵壁〉，《文匯報》1966 年 12 月 28 日第 11 版。

12 金敬邁：〈「歐陽海之歌」的醞釀和創作〉，《文匯報》1966 年 3月 1 日第 3 版。

13 韋凡：〈銅牆鐵壁〉。

的思想實際，毛主席這樣說，我自己有沒有這麼
做？這樣多問問自己，就能把出差距，就會追上
去了。」[14]

對冼百鍊而言，活學活用毛語錄，內化一字一句於主體內，便
能成為革命鬥爭的力量。正如金敬邁所言，用毛思想認清客觀
世界的階級分野是不夠的，重要的是個人世界的改造過程。韋
凡接着刻劃出英雄成長的經過。當冼百鍊被爸爸問難，提到面
對抗爭逆境時，如何運用毛語錄，冼百鍊初時面有難色，爸爸
便引導兒子舉出數條毛語錄來抵抗帝國主義紙老虎，其中一條
便是屬於打倒「澳督府」的「兩條半」語錄[15]——「下定決心，
不怕犧牲，排除萬難，去爭取勝利。」韋凡在此汲取了文革樣
板小說的英雄人物塑造要訣，就是金敬邁所言「最根本的就是
要用毛澤東思想來改造自己的靈魂」。[16]

　　英雄人物的成人禮，莫過於他為群眾犧牲小我完成大我，
以體現英雄人物的思想高度。冼百鍊為了保護被澳葡法西斯警
察所打的學生，寧願犧牲自己，法西斯警察把他打得一陣暈眩。
此刻韋凡仍不忘凸出毛思想給予冼百鍊的精神力量。冼百鍊心
中默誦：

14　同上。

15　關於用「兩條本」毛語錄打倒澳葡的說法，可參見周奕：《香港左派
　　鬥爭史》（香港：利文出版社，2002 年），頁 216。

16　金敬邁：〈破私立公，為革命而創作〉，《文匯報》1966 年 12 月 7
　　日第 12 版。

> 「不能倒下！不能倒下！」一個轟雷似的聲音在
> 他的腦裏響起來。他想起雷鋒、王杰、歐陽海的
> 英雄事跡，想起千千萬萬個在敵人面前英勇不
> 屈，頑強戰鬥的英雄人物；毛主席的教誨使他挺
> 起腰板。冼百鍊終於沒有停倒下。[17]

這確實與歐陽海在以身攔截列車時聽到了「毛主席的教誨」[18] 以及「五年來部隊首長諄諄告誡」，[19] 與「為人民利益而死，就比泰山還重。」[20] 的召喚有異曲同工之妙，目的便是刻劃一位共產階級的英雄化身，他不僅是階級化身，還必須以毛思想裝備自己，在鬥爭時活學活用毛語錄。[21] 小說結尾直接引用毛語錄：「真正的銅牆鐵壁是甚麼？是群眾，是千百萬真心實意地擁護革命的群眾。」[22] 冼百鍊最後與群眾組成銅牆鐵壁對抗澳葡。沒有像歐陽海為群眾犧牲性命，冼百鍊的英雄成人禮體現為，自身便是活學活用毛語錄的最佳示範。這裏韋凡除了把冼百鍊刻劃成為群眾的階級英雄，還要再次向讀者宣傳毛語錄是最重要的鬥爭工具。

　　韋凡在刻劃小說的英雄人物形象時，某程度與金敬邁的創

17　　韋凡：〈銅牆鐵壁〉。

18　　金敬邁：〈歐陽海之歌〉。

19　　同上。

20　　同上。

21　　同上。

22　　同上。

作指南及小說有對應之處，但在描寫英雄人物的鬥爭對象之時，韋凡便回到澳葡這個殖民地語境之上。〈銅牆鐵壁〉故事講述澳門「一二三」事件的前因後果，重寫革命歷史，時間點以1966 年 11 月 15 日為始，記載澳門離島氹仔市因坊眾興建學校而發生騷動，警察最後出動防暴隊鎮壓。最終警察和學生在 12月 3 日於總督府門前再次發生嚴重衝突。換上殖民地語境的幕布，冼百鍊所面對的階級敵人是澳葡政權，顯然與歐陽海所面對的有不同。小說開始略述澳葡警察在 1966 年 11 月 15 日的惡行後，便追溯澳葡殖民統治對人民的壓迫。由冼百鍊的父親冼木匠講起家族史，祖父是氹仔小販，某天被澳葡警察以莫須有罪名活活迫死。祖父臨終的報仇遺言，所報的不僅是家仇，更多的是國恨 —— 澳葡殖民者對被殖民者的壓迫，而這壓迫一直延續至今，被澳葡阻止興建一所愛國學校。然而，這不能被簡化為愛國主義的表現，毛澤東時期的愛國主義背後還包括階級思想，[23] 故此，打倒澳葡政權，更廣義來說還是一種彰顯階級愛國主義的表現。

〈銅牆鐵壁〉對澳葡的角色刻劃基本上沒有脫離香港《文匯報》報導的論述框架：《文匯報》在 1966 年 12 月 4 日頭版報道指澳門「一二三」事件是「澳門葡萄牙殖民當局今（三日）有準備、有計劃、有預謀地再一次變本加厲對澳門中國同胞進行血腥屠殺」，指揮這次行動的警察廳長是「帝國主義分子傅

23　黃寬裕指出毛澤東時期的愛國主義是以階級民族主義為主軸。黃寬裕：《論中國大陸愛國主義教育 —— 後殖民與民族主義》（臺灣：國立政治大學東亞研究所博士論文，1995 年），頁 141–143。

基利」，[24] 報導中突出了人物面譜，大力醜化澳葡殖民政府為紙老虎，並集中描寫學生英勇的面貌，以及學生如何以毛語錄作為鬥爭工具。而在〈銅牆鐵壁〉這篇小說中警察廳長傅基利便擔當了製造血案的角色。韋凡鉅細無遺地寫傅基利設計打記者、用水車鎮壓學生、指揮警察用膠棍打學生，特別是「早有預謀的法西斯警察在傅基利的指揮下，分成三隊，各就各位地站在二樓梯口、樓梯轉角處和地下梯口」。[25] 由此可見，韋凡對於澳葡警察的刻劃補充了澳門「一二三」事件的各種細節部份，並且將象徵着毛澤東思想勝利的場景 —— 冼百鍊一家與群眾組成銅牆鐵壁，活靈活現地展示讀者眼前。這種以小說再現革命，順利地通過小說敘述縫合意識形態的空隙，為讀者安裝了一種鬥爭的欲望。

三、散文：王翼〈澳門心影〉與召喚鬥爭記憶

如果韋凡小說是負責重構歷史現實的話，那王翼散文則是擔當了召喚鬥爭記憶的角色。王翼〈澳門心影〉緊接韋凡〈銅牆鐵壁〉刊登在 1967 年 1 月 18 至 25 日的〈新風〉文藝版。文中以遊記角度出發，記錄香港人踏上澳門氹仔這片土地的所見所聞。這些見聞是各種關於澳門「一二三」事件的小人物小故事，有氹仔失學文盲的工人、鏡湖醫院捨己為人的白衣天使、

24　〈新澳督親自策劃／警廳長布置指揮／澳葡軍警悍然開槍屠殺／我同胞傷亡逾百五十人／實行宵禁竟出動坦克鎮壓／還下令拘捕現場港澳記者〉，《文匯報》1966 年 12 月 4 日第 1 版。

25　韋凡：〈銅牆鐵壁〉。

澳門華人學習毛語錄的情況，不論何種故事，目的只有一個，便是召喚鬥爭記憶的血和恨。在第四節的〈海鷗在飛〉體現了這種召喚是通過特定時空場景的見證來完成的：

> 南灣傍海的路上，大步一樹，構成了優美的情調。
> 香港沒有這樣美麗的馬路，想像黃昏後在這條路
> 上悠閒地散步，那是多麼愜意的事情。——但是，
> 停止你那寫意的想像吧，站住，站住，這裏的景
> 色為甚麼那麼熟悉？原來這次鬥爭中那張博得人
> 人讚許的照片 —— 一位教師正氣凜然地戟指指
> 責揮棍襲來的殘暴的澳葡警察 —— 就是在這個
> 地方攝得的。[26]

香港與澳門雖然擁有同樣的海灣，但此海灣不同彼海灣，顯然澳門的海灣是經歷了鬥爭的洗禮。

除了「典型場景」外，還配合「典型人物」的塑造來向讀者呼喊不要忘記鬥爭。文中主要刻劃兩位「典型人物」：「鄉村女教師」和「白衣天使」。教師這種階級身分在大陸文革的語境之中，是為批判對象，但鬥爭場景換上了澳門「一二三」事件的幕布後，在坊眾愛國學校任教的「鄉村女教師」便成為學習的模範對象。王翼除了仔細寫出女教師對工作的熱情專業外，可能也深明這種階級身分的尷尬性，特別強調她堅持為丕

26　王翼：〈澳門心影　五、海鷗在飛〉，《文匯報》1967 年 1 月 22 日第 6 版。

仔勞動群眾服務的一面，教授愛國思想，對抗蔣幫學校思想上的文盲。相對教師人物塑造的難以入手，護士這個角色人物則較為得心應手，文中「白衣天使」顯然按照毛主席歌頌的白求恩醫生形象來打造：

> 毛主席的語錄在鏡湖醫院的員工們心中閃着光芒。他們想到，應該像白求恩大夫一樣的極端負責；想到為人民而死，就是死得其所。[27]

所以王翼利用以下捨己為人的場景為「白衣天使」加冕：「在槍口之前，救護人員，挺起胸，走過去！」。[28]

這種散文「場景化」的風格，其實是受到左派文藝路線影響。洪子誠指，戲劇在文革文學中佔據着領導地位，促使戲劇對其他文學類型的創作產生影響，主要體現為詩歌、小說、散文「場景化」以及人物設計「角色化」，將文學路線向戲劇靠攏，藉文本再現敵我對立的世界觀。[29] 從上文可見，在「鄉村女教師」和「白衣天使」這兩個角色人物設計的背後，是沿着某種矛盾來開展的。「鄉村女教師」所要批評的是澳葡落後的教育課程；「白衣天使」的矛頭指向澳葡醫療草菅人命。王翼建構這個兩極矛盾的戲劇世界，使讀者重返鬥爭現場，召喚鬥爭記憶的血和淚，背後的目的在於在這個關鍵時刻——「一二三」

27　同上。

28　同上。

29　洪子誠：《中國當代文學史》，頁 168。

事件後一個月 —— 澳督遲遲未簽「認罪書」之際，[30] 再鞏固意
識形態，在香港為澳門輿論喊話。

四、詩歌、説唱藝術與歌頌鬥爭勝利

除了小說和散文外，香港《文匯報》還刊登了關於澳門
「一二三」事件的順口溜、白欖、和詩歌。這些作品集中發表
在 2 月初這段澳督簽署「認罪書」後的時期，來歌頌澳門
「一二三」事件的勝利，以達至 s 政治意識形態宣傳的效果。
這批作品主要有短詩〈啊！我親愛的同胞〉（1967 年 2 月 1
日）、短詩〈難忘的「一二‧三」〉（1967 年 2 月 1 日）、白
欖〈澳門同胞真英勇〉（1967 年 2 月 3 日）、順口溜〈澳門同
胞讚〉（1967 年 2 月 17 日）、廣東方言三句半〈大姑媽 ——
英雄一詠〉（1967 年 3 月 18 日）。它們具有紅衛兵詩歌套語式
的寫作特點。[31] 這些作品運用陳腔修辭和相同敘事邏輯，來書寫
澳門「一二三」事件。在這些作品之中有三種人物形象的修辭
是固定不變：銅牆鐵壁的群眾、紙老虎的反動派、英勇形象的

30　余汝信指「香港《文匯報》稱為了迫使澳葡當局低頭服罪，下午舉
　　行的澳門各界代表大會在強烈的戰鬥氣氛中，一致通過了制裁小組
　　建議，由 25 日起，『澳同胞實施對澳葡當局第一步制裁行動。』」
　　余汝信：《香港，1967：文化大革命漩渦中的香港》，頁 67。

31　王家平：《文化大革命時期詩歌研究》（開封：河南大學出版社，
　　2004 年），頁 148。

師生。止牛〈澳門同胞真英勇〉是集中描寫師生同胞的詩作，詩中開首歌頌「澳門同胞真英勇／澳門同胞確威風」，[32] 又如連廣宇〈澳門同胞讚〉「澳門同胞好榜樣／英雄事跡說不完」。[33] 相比這兩首作品對同胞歌頌變得僵化，范楨的〈啊！我親愛的同胞〉可說是為套語式思維增添了半分色彩。范楨的詩作開首樹立一位擁有「一雙專砸狗頭的鐵拳」，[34] 而且面對豺狼般的敵人還面無懼色的人民英雄形象。接着，作家形容這次英勇革命事跡如「勁風吹向四面」，詩歌結尾才以直接呼告，以進一步奠定同胞勝利的光榮：「光榮啊！我親愛的同胞。」、「向您們致敬啊！我親愛的同胞。」。[35]

雖然江思揚的〈難忘的「一二・三」〉與〈澳門同胞讚〉、〈澳門同胞真英勇〉和〈大姑媽 —— 英雄一詠〉同樣以毛語錄「一切反動派都是紙老虎」[36] 來概括澳葡形象，但江思揚還是多寫了幾筆「一句句憤怒的責問／像一枝枝銳利的箭／射向敵人黑毒的心」[37] 揭示嘉樂庇無恥的一面。但只要談到群眾形象的塑造，這些作品基本上不脫「群眾是銅牆鐵壁」的困囿，這種套語思維出自毛主席說「真正的銅牆鐵壁是甚麼？是群眾，是

32　止牛：〈澳門同胞真英勇〉，《文匯報》1967 年 2 月 3 日第 9 版。

33　連廣宇：〈澳門同胞讚〉，《文匯報》1967 年 2 月 17 日第 6 版。

34　范楨：〈啊！我親愛的同胞〉，《文匯報》1967 年 2 月 1 日第 11 版。

35　同上。

36　中國人民解放軍總政治部編印：《毛主席語錄》（中國：中國人民解放軍總政治部，1966 年），頁 66。

37　江思揚：〈難忘的「一二・三」〉，《文匯報》1967 年 2 月 1 日第 11 版。

千百萬真心實意地擁護革命的群眾。」[38]江思揚〈難忘的「一二‧三」〉在群眾面目刻劃方面，相對表現得沒有那麼機械化：「衝不破愛國師生手扣手築成的銅牆」、「工人舉起鐵拳／懲罰那罪惡的軍警」。[39]還有一點值得補充的是，江思揚的〈難忘的「一二‧三」〉敘述成份較多，氣勢磅礡的開首講述「一二三」事件的發生情況：

> 這天澳葡軍警毒打了我們的同胞；
>
> 這天澳葡軍警屠殺了我們的親人。
>
> 這天愛國師生的鮮血染紅了『「督府」；
>
> 這天澳門同胞的鮮血濺滿了大街小巷。

作家還將「這天」對照一次難忘的旅行和嚴峻的考驗，「這天」是與別不同獨一無二的，因為「這天」銘寫了人民用血和淚換來的勝利。雖然表現「這天」的手法有別，但書寫「這天」的內容卻沒有離開香港《文匯報》輿論對澳門「一二三」事件的敘述邏輯。由此可見，這些作品中套語式的修辭，背後反映着這種澳門「一二三」宏大敘述對文藝寫作的無形操控，反過來創作這種套語式歌謠，進一步將澳門「一二三」事件的宏大敘事加以符號化，以便成為香港讀者群眾在街頭巷尾的口號。

口號式寫作同樣是這幾首作品的創作特色。雖然江思揚的〈難忘的「一二‧三」〉仍保留詩化語言，但文中有直接引用戰勝澳葡的「兩條半」毛語錄。而上述提到的順口溜、白欖等

38　　中國人民解放軍總政治部編印：《毛主席語錄》，頁 80。

39　　江思揚：〈難忘的「一二‧三」〉，《文匯報》1967 年 2 月 1 日第 11 版。

作品，行文根本如同政治口號，內容就是宣傳文。例如，連廣宇的順口溜〈澳門同胞讚〉將戰勝澳葡「兩條半」毛語錄「下定決心，不怕犧牲，排除萬難，去爭取勝利！」[40] 交織在七言的文句之中：「關心下一代成長，／排除萬難辦學校，／培養祖國的棟樑」。[41] 這種直接取材自毛語錄的情況，在大陸紅衛兵詩歌創作可說是常見現象，這樣使作品更見口號化，有利政治宣傳。[42] 而本身利用順口溜這種具節奏感的打油詩來宣傳，更是文革詩歌的常見表現形式，最具代表性有由江青在天津組織創作的《小靳莊詩歌選》，便是以順口溜形式書寫的宣傳韻文。[43] 除了出版連廣宇的順口溜外，香港《文匯報》還刊登了止牛的白欖〈澳門同胞真英勇〉，全文引錄如下：

> 澳門同胞真英勇，
> 澳門同胞確威風。
> 各行各業大團結。
> 鬥到葡帝面青又面懵。
> 令到呢個老牌嘅殖民帝國。
> 跌落人民群眾的汪洋大海中。
> 舉起盾牌和膠棍 不中用。

40　中國人民解放軍總政治部編印：《毛主席語錄》，頁 157。

41　連廣宇：〈澳門同胞讚〉，《文匯報》1967 年 2 月 17 日第 6 版。

42　洪子誠：《中國當代文學史》，頁 178；土家半：《文化大革命時期詩歌研究》，頁 23。

43　洪子誠：《中國當代文學史》，頁 179。

出水龍車及機關槍　亦無用。

再嚟咽的裝甲和坦克　一樣係飯桶。

紙扎嘅老虎點能顯神通。

澳門同胞舉起紅光閃閃嘅寶書。

邊個話中國人民係五分鐘熱度。

邊個話中國人民係散沙一桶。

團結一致，提高思想，結果就成功。

呢啲力量來自

我地嘅偉大領袖毛澤東

活學活用毛澤東思想就萬事通！

萬事通！ [44]

這首作品雖然也是政治宣傳文，但巧妙地運用了廣東話，使唸白變得生動鬼馬，而且文中雙句押粵音「ung」韻母：「風」、「懵」、「中」、「用」、「桶」、「腫」、「東」、「通」，節奏鏗鏘，容易令人琅琅上口。還有一首亦是以廣東話入詞——茹愛東的廣東方言三句半〈大姑媽——英雄一詠〉：

甲：姑媽睇見全不懼，

乙：腦中想起毛主席話：

丙：一切反動派都是紙老虎！

丁：駛乜怕！ [45]

44　止牛：〈澳門同胞真英勇〉，《文匯報》1967 年 2 月 3 日第 9 版。

45　茹愛東：〈大姑媽——英雄一詠〉，《文匯報》1967 年 3 月 18 日

首三句甲乙丙三人每人一句,最後半句用廣東話「駛乜怕!」,雙句「話」與「怕」押粵音「aa」韻母。這些節奏感強的宣傳文,有效提高宣傳效果,而且以廣東話入文,令這些說唱藝術作品走得更遠。簡言之,這些篇幅短小的作品,雖然沒有小說的篇幅重寫歷史、沒有散文的場景召喚回憶,卻以緊張節奏、急促句法、高昂情感,激起群眾因澳門「一二三」事件勝利的鬥爭熱情。

五、結語:澳門「一二三」事件的「文學」與「新聞」

　　香港《文匯報》在1966年12月4日的頭版報導標題是「新澳督親自策劃　警廳長布置指揮　澳葡軍警悍然開槍屠殺　我同胞傷亡逾百五十人　實行宵禁竟出動坦克鎮壓　還下令拘捕現場港澳記者」。[46]這五十六字概括了香港《文匯報》對澳門「一二三」事件的論述,及後報導基本上不脫離這敘述基調,包括在文藝版刊登的文學作品。如此論述成為了上述幾篇文學作品的基本題材,影響其敘事策略、意象構造以及人物塑造等方面。與此同時,細心對照上述討論的文學作品的刊登時間與澳門「一二三」事件的發展情況,還會發現這些小說、散文、詩歌、白欖發揮其文學功能,參與建構左派對澳門「一二三」事件的宏大敘事,來完成意識形態的宣傳任務。

　　故此,這批文學作品在香港所承擔的政治任務實在是舉足

第9版。

46　〈新澳督親自策劃 警廳長布置指揮 澳葡軍警悍然開槍屠殺 我同胞傷亡逾百五十人 實行宵禁竟出動坦克鎮壓 還下令拘捕現場港澳記者〉,《文匯報》1966年12月4日第1版。

輕重。它要為澳門「一二三」事件，塑造一位如同歐陽海般的無產階級英雄；構築一個階級矛盾的鬥爭場景，還有編寫民間歌謠和提出政治口號。換句話說，香港《文匯報》有意將一套文革文藝的模式，通過文學實踐移植到香港這片英屬殖民地上，作為反帝反殖的鬥爭工具。當中這份左派報紙轉載了甚麼文藝策略、挑選甚麼文學作品，還有香港作家的接受與創作困難等等問題，都是香港六〇年代文學傳播無法迴避的重大議題，而本文作出上述初步窺探，望能拋磚引玉，以期開拓香港在冷戰格局下的文學傳播的多元面貌。[47]

47　相對於現代主義文藝在香港報刊傳播所獲得的重視，文革文藝在香港報刊傳播仍未獲得學界的全面關注，對後者的討論及研究，有助我們更全面地理解香港在冷戰格局下的文學傳播版圖。

六六天星、六七暴動與香港文學

黃淑嫻

一、前言：重遇 1967

　　六七暴動在香港二十世紀六〇年代發生，距離現在有五十多年了。雖然已經過了半個世紀，但在 2009 年出版的一本有關此課題的專書，編者在前言中以「過期的計劃」（overdue project）形容六七暴動的研究，[1] 帶點自嘲的意味。作者認為六七暴動這樣重要的社會歷史事件，應該一早便有更多的研究。幾本有關六七暴動的專書都是在這十多年內出版的。[2] 2017 年是六七暴動的五十週年，此時此刻，香港與 1967 重遇不光是社會研究或歷史研究專家，或者是個別

1　Ray Yep and Robert Bickers, "Studying the 1967 Riots: An Overdue Project," in Robert Bickers and Ray Yep eds., *May Days in Hong Kong: Riot and Emergency in 1967* (Hong Kong: Hong Kong University Press, 2009), 1.

2　例如張家偉：《香港六七暴動內情》（香港：太平洋世紀出版社，2000 年）；Robert Bickers and Ray Yep ed., *May Days in Hong Kong: Riot and Emergency in 1967*; Gary ka-wai Cheung, *Hong Kong's Watershed: The 1967 Riots* (Hong Kong: Hong Kong University Press, 2009)；張家偉：《傷城記：67 年那些事》（香港：火石文化：2012 年）；沈旭暉編：《1967：國際視野的反思》（香港：天地圖書，2015 年）。還有一些過來人的回憶錄等。

學術研究者的事情，如果我們細心觀察、放眼張望，在這幾年間，香港不同界別的藝術家，曾以不同藝術媒體都重新審視六七暴動，這是非常有趣而重要的現象。

文學創作方面，陳浩基在 2014 年出版長篇推理小說《13．67》，[3] 書的名字已帶出作者的意圖，嘗試從當下的香港連起六七暴動的香港。此書獲得 2015 年臺北國際書展大獎，引來世界各地推理文壇的注意。在流行文學以外，陳慧寫於 2013 年夏天的短篇小說〈日光之下〉[4] 也是以六七暴動為背景。小說是一女二男的故事，寫出當時中產家庭與社會主義分子之間對社會的不同看法。另一位香港重要作家黃碧雲，她的長篇小說《盧麒之死》，主角盧麒是捲入六六年的社會運動中的真實人物，在現實中最後被發現在家裏上吊自殺。[5]

在文學以外，電影有更爭議性的嘗試。羅恩惠執導的記錄片《消失的檔案》在 2017 年放映，因為得不到電影院和香港國際電影節的支持，導演和她的團隊努力在大學和社區巡迴放映。記錄片在四年拍攝的過程中，導演找到了當年國務院外事辦公室港澳組副組長吳荻舟的筆記，指出當時的大陸政府對六七暴動進行指示的一些細節，這是記錄片最敏感的部份。另外，趙崇基執導的劇情片《中英街一號》亦在 2017 年拍攝完成。電影在 2018 年的大阪亞洲電影節首映，更獲得最優秀作品大賞，導演在訪問中提到電影從資金籌劃到發行

3　陳浩基：《13．67》（臺北：皇冠叢書，2014 年）。

4　黃仁逵、陳慧、王良和、林超榮、區家麟、麥樹堅、韓麗珠合著：《年代小說：記住香港》（香港：Kubrick，2016 年），頁 39-66。

5　黃碧雲：《盧麒之死》（香港：天地圖書，2018 年）。

放映都處處碰壁。[6]《中英街一號》的電影劇本早已出版，故事拼湊六七暴動和 2014 年的雨傘運動後的香港，[7] 相同的演員分別飾演兩個年代主要的人物，從而對比兩個時代、兩場動亂的年輕人。從一些宣傳物看到，還有一部有關六七暴動的電影名《五月》，由黎文卓導演，但電影沒有公映。[8]

在此以外，一條褲劇團在 2017 年 10 月 20 至 22 日重演舞台劇《1967》。該劇在 2014 年首演，故事以多角色、多角度的敘事方法，重訪幾個暴動的重要場景。另外，香港藝術家梁志和在刺點畫廊（Blindspot Gallery），舉辦了名為「那是有又沒有」的展覽[9]，整個展覽以六七暴動為啟發點，結合史料的研究，展出藝術家的跨媒體創作。在民間教育方面，香港教育專業人員協會（教協）舉辦了名為「六七暴動的回顧與反思」的課程，[10] 課程分為四講，八個部份，每次都有講授和外出導賞的活動，筆者也有參加。

以上種種的活動，可以看成為是對香港六〇年代的動亂的回應，但有趣的是這「回應」同時夾雜了香港人對當今香港情況的看法，觸發了藝術家對六六天星和六七暴動有更多的反思。六七暴動是歷史事件，它的複雜性讓不少藝術家視為立足點，思考 2014 年及之後香港的亂局。在以上的作品中，我們可以看到藝術家對於暴動有不

6　梁仲禮：〈專訪《中英街一號》導演趙崇基〉，《明報》(2018 年 3 月 9 日)，D1 版。

7　趙崇基、謝傲霜編：《中英街一號》(香港：火石文化，2015 年)。

8　在一條褲製作的舞台劇「1967」的表演場刊中看到，2017 年 10 月 20 日至 22 日，最後一頁。

9　展覽日期是 2018 年 1 月 23 日至 3 月 10 日。

10　課程從 2016 年 10 月 29 日至 2017 年 1 月 21 日。

同的切入點，例如從中產階層敘事的〈日光之下〉、較多描寫左派分子的《中英街一號》和探討西方文化影響的「那是有又沒有」展覽等等。

六七暴動始於 1967 年 5 月份的新蒲崗香港人造花廠勞資糾紛，但研究者一般都把六七暴動的前奏推前到 1966 年的天星小輪加價事件，當中引發絕食示威、騷動和宵禁。[11] 一些社會政治研究者，會把六六與六七連起來討論。[12] 加上大陸文革的開始和澳門一二三事件，在 1967 年 5 月前，香港已經開始出現動亂的氣氛。本文討論在六六年至六七年間發表的三篇小說作品，捕捉當時動亂的氣氛，包括方龍驤（1928–2007）的〈迷失的晚上〉（1966）、[13] 劉以鬯（1918–2018）的〈赫爾滋夫婦〉（1966）[14] 和蔡炎培（1935–）的〈鎖鑰〉（1967），[15] 三篇小說都在不同的層面上指涉六六天星或六七暴動。本文從殖民、國族和本土的角度出發，分析作品對動亂的立場，從複雜多義的文

11　張家偉：〈六七暴動的前奏〉，《六七暴動：香港戰後歷史的分水嶺》（香港：香港大學出版社，2013 年），頁 19–37。

12　例　如 Ian Scott, "The 1966-1967 Riots and Their Aftermath," *Political Change and the Crisis of Legitimacy in Hong Kong* (London: Hurst & Company, 1989), 81–126.

13　方龍驤：〈迷失的晚上〉，鄭慧明、鄧志成、馮偉才編：《香港短篇小說選：五十年代至六十年代》（香港：集力出版社，1985 年），頁 73–85。

14　劉以鬯：〈赫爾滋夫婦〉，鄭慧明、鄧志成、馮偉才編：《香港短篇小說選：五十年代至六十年代》，頁 139–147。

15　蔡炎培：〈鎖鑰〉，也斯編：《香港短篇小說選：六十年代》（香港：天地圖書，1998 年），頁 279–290。此小說也有收入《香港短篇小說選：五十年代至六十年代》。

學作品了解暴動的不同詮釋。一般討論六七暴動與香港文學，只會集中在劉以鬯的著名作品〈動亂〉(1968)，以下討論的三篇小說是比較少受評論人注意的，希望借此能擴闊此課題的討論範圍。

二、殖民、國族與本土

一九五〇年代的香港，市民經歷了走難的痛苦，來到香港這片沿海的地方，希望可以休養生息。那個年代大部份市民都是貧窮的，在殖民地的統治下，日常生活又充滿不公平的對待，[16] 但相對於走難的歲月，五〇年代的香港仍然是一個較平靜的年代。香港在一九五〇、六〇年代經歷了兩次社會動亂，第一次是 1956 年的暴動，俗稱「雙十暴動」。當時在雙十節期間在李鄭屋邨掛滿了「青天白日滿地紅」旗幟，有職員把旗幟撕去而引起一些市民的不滿，隨而引發動亂和香港戰後首次戒嚴的出現。這次暴動死傷人數不少，包括 59 人死及 443 人傷，以及 6000 人被捕。[17] 1956 年暴動的影響一般認為不及六七暴動來得廣泛，而且討論也相對較少。在文學方面，南來

---

16   James Hayes 五〇年代開始在香港政府工作，他之後寫了不少有關香港歷史的文章，以下這篇是特別談到五〇年代英國人和香港人的隔膜，用了不少生活的例子，值得參考。James Hayes, "East and West in Hong Kong: Vignettes from History and Personal Experience," in Elizabeth Sinn ed., *Between East and West: Aspects of Social and Political Development in Hong Kong* (Hong Kong: Centre of Asian Studies of University of Hong Kong, 1990), 7–24.

17   Hong Kong Government, *Report on the Riots in Kowloon and Tsuen Wan, Oct 10th to 12th, 1956, together with Covering Despatch dated the 23rd December, 1956, from the Governor of Hong Kong to the Secretary of State for the Colonies* (Hong Kong: Hong Kong Government Press, 1956), 44–54.

作家馬朗的短篇小說〈太陽下的街〉（1956）的場景就是 1956 年的暴動，故事講述一個年輕男子，他在生活和感情上，處處受到殖民地社會的欺壓。小說開始的時候，他不是有意識地參加暴動，但在人群中失去理性。小說對暴動人群是有批評的。馬朗是南來文人，從小說中也可以看到他對香港社會的距離感，同時又對香港大眾對社會事件的冷漠不無諷刺。馬朗是詩人，他以意象入小說，令〈太陽下的街〉成為一篇異常精彩的現代主義作品，是香港文學的代表作，收在多本香港文學結集中。這是 1956 年的暴動與香港文學的一次重要的相遇。小說當然不認同殖民的管治，但對香港人也有批評，包括一些失去理性的香港人及一些冷漠的香港人，可以看到一位外來者對當時香港的看法。

六七暴動是較複雜的事件，有不少部份到現時為止還未定案，本文以下只能扼要地介紹。在六七暴動前一年，香港因天星碼頭加價五仙而引發動亂，不少六七暴動的研究者都視這事件為六七暴動的前奏。[18] 1966 年 4 月 4 日，二十五歲的年輕人蘇守忠穿着「絕飲食，反加價」的外套到天星碼頭現場絕食示威，得到十一名青年支持加入行動，其後被警方拘捕，控告「阻街」罪，事件引發大規模的騷動，政府頒布宵禁令，1465 人被捕，一人死亡。[19] 這事件展示了香港市民（尤其年輕一代）對殖民地政府管治的不滿，把社會問題以動亂的姿態展示出來。本文下一節討論的小說〈迷失的晚上〉便是以這事

18　本節對六七暴動的簡述，主要參考了張家偉：《六七暴動：香港戰後歷史的分水嶺》。

19　張家偉曾訪問蘇守忠，他回憶說當年對殖民統治很不滿，他是受到甘地的非暴力抗爭的理念而絕食的。見張家偉：《六七暴動：香港戰後歷史的分水嶺》，頁 21。

件為背景。

　　天星碼頭事件的發生主要是香港民生問題，但一個月後，中國大陸爆發文化大革命，讓六七暴動在本土勞資問題以外，加上濃濃的政治色彩。一般史家認為 1967 年 5 月 6 日新蒲崗香港人造花廠工人事件是六七暴動的爆發點，當時工人不滿資方的紀律安排，而資方辭退了九十二人，令工人不滿。當天工人聚集於工廠門口，阻止工廠出貨，有學生加入抗議，警方的防暴到場鎮壓。之後，不少工會加入行動，陸續組織鬥委會，左派機構加入支持。[20] 港英與示威人士有很多對峙的場面，其中較重要的是 5 月 22 日的中環花園道的血腥鎮壓，警方以催淚彈、警棍驅散示威者，在現存的圖片中我們可以看到傷者情況嚴重。當時香港市民一直對於港英政府不滿，對示威者有同情，但直至以下兩件事情的發生，坊間開始把矛頭指向左派搞亂香港治安。首先是 8 月 20 日一對小姊弟在北角被土製炸彈炸死，當時有很多真假炸彈放置在不同地方，造成社會不安。這次誤殺無辜的小孩子，令社會嘩然。另外，在 8 月 24 日商業電台的播音員林彬與堂弟在回電台工作途中被汽油彈燒死，林彬經常在電台批評左派，所以引來不少人認為他的死是左派策劃的。從 1967 年的 5 月到 12 月，香港發生戰後最大規模的動亂，港英政府稱為「六七暴動」，而左派稱為「反英抗暴」，港英政府視此為中共對香港管治的威脅，而中共則以反殖民之名支持暴動。

　　香港在六七暴動後，港英政府曾打算放棄香港的管治，在英國

20　張家偉在《六七暴動：香港戰後歷史的分水嶺》寫道：「六七暴動的關鍵，在於中共官方是否全力支持左派發動騷亂。」（頁 175），而羅恩惠的記錄片《消失的檔案》的爭議性便是她拿到了一位當時中共領導人的日記，當中清楚寫到中共對香港六七暴動的控制。

的檔案處仍然可以查到相關的文件。張家偉的《六七暴動：香港戰後歷史的分水嶺》其中一章是「英國政府的撤退計劃」，把英國當時撤退的計劃詳細羅列出來。另外，專門研究香港與英國關係的學者麥志坤，他在一文中曾提出一個問題：為何港英政府會在 1969 年末還在思考撤離呢？他認為是當時英國有脫亞進歐的慾望。[21] 然而，英政府最後還是留在香港，反守為攻，開啟一系列的城市發展和社區活動，目的讓香港人認同香港是我家，遠離對中國國族的認同。例如香港工業總會在 1967 年 10 月 30 日至 11 月 5 日舉辦了「香港週」，提倡用香港貨。香港政府在 1969 年舉辦「香港節」，有流行音樂會等，特別吸引年輕人觀眾，有心以大眾娛樂來調和暴動的氣氛。 1995 年香港藝術中心舉辦了「香港六十年代：身分、文化認同與設計」展覽，由何慶基策劃，這是一個非常有意思的展覽，在回歸前夕展出一九六〇年代的民間小物品，作為反思回歸的大論述。在場刊中，田邁修寫道六七暴動後的香港政府舉辦的多項活動，是一種由殖民政府設計出來的西化身分，一種新的香港身分，目的是遠離國族主義。[22]

羅永生在〈（晚）殖民城市政治想像〉一文以更批判的角度看殖民、國族與本土的複雜關係。他指出六七暴動後的本土身分，是以生活為本的身分認同，實與殖民地統治緊扣，作為抗衡認同中共的

21　Chi-Kwan Mark, "Development without Decolonisation? Hong Kong's Future and Relations with Britian and China, 1967–1973," *Journal of the Royal Asiatic Society* 24.2 (April 2014): 315–335.

22　Matthew Turner, "60s / 90s: Dissolving the People," Matthew Turner and Irene Ngan eds., *Hong Kong Sixties: Designing Identity* (Hong Kong: Hong Kong Arts Centre, 1995), 13–34.

手段。羅永生認為,一九六〇年代所建構的本土身分只是一種地方(place)的想像。[23] 我想最能代表的是一九七〇年代的港台電視劇《獅子山下》,由羅文主唱的主題曲成為了香港人的「城歌」,當中歌詞中寫道我們香港人活在同一地方,雖然生活不理想,但大家一起捱下去吧。我們可以理解當年香港基層的生活困苦,香港人常掛在口邊的「搵食」,[24] 成為了最重要的事情,然而這種以「搵食」為生活的理想,把其他較高層次的理想都不重視了,香港人希望學好英語,爬上社會階梯,對歷史、社會和政治冷感,這其實跟隨了港英政府為香港設計的實用經濟城市的模式。

　　六七暴動衍生了本土的身分,讓「香港人」這名詞開始普及。田邁修和羅永生都應為這是政府主導設計的香港身分,香港作家也斯曾回應田邁修的意見,他認為田邁修的觀點在工藝品設計和時裝設計方面較有說服力,如果在其他的藝術形式,例如文學與電影,或會見到對香港身分較複雜的處理。[25] 也斯以七〇年代的電影和文學回應及補充田邁修的說法,他認同六七暴動後的香港身分是由殖民地政府主導,但他認為香港本土作家或導演不一定符合當時港英政府所設計的香港身分。

　　田邁修的評論以設計藝術為本,羅永生的評論以社會政治為本,他們對六七暴動後本土身分的形成,作為一種殖民地的策略,刻意遠離中國的影子,以現代都市的前景讓香港人一心打造經濟都市,

---

23　羅永生:〈(晚)殖民城市政治想像〉,馬傑偉、吳俊雄、呂大樂編:《香港文化政治》(香港:香港大學出版社,2009 年),頁 44。

24　粵語「搵食」是「餬口」的意思。

25　也斯:〈都市文化與香港文學:歷史、範圍與論題〉,《城與文學》(杭州:浙江大學出版社,2012 年),頁 15。

讓香港人忘卻更多有理想、有創意的事情。我是很同意他們的說法，文化評論正確地指出香港普遍的問題，然而，也斯在文章提醒我們：

> 我們亦必須自覺歷史並非僅由重大的歷史事件或年
> 份構成，個人的心理亦非僅遵從重大事件的發生而作
> 集體的、簡約的轉變。而且對於「重現」都市歷史，
> 不同作者有不同的觀點和透視力，不同立場的媒介亦
> 有不同的強調的限制，並非「重現」就等於歷史。[26]

也斯指出了文學創作和文化評論之間既近且遠的關係，藝術創作與政治現實之間微妙的拉扯。小說中的人物，因為有獨特的背景和心理，不一定按照文化普遍現象來創作，個人與集體之間有着距離。能夠在文學創作中，寫出這些差異，我認為是香港文化的自由可貴之處，不是按着樣板來書寫。以下，本文的第三節將會討論三篇有關六六天星和六七暴動的短篇小說，指出文學與文化論述的異同。本文不是以文學作品來證實文化研究的結論，更不是要推翻文化研究學者的說法，反而是希望借助文化研究的成果來閱讀文學，文學與文化論述之間有甚麼相同與不同，個人與集體之間的分別，從人文的角度深化香港一九六〇年代的討論。

三、六〇年代動亂與香港文學

有關香港文學與香港文化的關係，一直以來，多集中在 1997 與

---

26   同上，頁7。

香港身分的課題上。有趣的是,近年新一代的研究者開始對六七暴動與香港文學的關係產生興趣,第一篇有關的論文是彭嘉林寫於2016年的《歷史如何再現:論六七暴動的文學書寫》,當時他是嶺南大學中文系的四年級的學生,這是他的畢業論文。他分析了六〇年代至今六篇作品,包括劉以鬯的〈動亂〉、西西的《我城》、杜國威的《人間有情》、陳慧的《拾香記》、陳浩基的《13‧67》和趙崇基的電影劇本《中英街一號》。這些作品都涉及六七暴動的情節,或多或少,或明或暗。彭嘉林討論這些文學作品如何再現六七暴動事件,帶出在不同時代書寫的特點。這是現時其中一篇較全面討論六七暴動與香港文學的論文。[27]

香港作家潘國靈在《頭條新聞》報紙的專欄也寫過有關的課題,他主要談到「雙十暴動」與馬朗的《太陽下的街》及六七暴動與劉以鬯的〈動亂〉。[28] 因為專欄的篇幅關係,討論不能夠太深入,但免費報紙的閱讀人數多,有一定的影響力。我們可見雨傘運動後,年輕的研究者和文學界對此課題的關注。值得留意的是,潘國靈作為香港作家,他在文中特別指出文學創作與社會運動之間的距離,他認為「前者更天然地親近模棱兩可、曖昧性、複雜性、從餘燼檢拾碎片,後者因牽涉直接行動,往往需要有所約化地提出鮮明判斷、能起動員作用的口號,及提出一點對未來的想像(無論多麼渺

---

27 論文其後在嶺南大學主辦的「香港‧1960」研討會發表(2016年12月15日),文章收於《香港‧1960年代》論文集。

28 潘國靈:〈暴亂與小說(一)〉,《頭條新聞‧靈感國度》,2016年3月4日,頁34;潘國靈:〈暴動與小說(二)〉,《頭條新聞‧靈感國度》,2016年3月21日,頁30。

茫）」。[29]文學與政治兩者因為目的不一樣，而小說是「呈現」的藝術，有人物、結構等敘事手法，小說「呈現」歷史事件，而不是如實的反映。以下，我們分析的三個短篇小說都是作者在動亂的城市氣氛下有感而發。三篇都是較少研究者討論的作品，沒有包括以上研究者所選取的作品，借此希望豐富暴動與香港文學的討論。

（1）方龍驤的〈迷失的晚上〉：活在殖民與本土的籠子裏

　　方龍驤的〈迷失的晚上〉寫於一九六〇年代，收入《香港短篇小說選：五十年代至六十年代》，作者沒有註明寫作年份，但從小說的內容看，這是關於 1966 年的天星碼頭事件的故事。方龍驤在上海出生，跟不少南來文人一樣，他在香港五、六〇年代以流行小說為生，是羅斌的環球圖書出版社的作者，非常受大眾歡迎。他又在報紙寫小說和專欄。他更是電影編劇，多參與國語電影的製作，與陶秦、王天林、羅維等導演合作。他後期也執導過兩齣電影，包括《二世祖》(1975) 和《狼來了》(1982)。方龍驤是多才多藝的文人，不過對於他的研究不多，非常可惜，所以在這裏補充一點介紹。前幾年他過世後，許定銘曾撰文懷念他，提到方龍驤是喜歡文藝的作家，但因為生計，不能不寫流行小說，他的短篇小說集《縮不住的心》(1953) 收方龍驤三篇有關女性的小說，是他偵探小說外唯一的文藝作品。[30] 從這背景看，〈迷失的晚上〉也算是方龍驤較少數的文藝作品

29　潘國靈：〈暴動與小說（二）〉，頁 30。

30　許定銘：〈關於方龍驤〉，《醉書札記》（臺北：秀威資訊科技股份有限公司，2011 年），頁 215–217。

了，可能因為他多寫流行小說，參與大眾媒體的工作，對於大眾的生活較熟悉，〈迷失的晚上〉活現了當時基層的狀況。

　　小說講述在雜貨鋪工作的阿成（人稱「黐線成」）在戒嚴晚上的故事。雜貨鋪是超級市場流行之前，香港市民購買一般生活食品的地方，包括白米和油鹽等等，這些雜貨鋪也會租借麻雀枱面，阿成的工作就是把客人買的、租的東西拿到他們的家。然而，那天香港戒嚴，小說提到這是為了「斗零」[31] 遊行，阿成完全不知情，不明白老闆為何如此緊張。當店鋪關門後，他竟然還走到街上，捲進了示威的行列。阿成最後在混亂中被警察拉走，在審訊的過程中，他聽不懂官員的話，最後竟然自己認罪，被判監禁。

　　這是一篇很精彩的小說，尤其對於本土生活的描寫，繪影繪聲。小說並不是正面描寫六六天星事件，反集中描寫一個處於邊緣的人物。〈迷失的晚上〉中的草根香港人並不是一個抽象的觀念，更不是無面目的群體，小說中每一個人物都有獨特的性格，可以看到所謂市民大眾、殖民與國族之間有不同程度的距離。當阿城把麻雀枱搬到客人家時，我們可以看到一群不理會社會政治的香港人，其中一個穿笠衫的男子的說話尤其傳神：

> 今晚街上有人鬧事，許多人都留在家中打牌，一定是
> 租牌的人多了，他們乘機起價。算了，反正是抽水出
> 數。[32]

31　粵語「斗零」即五仙。

32　方龍驤：〈迷失的晚上〉，頁 76–77。

從這些市井人物的對白和生活，我們可以知道方龍驤是非常明白香港普羅大眾的心態，在戒嚴的晚上，有甚麼可做？打麻雀是最佳的選擇，阿成的老闆也因此加價。如果這情節發生在一個颱風的晚上，可以是有趣的情節，但這是戒嚴的晚上，外面的人群在遊行，而這群躲在家裏打麻雀的香港人，就變成了方龍驤諷刺的對象。但他沒有站在知識分子的高位來批評他們，反而是用幽默的手法，客觀地呈現出來，讓讀者反思。這一個情節讓我們想到馬朗的〈太陽下的街〉，兩篇都是關於個人與動亂的小說。在〈太陽下的街〉當主角從暴動現場走進一條橫街，他看到樓上有幾個人打麻將，然後馬朗這樣寫道：「這世界不是他們的，他們生存在另一個星球上。這便是香港人，樓下洶湧着近所未見的大風潮，可是他們忙着手上的一副牌。」[33] 南來文人馬朗在五〇年代寫香港暴動的情況，以現代主義的技巧入文，在小說的形式上與〈迷失的晚上〉的現實主義是不同方向。然而，方龍驤比較能站在香港本土民生的角度了解香港人的生活，不帶有高級知識分子立場的批判性。兩篇小說同時通過打麻將批評香港人對社會的冷漠，只顧及自己個人的世界。方龍驤能夠走進香港現實的層面了，馬朗較從外來的角度來批評香港。

　　如果那群打麻雀和租麻雀的香港人是代表了主流的香港人，一種本土的性格：市井、醒目、搵兩餐。相對於他們，阿成是站於社會最低層，他是被主流的本土所排斥的。阿成被笑稱為黐線成，因為他對很多事情都不了解，作者寫道他其實長得不難看，只是神情有點呆滯，所以容易在這現實中吃虧。1966 年的天星碼頭加價五仙影

33　馬朗：〈太陽下的街〉，鄭慧明、鄧志成、馮偉才編：《香港短篇小說選：五十年代至六十年代》，頁 40。

響了很多基層市民的生活，當時天星碼頭是香港一般市民唯一往來香港和九龍的交通工具，但方龍驤這樣寫道：

> 「哼！」那事情離開阿成真是太遠了，過海小輪，阿成一年裏真是難得過海一次、二次……小輪起不起價，真是關他屁事……[34]

小說對於「本土」有細緻的描寫，擴闊了我們對社會的理解，天星碼頭影響了基層市民，而所謂基層市民也有分階級，當時的香港人不會經常來往香港和九龍。阿成人工低，沒有學歷，更加不會乘坐天星小輪，加價與他無關，遊行也與他無關，他只關心當天是否可以早點回家。

　　有趣的是，相對於打麻將的家庭，阿成並不是小說批判的對象，有評論者認為〈迷失的晚上〉的寫法像魯迅的〈阿 Q 正傳〉，[35] 但我認為〈迷失的晚上〉對阿成這個人物有更多的同情，這一點我們可以從阿成與殖民的關係可以看到。諷刺地，西方元素充斥着阿成的基層生活，例如小說開始的時候，阿成正在廁所偷看外國的色情書，城市又放映着外國電影等等。他當然不懂得英語，只懂得看電梯的英文字母，但他最後在法庭認罪，不光是因為他不懂得英語，而是在那種殖民地法制和空間下所感到的恐懼，而失去了判斷的能力，小說的結尾是很精彩的：

34　方龍驤：〈迷失的晚上〉，頁 79。

35　夏飛：〈粗談《香港短篇小說選：五十年代至六十年代》〉，《香港文學》(1986 年 1 月 5 日)，頁 32。

「不認罪？」傳譯員公式地揮手道：「好，站過那一邊去。」

　　阿成卻不動，他猶疑着，不知道說甚麼是好。傳譯員在催促他，他才移了一步，突然間改變了主意，回過身來大叫，卻把旁人嚇了一跳：

　　「我認罪，我認罪了。」

　　他被判了監禁。他轉過身子，只看見許多臉孔望着他，許多眼睛刺着他，他發現自己像一隻籠子裏的猴子，他垂下頭去，看見自己破損的鞋尖。[36]

這本來是一個簡單的程序，傳譯員也示意他離開，沒有人預備阿成會認罪，但他完全不能解讀這些殖民地的規矩，他最後好像失去了理智地認罪了，而自己也不知道後果，最後只能看着自己的鞋尖，好像明白了甚麼，明白了自己是「籠子裏的猴子」，而這個籠子一方面是殖民地的象徵，也是香港所謂本土社會對他的排斥。

　　作者沒有清楚寫到十七歲的阿成的背景，我們只知道他從中國內地的鄉村來，他好像一個人生活在香港，這其實跟當時很多住在香港的人一樣。然而，小說用了地道的粵語，不避俗語和粗口，可見作者是有心認同香港普羅大眾的生活，沒有半點南來文人的懷舊氣氛或知識分子的語調。小說也沒有表現到國族主義的認同，阿成從內地來了香港，沒有太多對過往的回憶片段，他只是覺得暴動場面好像他家鄉鎮上的出會場景。可以說，小說寫一個很願意融入香港社會的內地年輕人，但因為他的性格，受到本地人和殖民地的排斥。

36　方龍驤：〈迷失的晚上〉，頁85。

方龍驤如何看 1966 年的動亂呢？有論者寫到「作者將這種小人物安排在聲色犬馬的籠罩下活動，表達他對所發生的事件的否定」。[37] 論者沒有清楚寫明「所發生的事件」是甚麼，但很明顯整個故事最重要的一個事件就是暴動，那小說的立場是如何？我認為小說並沒有否定所發生的事件。方龍驤寫暴動的場景是非常有控制的，一層層走進現場的。開始的時候，他這樣寫道：

> 街上，今晚真的有點特別，三五成群人來人往，顯然
> 有異於往時。阿成一手提着鉛製的麻將盒，一手提着
> 木枱面，向四邊眺望了一下。是的，今晚的街頭好像
> 特別熱鬧與緊張，這對阿成卻有一種莫名的歡喜……
> 雖然他想不到這是為了甚麼。[38]

小說的敘事者盡量貼近阿成的內心，沒有過份越出他的認知範圍，但讀者會感到這個奇怪的晚上是小說的主角之一。然後，方龍驤這樣寫到暴動的場面：

> 他看見一隊年輕人，從大街的一邊走過來，這些年輕
> 人，看來都和他年紀相仿，一個個跨着闊大的步子，
> 一邊走着一邊還高聲地呼喊着。
> [……]

37　夏飛：〈粗談《香港短篇小說選：五十年代至六十年代》〉，頁32。

38　方龍驤：〈迷失的晚上〉，頁75。

> 一個剪短髮穿短茄克的，一個穿紅襯衣藍布牛仔褲
> 的，赫！也有穿西裝打領帶的……[39]

方龍驤雖然對暴動中的英雄感有所批評，但他筆下的動亂場面也有
正面的地方，尤其寫到遊行示威人群來自不同階層，這可以猜測作
者或認同天星碼頭加價事件確實影響了香港大眾，而不少人因此上
街遊行。然而，無論是從內地來的年輕小伙子阿成，或者是上街遊
行的年輕人，最後還是要在殖民制度下受到懲罰，只有那些在麻將
枱上的香港人能快活地過下去。《迷失的晚上》對殖民和本土都有
批評，本土在小說中並不是一個無面目的群體，它跟殖民主義一樣，
存在了階級思想。小說中的內地人沒有國族認同，也可以反過來看
到作者對香港本土身分的肯定。

（2）劉以鬯的〈赫爾滋夫婦〉：以歷史反思動亂

劉以鬯的小說〈動亂〉(1968) 是香港小說的名篇，歷年有不少評
論。[40] 小說以十四個死物寫六七暴動所造成的傷害，當中不光批評政
治對社會民生的影響，也對無辜和無知的大眾有諷刺。我們可以看
到劉以鬯小說的實驗性，他以法國新小說的手法，轉化到香港場景，
以冷靜的角度書寫火紅的暴動，這種冷與熱的對比激發讀者的反思。
因為〈動亂〉已經有很多深入的評論，所以本文不重複了，但它作

---

39   同上，頁 82–83。

40   可參考梁秉鈞、黃勁輝編：《劉以鬯作品評論集》第一集（香港：香
      港文學評論出版社有限公司，2012 年）。

為六七暴動的重要文學作品，這是無庸置疑的。

劉以鬯在一九六六年四月九日那天晚上寫了一個短篇小說名為〈赫爾滋夫婦〉，他在小說的結尾特別註明這是在九龍宵禁解除後完成的作品，明顯與當時的社會動亂氣氛有關連，但有趣的是小說並不是關於香港，甚至不是六〇年代的故事。故事以 1956 年星加坡的暴動為背景，劉以鬯在 1952 到 1957 年間旅居星加坡，值得留意的是，五〇年代是星加坡逐步脫離殖民統治的年代，李光耀（Lee Kuan Yew）開始活躍於政壇。可以說，從大陸到香港，劉以鬯再一次在星加坡經歷一個時代的改變。1956 年，林有福（Lim Yew Hock）政府企圖解散親共組織，包括學校。學生抗議，然後引發騷動及戒嚴等。政府用胡椒噴霧等手段鎮壓，最後十五人死，一百多人受傷。[41]

小說有強烈的自傳色彩，由一位在報館工作劉姓的男子第一人稱敘述，他一個人住在 N 旅店，這與劉以鬯在五〇年代在星加坡工作的情況非常相似。與劉先生同住在 N 旅店的是一對外籍夫婦名赫爾滋，兩夫婦經常吵架。劉先生第一次與那丈夫說話就在 1956 年 10 月 26 日的晚上，那天星加坡發生暴亂事件。劉先生給他食物，因為他們完全沒有錢。那個丈夫擔心暴動會引致種族牴牾，劉先生不明白他為何這樣害怕，之後他知道原來他們是猶太人。在戒嚴的一個晚上，那個太太因為極度饑餓而不理生死走到街上，劉先生追她回來，給她食物。之後，他們夫婦搬走了，劉先生最後一次見到丈夫是他在萊佛士坊行乞；而太太的命運更可憐，淪落為最低級的妓女。

劉以鬯的嚴肅文學作品廣受研究者注視，〈赫爾滋夫婦〉卻是一

---

41   C.M. Turner, *A History of Singapore 1819-1988* (Singapore: Oxford University Press, 1989), 258.

部現實主義作品，沒有現代主義的實驗，但反而有更多空間打造人物性格，我覺得這是小說深刻的地方。劉以鬯的實驗小說以形式實驗為主，其實他不少的現實主義作品對於人物的心理等是做得很成功的。小說最後一場特別感人，主角在一個低級娛樂場所的「隔壁戲」再遇赫爾滋太太。小說這樣寫道：

> 這個房間的牆壁上有很多小洞，將眼睛湊在小洞上，
> 就可以看到精彩的「隔壁戲」。但是，當我將眼睛湊
> 在小洞上時，我的心就卜通卜通亂跳起來了。那個
> 在鄰房出賣肉體的女人正是身形像木桶的赫爾滋太
> 太。[42]

兩個人隔着牆壁，主角看到她，但她看不到主角，這單方面的偷窺行為讓主角更加難受，好像他自己也在剝削她。窮途末路的赫爾滋太太，從她不堪的肉體中已經反映出來。

劉以鬯的筆調不誇張，小說中的劉先生最初對他們兩夫婦有懷疑，然後一步步知道他們的處境，但雖然如此，劉先生只能給他們最基本的需要：金錢和食物，幫不到他們甚麼。〈赫爾滋夫婦〉中的劉先生在星加坡本身是「他者」，但他嘗試在他的局限中了解和幫助另一個的「他者」，是一種仁慈的表現。

劉以鬯在十年後的香港動亂中創作這個故事，意義在哪裏？只是純粹的回憶？相對於〈赫爾滋夫婦〉，〈迷失的晚上〉六六騷動的場景更為直接；〈赫爾滋夫婦〉則嘗試從當下動亂的氣氛，連起

42　劉以鬯：〈赫爾滋夫婦〉，頁 147。

世界歷史，是縱向的發展，把當下的暴動連起他經歷過的暴動，從而看到一點啟發。劉以鬯的小說不是直接回應 1966 年的天星碼頭事件，它以個人歷史的經驗來回應香港的問題。星加坡一直有種族的問題，小說中的劉先生是從中國來到香港再轉到星加坡的華人，華人是當地的主要種族之一，但劉先生不曾受到當時星加坡暴亂的直接影響，最多便是離開星馬到別的地方工作，但赫爾滋夫婦就不能那麼自由了。他們作為猶太人的身分是少數中的少數，而且他們因為經歷了第二次世界大戰納粹黨對猶太人的屠殺，在他們的生命產生了巨大的恐懼，所以歷史和現實的重擔讓他們不能真正重新過生活。來到了異地，生活的憂慮還是揮之不去。

劉以鬯的小說讓我們留意到政權下不同族群的人的分別，赫爾滋夫婦比很多華人更淒涼，生活更不堪。與〈迷失的晚上〉有相似的地方是，劉以鬯的小說對於所謂市民大眾有細緻的描寫，一個社會有不同階層的人，不能一概而論。好像赫爾滋夫婦這樣的「外國人」，他們連最基本的生活問題也解決不了，是多種族社會的邊緣人。在一般的社會動亂中，這些邊緣人物在動亂書寫中可能被遺忘了，而劉以鬯提醒我們中心以外還有不同的人物。我相信劉以鬯完成〈赫爾滋夫婦〉後，也啟發了他在一年後〈動亂〉的創作，書寫一些在暴動中心以外的小物品。

世界上的每一場動亂都有其歷史，當香港為着自己的問題煩惱之際，劉以鬯以他的人生經驗，連起星加坡歷史和歐洲歷史，擴闊我們的視野，反思政治與種族、中心與邊緣的問題。我想〈赫爾滋夫婦〉作為回應六六動亂的小說有這方面的意義。

（3）蔡炎培的〈鎖鑰〉：藝術創意與政治現實

　　蔡炎培是香港重要的詩人，幼年從內地來到香港，就讀於香港培正中學，又曾到臺灣讀書，在臺灣中興大學農學院畢業。在香港，他曾當過九巴守閘工人，在 1966 年加入了《明報》當編輯。短篇小說〈鎖鑰〉寫於 1967 年，原刊於《當代文藝》，這時正是蔡炎培在報刊工作的時候，對暴動有近距離的接觸。

　　〈鎖鑰〉是一篇很特別的小說，沒有曲折的情節。故事講述男主角孿復從飲宴回來，忘記帶家裏的鎖鑰，與住在對面的商業電台女播音員紫若談天一個晚上，其後，孿復把自己所畫的超現實畫作給紫若看，小說的結局他們好像結婚了。小說的情節不按起承轉合的邏輯，時空跳躍快速，人物心理和氣氛是小說的重點。〈鎖鑰〉是現代主義小說的風格，呈現年青知識分子在動亂中的矛盾心理。

　　黃繼持認為這是一篇「技巧卓越」的小說，[43] 陳智德認為這是一篇「語言靈動的、真正浪漫的小說，對人和社會都具想像，不只着眼於當下環境。」[44] 小說的愛情想像、藝術創作與六七暴動的形勢互相牽涉，複雜的愛情不是用來比喻政治的混亂，政治又不是作為愛情的時代背景，兩者都是男主角非常意識的東西。小說除了在藝術的創意上有成就外，他成功呈現當時的本土知識分子在殖民和國族身分之間的迷惘，我們可以從以下三方面來理解。

43　黃繼持：〈《香港小說選（五〇——七〇）》讀後記〉，鄭慧明、鄧志成、馮偉才編：《香港短篇小說選：五十年代至六十年代》（香港：集力出版社，1985 年），頁 190。

44　陳智德：〈溫柔地騎劫文學〉，智海、江康泉：《大騎劫》（香港：土製漫畫，2007 年），頁 13。

戀復的傷感是他渴望愛情，但明白自己是一個情場浪子。他好像之前失戀了，然後愛上住在對面、在商業電台工作的紫若 —— 一個獨立女子。他一方面希望愛情的來臨，但又對愛情沒有太多的期望，這是個人層次的矛盾。第二，小說呈現了新時代的男女關係，再不是五十年代的傳統關係，他和紫若都是新派男女、知識分子，感到自己不屬於任何一個地方，對於傳統的愛情和婚姻表示懷疑。小說中他們有這樣的對話：

> 　　紫若頓了一頓：「但不完全，每個人都有朋友的！但當各人都回家的時候，就只有自己了。」
> 　　我接着紫若的說話嘆息起來：「也許我們的情況比較特殊，我們沒有家，只有流浪，是嗎？」[45]

這些富文藝性的對話，帶出人與人之間若即若離的感覺。他們談戀愛的方法也與眾不同，不是一般看電影的情節，而是在男方忘記帶鎖鑰的一個晚上在街上流連，說的話也不是流行小說的甜言蜜語。就算他們最後結婚了，也可以想像仍然有一種不安定的感覺。

　　第三，這個不安定的感覺，不光是愛情，而是當時年輕一代對香港的感覺，可以看到社會動亂對個人的影響。蔡炎培不明寫人物對香港現實的不滿，為讀者帶來想像。在動盪的時代，這些香港的年輕人感到的是無家的感覺，中國大陸不是自己的家，英國當然也不是。這種個人迷失於大時代的感覺，小說這樣寫道：「我像經過

45　蔡炎培：〈鎖鑰〉，也斯編：《香港短篇小說選：六十年代》，頁283–284。

一場不見刀光劍影的戰役，很多人都死了，好的和壞的都死了，現在只有我，不好不壞的站着，抬不起頭。」[46] 男主角的朋友參加六七暴動示威，但他自己沒有加入，他對於政治有懷疑、有距離，但不是對社會冷感，他對兩方面都不能認同：國族主義和殖民地主義，自己好像被這種不明確的狀態打敗了，尋找其他的方向。因此，我們可以看到欒復的愛情和身分在小說中是有機地連起來的。

然而，我認為作者最大的「矛盾」是小說的再現與現實之間的關係。小說的第三節是紫若到欒復家中看他的超現實畫作，蔡炎培以畫作的內容來表現主角內心的矛盾，非常有意思。每一張畫都能引發讀者思考現實的狀況，例如第一張是吶喊的嘴巴，作者寫道「它在吶喊着一些連它也不理解的主義」[47]，這好像在諷刺那些在六七暴動瘋狂的人們，究竟他們明白自己在做甚麼嗎？這明顯看出作者對國族主義的不認同。此外，還有沉睡的石獅子意象，表達對殖民主義的懷疑。然而，有趣的是，男主角是以西方現代畫派來表達自己的思想，他一方面對國族主義和殖民主義有所懷疑，但他的作畫風格好像已經為他選擇了去向。〈鎖鑰〉正帶出文學藝術家的矛盾，一方面在現實生活中對殖民地主義有批評，但另一方面，在藝術上，年輕一代的藝術家對西方現代藝術喜愛。這個「矛盾」當然可以引申至蔡炎培的現代主義文學風格，他以西方藝術風格來反思殖民地的問題。作者吸收了西方現代主義的藝術，作為反思社會問題的手段。我們從這小說中看到政治現實和藝術創意的關係是複雜的，反對殖民地主義的作者，也同時借助香港對西方文化藝術開放的優勢，

46　同上，頁 280。

47　同上，頁 286。

吸收了不少西方藝術養份，把它轉化成本土，在香港演變為一種反文化。

在六〇年代，香港都市逐步形成中，傳統的人際關係逐漸消失，讓人迷失。〈鎖鑰〉的男主角未有因為從傳統中解放出來而得到快樂，包括在藝術上和生活上，六七暴動為他帶來對國族主義和殖民地主義的反思，讓他活在矛盾中，大概正如蒙落地（Franco Moretti）所說，面對矛盾才是成長，[48] 是每一個時代的知識分子都要面對的。

四、結論

香港文學與文化歷史的關係密切，在現時的文學研究中，多集中討論回歸前後的身分認同問題。有趣的是，回歸已經二十多年了，我們現在有很多問題需要追溯歷史的根源，不光是看八、九〇年代的香港，回到五、六〇年代的歷史更是重要。六〇年代的殖民地主義和國族主義的矛盾，在六七暴動激發了本土身分的形成，然而，這個新的香港身分不是反思殖民地問題的，而是在殖民地的策劃下成就出來的。

本文的特點是結合文化評論和文學評論，借助文化評論來理解一個時代，以批判的角度看殖民、國族和本土的關係，但另一方面，本文立足於文學研究，看重文學藝術的表現，這不是要用文學作品來證實文化研究的說法，或者推翻文化論述，而是希望可以從文學小說中那些婉轉的敘事、彎彎曲曲的心理來表達個人與集體之間的

---

48   Franco Moretti, *The Way of the World: The Bildungsroman in European Culture* (London: Verso, 1987), 10.

同與異。本文討論了三篇短篇小說作品，〈迷失的晚上〉反思一個從內地來的年青人如何受到殖民地文化與本土文化的排斥，本土文化本身也有其階層。〈赫爾滋夫婦〉以歷史的厚度讓我們看到政治與個人的距離，種族被邊緣化的問題。〈鎖鑰〉表達了本土知識分子在暴動中的失落與迷惘，也反思了殖民主義在政治上和文化上的不同影響。現實生活往往要比政治口號來得複雜，這三篇小說有不同的取向，可以看到香港小說對社會的不同回應。這文章結合文化評論與文學評論，希望可以幫助到我們拼湊出一個更立體的香港六〇年代。[49]

---

49   本文章及研究計劃得到研究資助局優配研究金的資助（計劃編號 LU 13401114）。

歷史如何再現 ——
論六七暴動的文學書寫

彭嘉林

      六七暴動是香港英治以來最嚴重的暴力衝突，也是戰後香港歷史的分水嶺和集體記憶，促使英國政府加速對港政策的改革，亦使港人重新檢視自身與香港、民族和國家的關係，催生了七〇年代的本土認同和社群意識。

      然而，書寫六七暴動而為人熟知的香港文學作品不多，現時香港文學研究者亦未討論香港的文學作品如何書寫和呈現六七暴動。本文嘗試彌補這個空白，抽取六〇年代至今的六篇作品〈動亂〉、《我城》、《人間有情》、《拾香記》、《13·67》和《中英街一號》，分析這些作品文學形式和文學內容的變化，重點不是考證這些文本是否「如實」記錄和反映了六七暴動的「歷史本真」，而是視文學是「再現」（representation）和想像歷史的一種方法，探討文學的不同形式如何與歷史對話，又怎樣隨着年代變化而有不同的寫法。

一、「死物」的暴動：〈動亂〉與《我城》

      六七暴動是牽涉中共文革、香港左派與港英殖民政府的政治事

件，但較早書寫六七暴動的文學作品卻能抽離政治意識形態，以現代主義陌生化的方式處理這個題材，代表作品有當時被視為「南來作家」劉以鬯的〈動亂〉，及戰後新生代本土作家西西的連載小說《我城》中的第十二章。

正如也斯所言，香港六〇年代的文藝出版場域逐漸由五〇年代國共兩黨、中美兩國的「左右對壘」中發展到複雜的狀態。由於西方文化的影響，戰後新生代的成長，全球的左翼運動以及種種矛盾勢力的滲透與調和，六〇年代已經再難以二元對立的思考模式去作恰當的分析。[1] 同時，香港五、六〇年代各種文藝雜誌積極引介西方現代主義，為香港現代文學奠下了堅實基礎，發展出與傳統現實主義小說和通俗小說截然不同的現代主義文學。〈動亂〉和《我城》就是誕生在現代主義文學登場，政治影響文學逐漸退場的文化空間。

劉以鬯的〈動亂〉寫於六七暴動發生後的一年，延續了五〇年代馬朗〈太陽下的街〉以現代主義書寫暴亂的書寫方式，實踐劉以鬯曾經在《香港時報》文藝副刊「淺水灣」引介的法國新小說 (nouveau roman) 的表現手法。〈動亂〉沒有從人的角度敘述，而根據各死物的限制和特點，讓讀者從一般的認知層面逃脫出來，改變感受事物的角度和深度，以側面又深刻的視角觀照六七暴動。

這種寫作技巧的創新，已有不少人討論過，更值得注意的是〈動亂〉在當時發表的意義。〈動亂〉雖然刊登在《知識分子》這份認同中國文化但對中國社會政治有所批評的綜合刊物，[2] 但沒「借小說

---

1   也斯編：《香港短篇小說選：六十年代》（香港：天地圖書，1998年），頁 1–2。

2   六〇年代香港逐漸出現了以社會文化政治為主的綜合刊物，傳揚中國文化和藝術，亦會分析當時中國和港臺的社會及政治形勢，《知

飾其政論」，既沒落入左派的正面意識形態宣傳，也沒有附和港英全力開動「反共」的宣傳機器。小說以多個死物的視角匯集成一種無辜和「我不知道」的狀態，當中「我」雖然置身在「動亂」現場，卻是在場的旁觀者，與「動亂」有無法理解的距離，延緩了是非對錯的道德批判。這種寫法有別於當時社會的一般理解，在大部份細節未明的情況下，新小說的形式「陌生化」地處理歷史，突出事件的曖昧性。另一方面，小說並非完全拒絕意義，[3] 結尾以死屍沉重的詰問作結：「這是一個混亂的世界。這個世界的將來，會不會全部被沒有生命的東西佔領？」[4] 死屍是小說敘事者中最貼近人的死物，仍具備人的思考感知，小說借此表達出港人經歷六七暴動後對亂世、未來的憂慮，有深刻的時代意義。

與〈動亂〉通篇書寫六七暴動不同，《我城》書寫六七暴動的只有第十二章的一小部份，當中以「菠蘿」這一重要的六七暴動符號隱晦地展開。西西 1974 年開始在《快報》連載《我城》，每天發一千字，自己配圖，其後發行單行本。《我城》並非着重追看性和情節性的連載小說，全書沒有完整結構的故事情節，而是綴段式（episodic）的連載小說，書寫六七暴動的第十二章甚至可以獨立成篇。

本章可以說是全書最重要的章節之一，論者津津樂道的「你原

識分子》就是其一。也斯：〈懷念胡金銓〉，《明報月刊》，（2007年 9 月）。

3　也斯編：《香港短篇小說選：六十年代》，頁 12。

4　劉以鬯：〈動亂〉，收於也斯編：《香港短篇小說選：六十年代》，頁 297。

來是一個只有城籍的人」[5]就出自此章。此章敘述主角阿果在公眾假日與麥快樂、阿傻等朋友去郊外離島玩耍的所見所聞，當中漫談身分歸屬、藝術美學、主體客體和「手口異國」等問題。當阿果和朋友在沙灘輪流做節目，輪到阿傻時，他和阿果一起去找「菠蘿」。小說此時移動敘述角度，由阿果的第一人稱敘述移到擬人化的菠蘿正名討論會：

> —— **要維持菠蘿的良好聲譽**
> —— **我們是水果**
> 一隻菠蘿喊。
> —— **我們又香又甜**
> —— **我們不是雞尾酒**
> 又一隻菠蘿喊。
> 曾經有一次，街上有許多人說：「那邊有菠蘿呀。」幾個孩子聽見了立刻說，我們喜歡吃菠蘿，我們去吃菠蘿去。於是，他們起跑到菠蘿那邊。誰知道，那個奇怪的菠蘿卻把小孩的嘴巴吃掉了，又把小孩的手指也吃掉了。[6]

此處「菠蘿」結合莫洛托夫雞尾酒的隱喻（即燃燒彈），指涉六七暴動時左派製造的土製炸彈（〈動亂〉裏炸彈的綽號亦是「土製菠蘿」）。至於把孩子的嘴巴和手指炸傷，則影射六七暴動的北角事

---

5   西西：《我城》（臺灣：洪範書店，2012），頁 150。
6   同上，頁 155。

件（1967 年 8 月份，北角一對小姊弟被土製炸彈炸死）。

在劉以鬯以冷靜死物寫暴動的基礎上，西西同樣以死物的角度
書寫六七暴動。西西在大多場景以孩童的腔調白描，加上一點超現
實的想像，為「菠蘿」賦上童稚的語言。「菠蘿」要求平反和「去
污名化」，把人類加賦在「菠蘿」身上的壞符指「除名」，還原為
又香又甜的水果這一初始感觀（primary perception），當中有隱喻的
意義，可解讀為寄望炸彈和六七暴動的慘況不再出現，回到美好的
狀況。

這種舉重若輕、以輕寫重的影射，相對平和地處理六七暴動。
與〈動亂〉一樣，這種「零度經驗」[7]的寫法同樣沒將六七暴動作以
悲劇化處理，亦沒有提出激烈的控訴。儘管董啟章批判這種只有利
於創造性的閱讀，不利於對問題的深入反思，但事實上卻能讓讀者
與相對飽和的現實經驗拉開距離，從陌生化的文本經驗重新體驗現
實世界和六七暴動，展現西西悲憫和感憂的人文關懷。

由上文的討論觀之，劉以鬯和西西在早期的六七暴動文學書寫
上，沒有因時間距離的接近而損害了文學創作所必須的心理距離，
二人皆摒棄現實主義的手法，而以「死物」為書寫對象，用現代主
義陌生化的形式製造文學的審美距離。對她們來說，六七暴動不只
是現實發生的歷史事件，還是思考和實踐現代主義文學寫法的場景。
二人對小說技巧有自覺之餘，並沒完全拒絕意義，而是提供了一種
間接的、陌生的書寫和想像歷史的方法，對六七暴動所處的社會和
文化帶着反省和關懷。若視兩位作家為香港知識分子的隱喻，亦可

7　　董啟章：〈城市的現實經驗與文本經驗：閱讀《酒徒》、《我城》和《剪
　　　紙》〉，收於《香港文學 @ 文化研究》（香港：牛津大學出版社，
　　　2002），頁 401。

看到香港作家在香港左派、中共與港英政府之間相對中立的姿態。

二、庶民家族史與「沒有人物」的暴亂：《人間有情》和《拾香記》

　　1984 年的中英聯合聲明簽署後，香港步入晚期殖民歷史階段。因大限到來，「消失」將至，香港社會湧現很多本土和中國關係的歷史重構，包括他者的和自我的論述，無孔不入，香港的歷史頓時從「無」到「有」。[8] 這股風潮，從歷史論述、掌故野史，到電視節目和電影文學，都無不追尋香港的歷史和身分。六七暴動作為香港歷史的重要事件，在這股潮流下被重新召喚出來。本章討論杜國威的《人間有情》（小說版）和陳慧的《拾香紀》就是這股熱潮下的作品，兩者都是通過家族史小說（family saga），以庶民角度重構香港歷史，書寫家族與六七暴動之間的互動，當中看到六七暴動在一般市民民生所起的作用。

　　《人間有情》最先是杜國威 1986 年替香港話劇團編寫的劇本，上演後大獲成功，多次重演。其後用三種媒介四種形式表達，1988 年出版小說版（到了 1995 年共出版五次），1995 年上演電影及出版劇本，[9] 可見故事廣受歡迎，能呼應某種時代的情感需要。

　　小說敘述一家古老遮廠跨越百年的故事。清末民初時梁蘇本來做收破爛的工作，一次偶然機會獲得西方傳教士的洋傘而在廣州創

8　王宏志、李小良、陳清僑：《否想香港──歷史‧文化‧未來》（臺灣：麥田，1997 年），頁 133–34。

9　李灝：〈談《人間有情》的電影、小說、劇本、舞台劇〉，《讀書人》第 9 期（1995 年 11 月）：頁 52。

立梁蘇記遮廠。遮廠自始一直發展，後來更搬至香港，成為香港名牌。梁蘇記遮廠經歷中國現代史的種種風波，如辛亥革命、二次世界大戰、九龍騷動、六七暴動等，小說透過歷史帶出一些悲歡離合小市民的生活瑣事。《人間有情》是無線電視式的通俗倫理家族劇，故事有開場、發展、高潮和結局的典型戲劇結構，建構傳統中國大家庭式的「人情味神話」。

小說中的六七暴動書寫出現在第四章，但小說似乎將 1966 年的「九龍騷動」和六七暴動混為一談。這章的故事發生在 1966 年的某一天，引言部份的第一句話就是「一九六六年。」[10] 其後老員工亞啟對年輕職員杰仔訓話，「就是你們這些長毛飛，終日遊手好閒，吃飽飯等拉屎，搞到香港亂糟糟！你不要到天星碼頭，有暴動準拉你。」[11] 也令人聯想起這是形容 1966 年天星小輪加價的暴動。

然而，明明是同一天的故事，小說卻出現了六七暴動的背景。此章的戲劇衝突正是天賜因六七暴動（「外面又鬧罷工，又鬧暴動，說共產黨快打來了」[12]）而幫姪女小玲辦移民手續，於是二人發生爭吵，勾起不快的往事。其後員工阿貴叮囑大家不要出街，「紗廠、英泥廠有很多工人鬧罷工，和警察發生衝突，隨時有暴動。」[13]，亦清楚見到六七暴動四處罷工的背景。

若從敘事的功能看，杜國威將六七暴動和六六暴動混為一談是無關宏旨的，重要的是暴動為小說提供一個社會不安、人心惶惶的

---

10   杜國威：《人間有情》（香港：博益，1996 年），頁 168。

11   同上，頁 170。

12   同上，頁 187。

13   同上，頁 193。

場景，令劇情的衝突可以發展解決，套入「患難見真情」的橋段。天賜和小玲爭吵過後可以和好如初，共同面對困難，展現中國式大家庭的溫馨；天賜亦在危難中考慮老員工的處境，希望守住遮廠令老夥計安享晚年，突出「前現代」大家庭手工廠守望相助的情懷，增加家族遮廠的傳奇性。因此，六七暴動的歷史縱深和人與歷史的深刻互動不是作者關心的，如學者李小良所言：「（文本）書寫歷史的同時抵消、抹除歷史的效應，大規模呈現歷史的同時，把歷史推向自己文本的邊緣。」[14] 六七暴動這段歷史雖然是置身敘事的重要背景，卻可以模糊地處理。

儘管杜國威有意無意間混淆了兩個暴動，但有意思的是，杜國威捕捉了六七暴動時的小市民心態。梁蘇記一家面對六七暴動的取態具代表性，他們本來愛國心和民族情澎湃，如抗戰時捐錢，在五〇年代仍堅持不用日貨，亦堅信中國文化，處處強調人情味，但他們面對「共產黨快打來了」的民族主義暴動的取態卻持相當抗拒的觀念。小說沒有深入刻劃他們在愛國心和政治中國間的拉扯，但他們籠統的態度卻正好反映了某種當時平民百姓甚至是八九〇年代的「六七暴動史觀」和「香港式愛國」：感情、文化上愛國，但謝絕共產黨破壞香港的秩序。

小說主角小玲最後在六七暴動時決心留在香港，認為「有點風吹草動便想離開？要逃避不如面對它，這樣不是更好嗎？」[15] 她更不

14　李小良：〈揉性的身分認同〉，收於潘毅、余麗文編：《書寫城市：香港的身分與文化》（香港：牛津大學出版社，2003 年），頁586。

15　杜國威：《人間有情》，頁 190。

怕香港打仗,「有信心不就行了嗎!」[16] 這種情節安排一方面展現出戰後新一代青年如小玲已漸漸產生本土認同,認同香港是安身立命之所,另一方面在八九〇年代的語境下亦借六七暴動的時代氣氛與個人選擇,勉勵同樣面對「共產黨來了」的港人保持信心,度過難關,回應港人面對九七時的情感需要。

與戲劇性十足的《人間有情》相比,陳慧的《拾香紀》瑣碎得多,是近似流水賬的家族史長篇。《拾香紀》寫於 1997 年,是陳慧到圖書館看舊報紙,重新編碼歷史資料,而建構的連城宋雲家族的庶民歷史。《拾香紀》由十香權充家族和地方簡史的「說書人」,她生於 1974 年,卒於 1996,代表了香港的「黃金時代」。十香本來是一個受到限制的第一人稱,但因為魂歸天國,因此可以打破時空限制,講述「我」視野以外,出生以前的事情。[17] 全書分「事」和「情」兩部份,「事」是宋雲來港至十香出生前(1974 年)的連家家族事,「情」的九章則類似史書體例的「列傳」,每章聚焦一至兩個連家人物作為敘述中心。[18]「事」和「情」屢有呼應,互為參照,完整地展現連城宋雲的家族歷史。

有別於《人間有情》,《拾香紀》的六七暴動書寫沒有設置在敘事的核心章節,而是置身在十香的前傳,即是第一部份的「事」,與十香的生命經驗區分開來,為香港「黃金時代」的「史前史」。陳慧沒有敘述六七暴動的大場面,而是以十香平淡的語調敘述六七

---

16   同上,頁 195。

17   蔡益懷:〈家族私語:《烈女圖》與《拾香紀》〉,《香港文學》
      第 189 期(2000 年 9 月 1 日):頁 62。

18   吳君沛:〈溫婉抵抗遺忘:論陳慧《拾香紀》的「小歷史」書寫〉,
      《字花》第 20 期(2009 年 7–8 月):頁 116。

暴動下的種種家族生活經驗，當中亦流露出庶民對六七暴動的態度。

小說首先敘述 1967 年的報章出現越來越多黎民式（批評政府）的文章，故此連城和宋雲「知道就要發生事情了」。及後「果然陸續爆發好幾次小工潮。到了五月，事情不知道怎樣就鬧大了，天氣又熱，一整個城市卻僵住。」[19] 連城是本來認為工人罷工是好事，因為「扯旗山上會有華人的物業，是省港大罷工之後的事，那是工人向洋人爭取的眾多權利的其中一項。」[20] 但後來路上有炸彈，搞出人命，破壞城市的秩序，連城始改變看法，不解參與者的所作所為，「究竟這些人想要怎樣的結局？」[21] 由最先同情工人以罷工爭取權利，到反對暴動造成人命傷亡，破壞城市生活，小說展露了一般市民在大歷史前的取態。

除此以外，《拾香紀》還書寫了六七暴動重要的「小歷史」，比如暴動後禁止燃放煙花炮竹，連雲家的珍藏煙花綿綿雨從此消失；順發在戒嚴期間用客貨車載客賺錢，這其實就是香港「公共小型巴士」的前身。

比較而言，儘管《人間有情》和《拾香記》都用了家族史這種民間敘述書寫六七暴動，但前者把六七暴動視為宏大而模糊的敘事背景，後者則視瑣碎地敘述一些有關六七暴動的生活經驗，兩者都勾勒出當時不安的社會大氣候。有趣的是，跟〈動亂〉和《我城》一樣，《人間有情》和《拾香記》都沒有敘述參與六七暴動的人物角色，後者的「庶民」跟前者的「死物」一樣，都只是有距離的旁

19　陳慧：《拾香紀》（香港：次文化堂，1999 年），頁 20。

20　同上。

21　同上。

觀者，但可以表現出兩種庶民視角下對六七暴動的取態：一種是自求多福，愛國拒共；另一種是支持罷工爭取勞工權益，但不支持激進的暴動。

在香港回歸前的歷史時空，六七暴動是尷尬的歷史事件，[22] 很多「香港故事」都不會觸及。但《人間有情》和《拾香記》正正用庶民家族史的民間敘述策略，補充和顛覆了宏大、連貫、進步的歷史大論述，為港人「追回」一段「沒有當事人」視角、卻又影響深遠的歷史。

三、暴動的「前世」與「今生」：《13 · 67》和《中英街一號》

二〇一〇年代的香港，政治社會矛盾嚴重，越來越多青年人投入社會運動。從 2010 年「八十後」社運青年反高鐵運動，到 2012 年「反國教」運動、2014 年雨傘運動和 2016 年旺角騷亂，當代香港的時空與六七暴動有很多相似之處，比如同樣都面對社會不公、「青年問題」、「警察濫權」等爭議。

文學作品注視到六七暴動與今日香港社會的比較，但當代的香港文學不滿足於八、九〇年代對六七暴動的輕描淡寫，嘗試從流行

22　在回歸前中英兩國的歷史大論述下，無論是「終結百年屈辱，重回母體」的國族主義論述，還是「從漁港發展到國際金融中心」的英國「光榮撤退」論述，都避六七暴動不談，原因對前者來說，六七暴動釀成中共否定的港版文化大革命，破壞香港秩序；對後者來說，六七暴動是港英民不聊生的殖民統治的反動。因此都是中英兩國的污點和禁忌。

小說和電影劇本探討六七暴動的當代意義。以下討論的 2014 年出版的《13‧67》和 2015 年出版的《中英街一號》就非常自覺地深挖歷史，搜集二手資料，以「當下」的角度重新書寫六七暴動，嘗試連結六七暴動與今日香港的關係。

《13‧67》是香港作家陳浩基的作品，屬於流行文學範疇的偵探推理小說，獲臺灣書展大獎。《13‧67》全書分成六個中篇，以「反向年代記」的形式從 2013 年回溯至 1967 年的歷史，每個時代擷取一個案件（有時是案中案），用推理小說的方式來展現香港警察的狀況和社會風貌。《13‧67》的六七暴動書寫出現在最後一個故事〈Borrowed Time〉，以此為故事的開始和小說的結束，表明 1967 年是香港歷史發展的一個關鍵年份。

〈Borrowed Time〉敘述 1967 年暴動時期「我」居住在左派分子隔壁，一次偶然機會聽到左派分子將策動一次炸彈襲擊。為了自保，「我」決定與巡警一起合作，經過一步步的推理和追查，最後搗破左派的大陰謀（安放汽車炸彈在警隊「一哥」的車上，讓其在英國皇家空軍的晚宴上爆炸）。若按推理小說的簡單二分法，此小說不是純粹的推理智力遊戲，當中「社會推理」的味道比注重邏輯、謎團的「本格推理」重。正如學者鄭樹森教授所言，「社會推理」包羅社會的「全體性」，令人覺得是在看一幅活生生的社會生活史。[23]這篇小說佈下的謎團沒有前面五篇中篇那樣樸素迷離，反而透過偵探和推理的過程，讓主角以第一人稱視角穿梭社會的各個場景（板間房、茶樓、警局、渡輪、菜市場等），緊張刺激之餘亦捕捉六七

23　鄭樹森：《縱目傳聲：鄭樹森自選集》（香港：天地圖書，2004 年），頁 104–5。

暴動時期的生活細節和社會民生。

由於小說在臺灣發行，讀者主要是臺灣和香港，而偵探小說又是商業類型小說，小說為遷就讀者，在前段鋪陳大量背景，大致勾勒出六七暴動從勞資糾紛演變成政治鬥爭的發展。這種暴動的時代背景，很適合偵探小說「敵我之分」的一般類型公式，讓小說的人物分成兩個陣營。「我」是一位平民，偶然聽到左派的情報，但為了自保被動站在了警察一邊，而策動六七暴動的左派分子被安排成了危險的「反派角色」。

然而「反派角色」並非在道德上全然是十惡不赦，小說中的左派分子不是鐵板一塊，而有不同的層次，有不可理喻的狂熱分子鄭天生等人，會說出「如果犧牲幾個平民，換來英帝投降，那些平民的死便十分值得了。他們可不是白白犧牲，是用血淚令祖國大勝一場，是為了同胞，為了國家捐軀啊！」[24] 這種殺氣騰騰的說話；也有「逼上梁山」的小報人杜先生，他從事的左派報社被政府查封，「無奈之下他只好加入鬥爭，一來工會接濟可以解決生活上的燃眉之急，二來鬥爭成功，報館重開，他便能再次受僱。」[25] 最後杜先生在左派策劃爆炸失敗後被捉，仍不忘揭露另一顆炸彈的位置，避免無辜的死傷。陳浩基刻劃這個「不壞」的反派角色，呈現他們內心的「不徹底」與掙扎，讓讀者對左派分子的處境有更多的認識和理解，而不是把他們都劃一地看成「死左仔」，「恐怖分子」的刻板印象，這種相對豐富的人物刻劃在前期六七暴動的文學書寫中是缺席的。

至於警察一方，「我」其實是勉為其難地站在警察一邊。小說

24　陳浩基：《13‧67》（臺北：皇冠文化出版，2014），頁 436–37。
25　同上，頁 433。

多次刻劃警察濫權腐敗、作威作福的一面，比如會收受賄賂、市民
對着警察，「就像太監遇上皇帝老子」[26]，小說特別強調六七暴動時
港英政府頒發了「緊急法令」後，警察的權力更加不受控制，可以
肆意打人，以搜證為由隨便搶走民居的個人財物，「這個時勢，警
察就是比我們老百姓高人一等，可以巧立名目，為所欲為。」[27] 小說
透過我在「有理想但行動殘忍」的左派和「濫權腐敗但維護社會秩
序」警察的選擇，隱喻當時市民只是被動支持警察的取態。

　　推理評論家玉田誠曾說，在本作品中，香港警察該是甚麼模樣
的主題，如通奏低音（thoroughbass）一般隨着香港的變遷不斷播放
着。[28] 本章同樣思考警察作為公權力被濫用的問題。故事結局部份，
本來左派的陰謀已經搗破，但小說還添加了情節，呼應全書的主題。
警員阿七最後因為對上司唯命是從，沒與杜先生見面，而導致另一
顆炸彈爆炸傷及幾個小孩。「我」指罵警員：

> 你為了甚麼「警隊的價值」（按：前文有提及是警隊
> 聲譽），連命也可以不要，去拆號車的炸彈。可是，
> 昨天有兩個無辜的小孩，卻因為你失去寶貴的性命。
> 你要保護的，到底是警察的招牌？還是市民的安全？
> 你效忠的是港英政權，還是香港市民？⋯⋯你，到底
> 為甚麼要當警察？[29]

26　同上，頁 460。

27　同上，頁 457。

28　玉田誠：〈香港作家才寫得出來的魅力〉，見陳浩基：《13・67》（臺
　　北：皇冠文化出版，2014 年），頁 3。

29　陳浩基：《13・67》，頁 490。

這段話卒章顯志,從全書的語境和當代的視角看來至少有兩層意義。第一是呼應了本書第一篇中篇小說〈黑與白之間的真實〉對今日香港警隊的批判:「他們忘記了這份職業神聖的本質,只單純地執行上級的指令,跟以往勞工換取薪水的一般工人毫無分別。」[30] 以此控訴當今的香港警察,連結六七暴動與今日香港的意義。第二層意義是警員阿七被「我」罵後從此做個好警察(從前幾章的中篇小說可看到),作者似乎亦寄望今日的香港警察可以「谷底反彈」,像當年經歷過六七暴動後的香港警察一樣,一步一步變好,走正確的道路。

另一本扣連時代的六七暴動作品是《中英街一號》。這本書的封面寫有「回憶1967,想像2017」,明示這本書扣連當代香港與六七暴動。如果說《13‧67》主要以警察連結六七暴動與當代香港,那麼成書於雨傘運動後的《中英街一號》則以青年和社會運動連結,書寫六七暴動少年犯與今日社運青年的故事。

《中英街一號》的劇本分兩個部份,第一部份敘述振民與麗華是一對在沙頭角青梅竹馬的好朋友,振民受到學校的動員,與父親積極參與六七年的社會運動,反對殖民地的勞工剝削,期間救了大陸偷渡客永權,一齊投身抗暴的行動。振民與永權在「沙頭角事件」後到港島示威抗議,被警察開槍射傷,不知所蹤。麗華與同學子豪於是四出尋找振民,經過一輪忙亂後在北角華聯大廈找到振民,但振民已經身亡。此時警察破門而入,拘捕了逃離不果的麗華。法院其後控告麗華非法集結和襲警罪,麗華若認罪就從輕發落,但麗華堅持己見,拒絕認罪,最後坐冤獄三年。

30　同上,頁13。

在同一片沙頭角的土地上，劇本第二部份敘述 2017 年政府打算開發邊境，興建特區商業城。兩名參加過雨傘運動的大學生日朗和思慧與村民一齊抗爭，與警察周旋，處於劣勢。第一部份劇本出現的偷渡客永權貫穿劇本上下兩個部份，他在六七暴動後被遣返大陸，之後再偷渡來沙頭角，並結婚入籍，靠耕田為生。永權以「過來人」的身分，以六七暴動為例，講述港英政府暴動後「扚起心肝搞好香港，所以後嚟先有咩保障勞工嘅法例呀、廉政公署呀之嘛。」[31]，勉勵受挫折的大學生抗爭不應只爭朝夕，眼光要放遠一點。

然而這樣的勉勵已無法令思慧提高士氣，她由於抗爭的不斷失敗，漸漸遠離抗爭，變得犬儒，甚至和堅持抗爭的男友日朗吵架，埋怨抗爭只會徒勞無功：「從雨傘開始，我哋就知道我哋爭取嘅野，係冇可能發㗎！好短嘅咋，我都只不過係個平凡人，好似所有香港咁，想食餐安樂茶飯啫。」[32]

最後抗爭行動失敗，日朗被判入獄六個月，思慧像個旁觀者，已經牽動不了甚麼情緒。作家把兩個抗爭性質（一個是「民族大義」的政治鬥爭，一個是對抗「發展主義」的土地運動）完全不同的故事連結在一起，表達了在同一個地方，不同時代的熱血青年的相似心境：他們懷抱理想，卻力量渺小，被時代、命運制約着，改變不了現實，最後都附上了沉重的代價。兩個故事都嘗試以虛無的哲理討論處理運動失敗後的心理傷痕和鬱結，思考人的存在、人與世界的關係。上半部麗華出獄後說：「每個人，都有佢自己嘅命運，唔

---

31   趙崇基、謝傲霜：《中英街一號》（香港：火石文化，2015 年），
      頁 194。

32   同上，頁 213–14。

輪到我哋去撿嚟。」[33] 下半部思慧的朋友永輝（他亦曾經熱衷於社會運動）亦說：「可能呢個世界係有佢自己嘅軌跡，可能應該順住佢嚟行……」[34] 面對歷史力量，作者沒有否定理想青年的行為，卻流露出個體在社會動盪下無力無奈的心理掙扎。

在上述討論的文本中，〈Borrowed Time〉和《中英街一號》中的六七暴動書寫立體很多，當中增添了很多歷史細節。後者甚至是唯一一部敘述角度比較接近左派視角的作品，以左派少年犯當事人為主角。左派學校的愛國教育、沙頭角事件的前因後果、北角華聯大廈（指涉左派基地僑冠大廈）的警方拘捕行動、少年犯被審等都是六七暴動很重要的細節，劇本都一一涵蓋，使讀者有身處歷史的現場感，對香港左派有更深入的認識和理解。

四、結論

六七暴動是香港歷史的集體記憶，亦是一段被壓抑的歷史，但在不同時代都藉着不同的文學形式再現。本文討論六七暴動文學書寫的歷時發展，從中可見文學作品敘述六七暴動的複雜應對姿態，當中各有不同的側重點。

早期的六七暴動文學書寫主要以現代主義小說書寫，代表作品劉以鬯的〈動亂〉和《我城》的第十二章。兩篇小說延續香港現代主義文學的發展，以「死物」的角度，陌生化書寫六七暴動，隱藏六七暴動的大部份細節，意不在探討六七暴動的是非真相，而在

33　同上，頁 170。
34　同上，頁 189。

於提供一個想像歷史的角度，曲折地表達二人乃至香港知識分子對六七暴動和香港社會的關懷。

到了「後中英聯合聲明」的晚期殖民主義時期，《人間有情》和《拾香紀》以家族史小說書寫六七暴動對一般民生的影響。《人間有情》的六七暴動擔當重要的敘述功能，意在提供動亂的背景刻劃家族人情味和舊家庭作坊中主僕間的情誼，因此在敘述六七暴動的歷史同時抹除歷史的縱深。而《拾香紀》則以「小歷史」的角度瑣碎地書寫一些有關六七暴動的生活經驗。兩篇小說都展現出庶民的「六七暴動史觀」，前者展現愛國不愛黨的港式愛國主義，後者展現「支持罷工，但不支持暴動」的務實取態。在回歸前夕的宏大歷史大論述中，兩篇小說都以民間敘述的策略補充了香港的歷史書寫，補充了歷史論述中缺席的六七暴動。

近年的六七暴動文學書寫既不滿足於早期的陌生化隱晦書寫，亦不滿足於八九〇年代對六七暴動的輕描淡寫，開始深挖六七暴動的共時意義。偵探推理小說《13‧67》中的〈Borrowed Time〉借六七暴動反思今日警察應該具備的職責，電影劇本《中英街一號》則關懷青年在社會運動中的迷惘，以及個人在時代的角色等問題。比起前期作品，這兩篇作品的歷史細節最為豐富，左派參與者的形象亦更為立體，打破了一般人對左派的刻板印象；兩篇作品雖然未必同意香港左派的所作所為，但對他們傾注較多的理解。

六七暴動的文學書寫從現代主義小說發展到庶民家族史小說、流行文學以至電影劇本，文類和書寫的內容都越來越豐富，在各自的年代都具文化意義。香港文學資料散佚嚴重，本文只能初步抽取某幾類的六七暴動文學書寫，分析當中的一些趨勢和解讀的可能性。

正如前文所言，當代香港與六七暴動有很多相似之處，六七暴動涉及的制度暴力、社會不公等等，不只屬於近五十年前的香港，更屬於今天的香港。六七暴動作為當代香港的歷史參照點，定必引來香港作家、知識分子重新造訪和思考這段歷史。在 2016 年，一條褲製作出版劇本《67．騷動》，陳慧出版〈日光之下〉（收錄在蕭文慧（編）：《年代小說 ‧ 記住香港》），中國問題專家劉銳紹亦出版小說《人性密碼 ——678914》。可以想像，六七暴動的文學書寫，作家自覺對六七暴動的檢視與反思，還會繼續下去……

捲入「六七風暴」的攝影 —— 以右派報章中的幾組身影為例

劉建華

    攝影，是現代視覺文化中的重要構成部份。透過報章來看攝影如何捲入香港 1967 年由左派發動的政治風暴，最直接的，首當是新聞攝影圖片，但攝影這個媒介在這時期的本地報章裏，還有多種不同的身影，既是新聞運作一部份，又成為新聞一部份。本文以亞洲藝術文獻庫中已故本地藝術家夏碧泉（1925-2009）一批當年右派報章為主的收藏為基礎（下文除特別標明以外，日期皆屬 1967 年，年份從省），[1] 揀選出幾組主題加以討論，最着意的並不在六七風暴新聞圖片中的歷史性，或它們呈現了甚麼，而更多是留意攝影這媒介如何捲入這場香港政治的風波，實際是想呈說甚麼。

一、攝影圖片內與外的觀點政治

    報章刊登照片由來已久，隨印刷技術發展而愈加普及。便於攜帶及使用的相機器材，亦使攝影採訪變得更具機動性。

---

1   特此鳴謝夏碧泉家人以及亞洲藝術文獻庫。

六七風暴時，香港的大報已有專職攝影的記者。新聞圖片配以文字標題，一般來說，依從於報章的新聞編採方針，處理手法本與一般的新聞無異。但在新聞工作的紀實及中立的理念價值原則以外，報館實際上也可能帶有其政治立場，甚至作為出版媒體的政治任務。經歷了中華民國遷臺及中華人民共和國成立的近代中國歷史，香港這片英國殖民地的不同報館，往往各帶有機構／辦報人的某種政治性立場，這些立場或明或暗，既關乎資金來源，市場生存的定位，也關乎統戰的策略，一般被區分為親左、親右與及中間陣營。若說「七〇年代以前港報以國共鬥爭為主」，[2] 左右派報章時而互有批評，本文關注的時期有較特殊的現象，是左派通過親左報章，攻擊的主要對象本是港英政府，但港英政府沒有官方出版的喉舌報來予以還擊，右派報紙（如下文徵引最多的《工商》報系）[3] 由於長期反共，在這時期傾向支持港府，實際地捲入了左派與港英政府間的政治宣傳媒體戰。

　　攝影拍出影像，讓人們認識到影像記錄的特殊說明力。報

2　李金銓：〈香港新聞界的左左右右〉，《新聞的政治政治的新聞》（臺北：圓神，1987 年），頁 313。

3　《工商日報》為商家周壽臣和羅旭龢所辦，1925 年創報時已有給「省港大罷工」作「反宣傳」的用意，後由何東於 1928–1929 年間收購。《工商晚報》則於 1930 年創立。報系後來由何世禮主掌。何世禮原為國民黨將軍，榮休後依從何東囑願於 1962 年起正式接手報社。《工商》報系由於右派背景，支持國民黨立場鮮明，其在 1967 暴動期間對左派的批判立場令使報紙銷量躍升，位處灣仔的報社，亦常被成為左派遊行示威時的針對對象。然而《工商日報》最終於 1984 年（中英聯合聲明草簽兩個月後）以虧累過鉅為由決定停刊。

媒中影像插圖的興起，也該是看準其相對文字媒介，對事情認知能起「一目了然」之效。但攝影雖有其紀實的物理原理，如鏡頭作為中介、立體空間被平面呈示，當中種種轉化或會產生視覺誤導，照片與所謂「硬證據」（hard evidence）到底還是有點距離。尤其在報導新聞事件時，每幅照片，除如任何一位目擊者般受着自身視角位置的局限，「硬照」亦只能是持續性事態中某一時刻的截取記錄，往往難以自行闡明畫面出現的前因後果，不着一語便能解釋畫面的意義來。先來不說刻意為求扭曲事態的報導，就是為求取得對事態更有「說明力」的照片，攝影記者和鏡頭都可能弔詭地介入（從而影響）了事態。[4]

　　當年的英文報章攝影記者陳僑在訪問中，[5] 講述到當年採訪時常受到左派示威者的威脅，不敢隨意亮出相機鏡頭，或需保障自身安全下，站於警方防線之內，亦見當時他所拍得的新聞圖片的某些局限。左派記者亦指「當時(按：進入六七年七月份)的採訪活動已是涇渭分明，右派記者都是站在防暴隊後面；與此相反，由於警察對左派記者藉端生事，我們(左派記者)採訪都是站在群眾後面」。[6] 換句話說，左派與右派記者對發生事

4　甚麼是對事態的說明力，本身就可能包含某些對事態性質的判斷。事實上不少重要的所謂歷史性圖片，其「真實性」都被拍攝者不同介入程度而受到質疑，參 Daniel Girardin, Christian Pirker, *Controversies: A Legal and Ethical History of Photography* (Lausanne : Musée de l'Élysée, 2012).

5　參羅恩惠導演記錄片《消失的檔案》(2017)。

6　周奕：《香港左派鬥爭史》第四版（香港：利訊出版社，2009 年），頁 274。

件的視察觀點，往往從一開始，就因本身報社的不同立場，位處地點也有所不同。

　　向來以文字為主的報章刊登照片增強視覺元素，確可添加報導的現場感，提高版面的可觀性，捕捉事情發生的千鈞一髮當然更是突發新聞攝影的理想，可是這種視覺感官化，卻可能會使報章本末倒置地選擇新聞，追求豐富的視覺畫面，偏重富戲劇性的衝突場面，結果誤導讀者對事態的全面認知。縱觀右報與左報在圖片上的差值，可能不在於報導衝突的選取，而是左派到底是六七風暴的始作俑者，左報的畫面還是比較重視政治動員，着意展示己方實力以及警方的粗暴打壓，右報則會更多加插支持者慰勞警方等的人情味畫面。

　　由於照片有其媒介說明力的局限，為其加添文字說明，作資訊補充（如照片攝於何時何地），固然可讓讀者對於事態有更好的把握，但給「見不到」的事態作文字補充，同時也可以引導觀者對照片的解讀，將主觀見解及政治意見滲入新聞中，照片本身對標題文字能作的視覺複驗始終有其限度。若果說「有圖有真相」，新聞報章大幅增加應用照片，是想加強報章的客觀紀實形象，六七風暴時，報章出現圖片，卻怕會間接產生了相反的效果。這是因為圖片所附加的文字標題，很多時候非但不是為補充照片所存的盲點，更多是對視覺內容添加政治立場的演繹。如此一來，照片平鋪直述的媒介限度，反更顯得標題文字的誇張和非中立的價值判斷份外顯眼。

　　在這時期，無論左派右派的新聞報章，對於帶政治立場來解釋照片的標題「超載」操作可說是毫不忌諱。這究竟是大家

都真誠相信自家的立場是客觀中立？還是大家都心知在這個時勢下辦報本是一件介入政治的文化宣傳與政治統戰的工作？那又是股自身的政治熱情？還是純為向上頭表現政治正確？製造輿論氣勢？政治意識形態的宣傳，我們一般時候以為，若然做到不被察覺，而能說服／騙來支持者便算高明；但六七風暴時期，我們見到的更多是擺明車馬的政治宣傳。這是相信理直氣壯的說服力？或是相信市民早已各自歸邊，而寧願選擇給支持者打氣？政治宣傳的隱或現，實在很視乎其背後的動機。

就如《工商晚報》5月28日頭版標題：〈楊光的幾副面孔〉，選擇性呈示有意醜化楊光的幾幀面相表情的照片，雖具人身攻擊之嫌，文字上仍算留有一手，由讀者自行判斷。但在左派放置炸彈浪潮出現後，《工商晚報》7月13日頭版標題：〈被捕左仔醜態〉，就不再保留地借標題的價值判斷來形容相中的圖像，奚落那些左派被捕者。更誇張的是《工商晚報》7月17日頭版的照片，除有附於照片側的「圖片說明」以「左仔暴徒」稱呼被捕人士外，更是把「死未？」以大號植字貼在被捕人士的照片當中。黃祥光憶述當時《工商》報系內的狀況，尤其可見如此一個標題背後關涉不同層級人物及的複雜考量：

> 晚報的遲寶倫面對如斯局面，反而大為興奮，日日擺出戰鬥格，與「左仔」來個針鋒相對。在採主梁文甫慫恿下，特大號標題用上「慘」；「死未」！惹得社長胡秩五火大，一向儒雅的他也拍起桌子，認為有失報格！看來這種近似爛仔作

［圖］刊於《工商晚報》7月17日頭版的新聞照片，標題和圖片說明。（鳴謝夏碧泉家人及亞洲藝術文獻庫實物提供。）

［圖］刊於《工商晚報》7月17日頭版的新聞照片，標題和圖片說明。（鳴謝夏碧泉家人及亞洲藝術文獻庫實物提供。）

風，讀者甚為受落，銷數大昇，一度凌駕日報之上。遲老總自是沾沾自喜；大東家則一旁樂觀其成。[7]

通過點出香港報館常有的政治化背景，以及六七時期處理新聞攝影照片的標題超載現象，本文認為相對於新聞攝影（photojournalism）的典範，對於六七暴動期間新聞報章中出現的攝影，實也需要考慮從政治「宣傳品」（propaganda）的面相來加以審視。

二、警方鏡頭的威懾力

5月23日的《工商日報》，刊了題為〈防暴隊獲發給／特種攝影機／專影騷動分子〉的新聞，據稱能夠遠距離拍攝騷動暴徒及在場指揮行動者，並謂會將拍得的照片分發給其他警察，憑此以捉拿疑犯。翌日的《工商日報》，更有跟進新聞：〈指揮焚燒馬會大鬧法庭／憑遠距離攝影機／警方拘獲一疑犯〉（頁328）。才剛成為執法部隊裝備的攝影機，馬上神速奏效，不難讓人思疑，這些新聞的發放皆是政府新聞處的宣傳心理戰舉措，[8] 除要給「滋事分子」增被捕風險的心理威脅，另方面也或

7　黃祥光：〈我的報業生涯〉，《工商日報：往事回憶》（香港：科華圖書，2008），頁 20。

8　港英政府當年為與左派展開文戰，成立了「特別宣傳小組」（Special Publicity Unit），而政府新聞處，亦是協助單位之一。詳參許崇德：〈攻心為上：香港政府應對「六七暴動」的文宣策略〉，《二十一世紀》

可增強一般讀者對於警方能把罪犯繩之以法的信心。重要的是，攝影和相片，通過儀器記錄證據，賦予警方對於事態作冷靜處理的能力，一改前線衝突那種兵荒馬亂和警方只有以暴易暴的觀感，有助提升警方執法者的形象。

在《新聞夜報》5月29日的〈包圍九龍城警署疑案〉頭版新聞中，載錄了一名作為控方証人的攝影師的供詞：

> 他在後閘內影相，第一被告指住他大罵，說未得同意影相，他見第一被告正率隊讀毛語錄，當時第四被告想追打他，他乃叫回六九四九探員幫手，並表明身分，乃是差人，於是繼續映相，第四被告則說，你重映相，想我拆你之相機乎，他上天臺繼續映相，拍了四幅，相片中顯示出，第一被告率眾讀毛語錄及被捕經過

這段記錄可說頗傳神地展現了鏡頭給予示威者的一種「逼視」，甚至拍攝行為成為了雙方衝突爭吵原因的一部份。本來在公眾地方「示」威，目的多少也是想被人看見，何況左報也會有攝影記者把集會拍下以展示其「威」勢，但一旦是被警方或不知名人士對準拍攝，示威者還是會產生心理威脅。市民究竟可有阻止「未經得同意」被鏡頭拍攝的權利麼？警方全程的拍攝，是不是意味集會經已犯法，或是假定將有犯法行為發生的偷步採證工作？其實自從攝影術面世，這媒介很快就已被國

總第 147 期（2015 年 2 月）：頁 64–81。

遠距離攝影機首奏奇功
指揮暴徒火燒馬會
警方拘捕涉嫌男子

工商晚報

【本報訊】警方的奇蹟遠距離攝影機百發奇功，一個涉嫌指揮暴徒縱火的人物，就在人鏡之後，無所遁形，難逃法網。

這個涉嫌的不良之徒，在今晨已被警方拘捕了。他涉案姓×，四十歲，外省籍人，在九龍駕駛，勢份子奏焚製翔九龍馬會大同所九龍救翔會石，就是由他的傑作。

音稱勢份子在縱駛學生上過作，因此被警匪間中把槍的，被說他曾站在馬達騎生上過作；因此被警匪間中把槍的地篤：沙律在是勢動甘隨勢份子干大鬧飛九雪紀判署，焚燒九龍飛省，今晨已給警方拘票招留。

[圖] 刊於《工商晚報》1967 年 5 月 23 日頭版之新聞報導及照片。（鳴謝夏碧泉家人及亞洲藝術文獻庫實物提供。）

328 | 社會

家權力應用在管控人民之上，而法院逐步採納某種再現影像為可採信的證據，也反映出給社會行為起規訓作用的典章制度的配合演變，當中包括對於攝影所有的真實性，在各環節不同程度的信任。

在《香港動亂畫史》（1967）內，翻印了香港政府印行的《號外：是誰「犯」了誰？》單張，其兩版內頁，就有「你認識這些人嗎？你知道他們住在那裏嗎？—— 他們曾與警方發生糾纏。假如你認識他們或知道他們住在那裏。請向你附近的警署報案」的文字和照片，[9] 無論是真心給市民的呼籲，或還是文宣心理戰，這種的動員呼籲在下組的新聞，就確見有市民欲加效法。

三、攝影社群和社團的戰線

這組新聞來自兩篇讀者來函，第一篇是 5 月 24 日《真報》的〈十萬相機齊出動／守窗伏伺攝暴徒／業餘攝影者倡議助警防暴妙法〉，可說是警方採用攝影機協助追緝疑犯鎮暴那邏輯的民間版延續。此信尤值得談，還因其起首所言：「我一向是一個『各家自掃門前雪，莫管他人瓦上霜』的標準香港人。[……] 但經過香港左派分子這次攪風攪雨之後，我覺醒了」的描述。其不但提出「為了盡香港人一份責任，我請港九所有有相機的人，把他們的相機對準那一小撮餓狼，並以其精彩照片，送交當局，使他們無所遁形」，更

9　馬鳴編：《香港動亂畫史》（香港：Sky Horse Book Co.，1967 年），頁 48–49。

有趣是他說到「為『餓狼』拍照，其意義比較替明星造像大過不知幾千萬倍」，給當時影友喜愛的拍照活動來個意義的反詰，把攝影意義的判準因應時勢從私人領域移向社會優先。

據這來信者估計「港九持有相機的人，不下十萬；而附有遠攝鏡的，起碼有一萬人」，但當其盤算「這十萬人都出動相機」時，他是如何去估量這個攝影人口的政治立場？好替明星造像的這些人又會這樣便能被動員麼？今天我們較熟知的陳迹、蒙敏生、麥烽、鍾文略等一批左派攝影社群，在當年的影響力究竟孰多孰少？六○年代中創刊的《攝影畫報》，不也是奉（曾任中共統戰部負責港澳工作的）廖承志之意，由資深左派出版人拉頭創立？[10] 有意思的還有，如蒙敏生這種左派攝影人，鏡頭的對象往往正不是明星而是社會的低下階層，他更明白要稍有距離地拍攝這些對象，如劉智鵬所言，為其「不如意人生片段保留一點起碼的尊嚴」；[11] 這與報章來信者所希望出現十萬個鏡頭讓線眼鋪天蓋地，那種鏡頭暴力的恫嚇運用，恰是大相逕庭。[12]

另一篇 6 月 1 日《工商晚報》的讀者來函〈支持政府團體已逾數百／攝影圈內社團／何以榜上無名〉，指左派多年來都在 10

10　蒙嘉林：〈我的父親：蒙敏生〉，《鄉城流轉：蒙敏生攝影集》（香港：中華書局，2012 年），頁 7-8。

11　劉智鵬：〈蒙敏生鏡頭下的香港六七○年代〉，《鄉城流轉：蒙敏生攝影集》，頁 12。

12　關於「新聞攝影」專業道德操守在六○年代後期從討論到規範成型，參 Julianne H. Newton, *The Burden of Visual Truth: The Role of Photojour-nalism in Mediating Reality* (Mahwah, NJ : Lawrence Erlbaum Associates, 2001), 33–34.

月 1 日前舉辦「拍友聯歡晚會」借機慶祝中共國慶（「偽國慶」），統戰拍友之餘，更會造成攝影界都是親左的錯覺，並以香港某最長久歷史的攝影學會在那時局下仍無表態支持政府，而替擔任該會名譽會長的港督不值。來信者另述其老師所言，「左仔對滲入各組織各階層，可說無孔不入」，並曾發生過某影會因被安插的「紅色棋子」煽動，而故退出某個與美國攝影界的交流活動云云。這位來信者大概認為當時不少「貪拍攝的初哥」會隨意入會、又或對於社團「嫌政治色彩太濃，敬而遠之」，都不是處理眼前政治的可取態度，應該多關注攝影社團的政治舉措，以更積極的方法確保自己的攝影旨趣（或政治），不會被他人所騎劫（或代表）。作為藝術愛好者如何應對或者超克文藝社團被用作統戰渠道，似乎是香港文藝界長期以來的政治面相之一。

這兩篇來信，其實已超越了讀者單純表達個人對社會事態的看法，在作為影友的前提下，實際地建議大家如何能配合反共的政治意念而行動起來。發動影友們拍照送警，以及要求攝影社團刊登報章廣告作政治表態，似乎都引證了因為六七風暴，港英殖民地政府結果反比左派更得民心之說。[13]

13　當然，在宣傳戰的環境中，難保沒有假冒的讀者來信，或如一些右派單位想搶灘，為反佔某些文化社團而寄上文宣？左派報人羅孚倒招認過：「那些讀者來信當然也有來自讀者的，但基本上是『編者寫信』，自寫自編，否則哪會有一天幾個整版的來信」。張家偉：《香港六七暴動內情》（香港：太平洋世紀，2000 年），頁 250。

四、「反文宣戰」（counter-propaganda）催生的「設計圖片」

　　此組新聞，主線是 6 月 3 日《工商日報》及《工商晚報》針對幾份左報於早一天所刊出了有中共炮艇出現於香港海面的新聞而作的闢謠報導。[14] 日報的報導起題為〈造謠造到冇譜／青山出現共艦之說／漁民指為白日見鬼／新聞處說是愚蠢的謠言〉（頁334），晚報的〈青山灣平靜／根本無共艦／左報活見鬼〉更是登上頭版，並有翻拍《新午報》6 月 2 日頭版報導的照片，以證左報造謠。[15] 兩篇報導，分別列舉警察、報紙記者、閒人等為求證新聞而前赴現場卻見不到艦蹤，也有記者向昨日在此海域的漁民查證也說未見過任何艇艦動靜。[16]

....

14　據報導內文所述，新聞處就中共軍艦造謠新聞點名的是《正午報》及《新午報》，而政府發言人並引述了一份左報（該屬《正午報》）的標題：〈新界青山灣出現中共炮艦數十艘，炮口朝向港島，並截查香港緝私船〉。港英政府後來因六七風暴而曾下令《新午報》、《香港夜報》及《田豐日報》三報停刊（慣稱「三報案」），其中與這宗造謠新聞亦扯上關係。

15　從報上翻拍《新午報》頭版的照相中，可見該報當日頭條為〈中共艦隊開入本港〉（直書標題）與〈炮艦列陣青山灣 路過容龍可看見〉（橫書副題）。由於圖片印刷質素，無從仔細閱讀，估計該配有一幅地圖，以示艦艇出沒之處。

16　《香港夜報》6 月 2 日刊登的新聞標題，據《赤柱囚徒 —— 翟暖暉憶「六七暴動」》（香港：天地圖書，2014 年）所載，為：〈中共三十艘炮艇艦大示威，開進兄弟島海面截查港緝私船〉（頁 4）。同書並稱「據翟後來查核資料，當時英航空母艦正在大嶼山南面舉行軍事演習，而中共炮艦則出現在大嶼山北的銅鼓海面」（頁 4），然

伴隨這闢謠報導，兩報分別還刊了兩幀及一幀由政府新聞處發佈的照片。照片所拍，是幾艘浮沉水面間的摺船，新聞處將其題為〈沉沒的謠言〉。從舊報章有限清晰度的圖片還是隱約可斷，紙船正是以造謠的左報（《新午報》）摺成。要指斥左報所言香港水域出現中共炮艦之說純屬謠言，報導本來已做到了，新聞處卻更要利用攝影來給這一件其相信並沒發生過的事情作否證，可謂是向高難度挑戰。既然要道說炮艦的出現是假，照理不存在事件也就不可能有照片。[17] 最直線的思維，大概就是到現場拍回海面甚麼炮艦也

而書中所載其當年的答辯，翟暖暉並無就炮艦問題作特別說明（頁361–365）。

17　據摘自陸恭蕙：《地下陣線：中共在香港的歷史》（香港：香港大學出版社，2011）的香港政府文件 *Hong Kong Disturbances*（1967）所指「共產黨使出了渾身解數，大肆宣傳，從故意歪曲事實、偽造照片，到散佈謠言、憑空捏造不存在的事件。謠言包括：可能但不真實的大米短缺、停電停水，以及在親共小報上出現完全不可能的中國炮艇逼近殖民地的照片和地圖（此處就譯法作了少許修改，原文：[...] to the widely improbable- as for example the stories which appeared in minor communist newspaper, complete with photographs and maps, of Chinese gunboats approaching the Colony.)」（頁120–121, 324）似乎意思是指中國炮艇的左報謠言，是有使用過照片的，但文中沒有提及是那份報章在甚麼日子的報導。另而張家偉在其書《香港六七暴動內情》談到《香港夜報》社長兼《新午報》董事長胡棣周在「三報案」被捕的段落中，指「導火線」是《香港夜報》「七月份」的〈鯉魚門外突出現中國炮艇，駛向香港海域〉報導（頁189）；說明類似出現中共艦艇的左報報導，似乎不止一宗；《工商日報》1968年7月2日社論更提到：〈港府有保護漁民安全的責任 —— 論共幫砲艇越界擄劫本港漁船事件〉（參網址：https://1967riot.wordpress.com/2013/07/02/ksyp-19680702/，檢索日期：2016年12月12日。）

[圖]刊於《工商日報》1967年6月3日第4頁之新聞報導及政府新聞處圖片。（鳴謝夏碧泉家人及亞洲藝術文獻庫實物提供。）

沒有的照片，但今天的海面與昨天的海面在新聞意義上，分別就可大了。

照片，本可以再現真實世界的一些東西，但這兩幀照中，他們的拍攝對象不是現實而是一場人工的戲擬，通過這紙船的視覺戲擬，照片產生了一種（照片）是現實、（船艦）卻不真實的影像落差，照片於是猶如把謠言視覺地拍攝下來。謠言既是假，拍也只能

張家偉就「三報案」的研究，引用不少前《文匯報》總編輯金堯如的〈「反英抗暴」的「菠蘿戰」〉（《當代》月刊，第32期（1993年11月）：頁14–17）中的《香港夜報》相關段落（頁15-16），其中沒有明確指出新聞發生的月份；但張氏在同書中則寫道：「[⋯⋯]指《香港夜報》六月報導香港鯉魚門海面出現中國軍艦為『發放虛假消息』」（頁105），前後所說的月份稍有出入。

[圖] 政府新聞處圖片:「沉沒的謠言」（此印刷效果較清晰的圖片,
攝自《香港時報》1967 年 6 月 3 日第一張第四版。）（鳴謝夏碧泉家
人及亞洲藝術文獻庫實物提供。）

拍出假的來,以紙船充作軍艦,不但跟左報提及中共軍艦的威勢以
滑稽的落差加以奚落,其中誇張和兒戲的效果,也就正恰可以用來
譏諷對方的新聞假得很。利用造謠報章實物來摺成紙船,本身就很
有當代藝術的寓意手法,而當照片中唯一真實的事物,就是建構這
荒唐謠言（紙船）的左報時,〈沉沒的謠言〉無疑意味這些左報報
導公信力的破產下沉。紙船沉沒的意象,除蘊有經不起考驗的暗
示,紙船形同紙摺冥祭品還跟新聞中漁民提到的「白日見鬼」似乎
巧妙呼應,被把握來大肆影射。

　　有趣的是,那為甚麼新聞處會選以照片來進行這個任務呢?
用照片來作回應的安排,或者仍有多一重的指涉,那就是以照片來
加以嘲蔑對手拿不出同樣的東西來。無法提供照片,就如同無法提

供有效的證據，照片似乎就是保有真實而與造謠區隔的一道物質防線。處身於政治宣傳的攻防戰中的港英政府，又怎能放棄此等機會，借着資源優勢以迅速效率製作出新聞圖片，追擊／反拍對手的造謠的洋相？

在兩陣營的對立宣傳及反宣傳間，若本來所謂照片能自然呈現事情真相的說明力也被超載和分歧詮釋的標題所挑戰與破壞，這次〈沉沒的謠言〉的攝影，反而弔詭地通過化身成為設計圖片，形象地指責左報新聞偏離了真實。大概，在香港六七這特別時期，除了如 5 月 24 日《工商日報》談及以紅汞水偽裝被警方打致受傷流血拍照的傳聞指控外，未聞黑房加工一類的照片造假，攝影照片到底仍是一個文字爭逐詮釋的「真實」形象，而當〈沉沒的謠言〉照片正因為是人工設計，有效控制了畫面意義的詮釋，於是能為闢謠從視覺上出力。

五、結語

在六七風暴期間，左報與右報的新聞報導都多少混入了帶政治意識形態的宣傳，但香港的精明讀者，其實對此或早已習而為然，甚或能從兩派的報導中自行推敲事情的原相；加上社會內各式力量因六七而作的政治動員，各自的統戰目標實情或都經已歸邊，不存甚麼對讀者的隱瞞，本文談到的讀者來信，似乎更是說明，其實連讀者也想參與這場政治宣傳戰，因這戰在在關乎於個人生活的這片地方。左派與港英政府的政治宣傳戰，在過程中也被前臺化成為右派報章的新聞話題，政府新聞署發表的闢謠聲明，甚至以德國

納粹歷史借喻，指「若干本地報紙襲用法西斯謊話販子戈培爾的技巧，按照『謊話說得越大越好』以及『謊話說得越多就越有可能終於使人家相信』的原則，把他們的說謊昇級」，[18]陸海安在《真報》5月27日頭版的〈謠言與恐嚇〉便提到「狼來了」的教訓。幸而港英政府也意識到在文宣戰中自身要守的立場：「左派運用文章宣戰，既有真實，亦有謊言，但政府卻不能與左派的謊言共舞，與它鬥講大話。」[19]

但從視覺的角度看六七報章的攝影，最後一個想到仍有待思考的角度還在於，影像在宣傳戰爭中，實已不單是記錄的作用，其實還該包括反過時序來，為了得到一個視覺的效果從而部署行動的可能。示威其實本就是這樣一個展示性的運作，但令我產生這個想法的，首該是8月4日政府的「Baskaville行動」，出動皇家英軍航空母艦上的直昇機把軍警吊下到北角僑冠及新都城大廈天臺這一幕行動，會否其實更多是（在意識或潛意識間）為了要製造一種震懾性和威嚇性的「景觀」，就算對於這參與了這行動的「天兵」林占士而言，「行動前勞師動眾［⋯⋯］但事實上既無危險又無伏擊等刺激場面，實在掃興」。[20]可是媒體生產的畫面，卻一如陸恭蕙多年後談到這事件時，也仍忍不着下筆寫道「場面很有戲劇性」。[21]

18　〈左報向納粹戈培爾看齊／造謠目的在向上級交代〉，《真報》1967年5月30日，頁4。

19　梁家權等著：《六七暴動秘辛——英方絕密檔案曝光》（香港：經濟日報，2001年），頁46。

20　林占士：〈天兵首次突擊〉，《頭條日報》2010年9月9日，頁41。

21　陸恭蕙：《地下陣線》，頁128。

後來《蘋果日報》記者更是形容：「出動航空母艦、海軍直昇機在鬧市盤旋、警察從天而降，這些電影情節竟在香港發生！」，並引述林占士所覺得的：「行動的意義大於成效，港英政府是想藉此擺出強硬姿態：『是要告訴當時香港的左派人士：姑勿論你躲到哪、堡壘有多堅固，我們都可以攻破』」，[22] 視覺畫面無疑形象化地參與構築我們對事情認知以外的觀感。。

縱觀整個六七風暴，希望中共解放香港的觀念，既對香港大部份市民的吸引力不大，也不是北京領導人們心底對香港的部署，左派一再升級的宣傳戰在這樣的底牌下最後敗陣，自無話可說。反而從視覺文化上來看，在六七風暴的宣傳戰中，通過攝影製作的設計圖片意外成為闢謠的工具，迫出堪稱「觀念攝影」的設計圖片來，這和殖民地政府於時代下的港人文化身分的設計工程，又會否意外地可以有接連思考之處呢？[23] 本文從香港六七風暴這段歷史的史料文獻，抽取攝影的身影為題旨，因為作者從中見到歷史每每以弔詭方式重覆的魅影，因而難免也帶超載之嫌。不過，攝影，從來遠不止於一種純光學操作的清白媒介，攝影也是一種可衍生權力關係的社會行為，並由不同的參與者（包括記者、警方、拍友、讀者、法官、被拍者和研究者等）彼此角力或共謀模塑，成為發聲與溝通、並或影響嚇懾他人不等的媒介，一直在參與着比影像畫面所見證更為複雜的歷史。

22　蘇汝卿：〈航空母艦對付六七暴動　港英海陸空圍剿左派〉，《蘋果日報》2015 年 11 月 13 日，檢索日期：2017 年 4 月 27 日，http://hk.apple.nextmedia.com/news/art/20151113/19371251。

23　參田邁修：〈論香港〉及〈現代都市民間畫〉，《從過渡跨越千禧》（香港：香港藝術中心，2002 年），頁 15–22，以及頁 23–29。

一九六〇年代殖民教育與「第一代香港人」

周　亮

　　從一個當代的目光去重新檢視香港這個殖民地，她無疑在後殖民世界中佔有一個獨特的位置：政治上與中國（原有宗主國）長期分離甚至對立，地理上卻緊貼其邊緣；吸收大量西方文化，社會構成和倫理觀念卻又與傳統中華文化一脈相承；經濟發展在過往的半個世紀擠身在亞洲國家（或「城市」）的首位，更甚至凌駕於殖民宗主國英國之上。而在審視香港二十世紀的歷史進程時，當中矚目的是，英國殖民政府在統治香港期間感受到最大的統治威脅從來不是來自於香港內部，而往往是一河之隔的不同時期中國政府。在不少歷史轉折點（如 1945 年、1949 年、1966 年等）[1] 上，英國都必須反覆思量中國政權要回香港管治權的可能性。與此同時，殖民政府亦並不可能完全切斷香港和中國（或所謂大中華世界）的聯繫。一方面，在太平洋戰爭後，大量中國人口由於國共內戰的爆發而湧入香港，這令到當時香港大部份人在國族身分認同上仍視自己為中國人，認同並繼承着中國的風俗傳統和文化；另一方面，英國在香港

1　1945 年，抗日戰爭結束；1949 年：以中國共產黨為核心的中華人民共和國成立；1966 年：中國文化大革命正式開始。

的管治很大程度是基於中國政府的默許，兩者處於一個由新的國際秩序和昔日戰敗租約交織而成的關係網當中。英國殖民者視中國為潛在威脅的同時，也不得不容許與中國政府關係密切的香港左派在可接受的範圍內活動。但在第二次世界大戰後的東西方冷戰期間，英國殖民政府這種兩難的情況變得更為複雜。

　　一九六〇年代是冷戰時期共產主義和資本主義對碰得最激烈的十年，英國作為資本主義世界最堅實的成員之一，她無可避免地有其政治責任去盡可能削弱共產中國在亞洲地區的影響力。因此，英國殖民政府當時急切地認為她需要把香港和新加坡這兩個殖民地從大中華世界中「解放」出來，至少也要降低這兩個殖民地的人民對共產中國的認同和肯定。而在種種的政治策略當中，英國殖民政府嘗試以在港的教育政策作為當中最為「懷柔」和潛而默化的手段 —— 在教育層面上把中國和香港的連繫割斷繼而令兩者在文化上加以疏離。在這種殖民教育策略下，六〇年代長大的香港年青一代對中國所知甚少，對其所謂的民族歸屬也日漸疏離。當中原因固然非常複雜，中國近幾十年來的發展道路之曲折坎坷與香港的繁榮秩序的對比，也是疏離感的其中一個主要導因。而教育制度由六〇年代開始的「當代中國空白」，以及香港社會對「小英國人」的嚮往，也從另一方面大力削弱了年青一代認識和認同中國的可能性。因此，自六〇年代開始，一種「香港人」的身分認同就開始萌芽，而這種所謂的「第一代香港人」是「小英國人」和中國文化的「混血兒」，也是日後香港本土文化對傳統（tradition）想像的基礎。

六〇年代殖民教育

　　吳康文等一眾的香港本地教育家[2]在九〇年代香港回歸中國前都把當時香港年青人對中國的疏離感歸咎於由六〇年代開始的殖民教育政策上，[3]他們認為香港大部份的老年人都擁有曾經在中國生活的經歷，而他們也在中國不同的省市（尤其是廣東珠江三角洲地區）有着他們的親朋戚友，所以他們和中國的關係十分緊密，而影響他們國族歸屬感的往往只是政治取向，以及中國的社會和經濟發展。相反地，當時六〇年代後出生的「戰後嬰兒」則在香港土生土長，在學校接受的教育又缺乏國家、政治元素，加上數十年來香港傳媒對中國的報道大多只涉及其貧困的生活面貌，令他們對中國產生一種「非理性」的抗拒感，又或者可以視為一種習慣性的距離感，彷彿中國本土與香港置於不同的時空之中。這種從教育制度、政策和內容上把中港關係割斷的現象首先由香港到中國升學的人數幾近於零開始。由於港英政府在當時基本上不承認所有由中國教育部門（包括中小學、大學）所頒授的學位，加上在實際上兩地課程內容並不能互相連繫，中國學校的質素也參差不齊，在六〇年代期間幾乎只有少數香港「左派學校」仍維持着與中國官方教育制度的聯繫，吸納少數由中國轉學的學生。在認受性以外，在一片反共或恐共的冷戰氣氛之下，香港學校的主流政策也絕少與

2　　主要是當時香港教育工作者聯會的資深中小學教師。

3　　吳康文：〈國家觀念教育和公民教育〉，香港教育工作者聯會：《香港教育剖析》（香港：華風書局有限公司，1991年），頁177。

中國方面有任何交往，以避免遇上任何有可能的政治麻煩。Gail
P. Kelly 曾經指出殖民教育的本意是栽培為殖民者服務的「工具
人」，[4] 為殖民帝國生產經濟效益，因此在殖民教育的框架內，
培育守規矩、安守本分的順民才是主要目標，而非培養有政治
素養和社會覺醒的公民。英國派駐香港的第九任港督寶雲爵士
（Sir George Ferguson Bowen）曾經明確指出：

> 從（大英）帝國利益着眼，香港政府應提供華人
> 就學機會，使他們學習英語和西方知識。只要華
> 人在接受英語教育後，對（大英）帝國產生好感，
> 及使英語更廣泛的傳播，那麼，（大英）帝國在
> 中國本土所得到的利益便會遠遠超出這殖民地的
> 教育經費了。[5]

教育與殖民者的利益關係，在此表露無遺。港英政府自五〇年
代對香港中小學採取嚴格的法律控制，試圖完全禁止任何與當
代中國密切相連的政治意識形態進入校園。1952 年，港英政府
修訂了《教育條例》，對於學校內懸掛帶有政治性的旗幟，以
及所採用的課本和教材，都有非常嚴格的管制。同時，教育司

---

4   Gail P. Kelly, "Colonialism, Indigenous Society, and School Practices:
     French West Africa and Indochina, 1918–1938," in *Education and the Colo-
     nial Experience*, Philip G. Altbach and Gail P. Kelly, eds. (NJ: Transaction
     Books, 1984), 9–32.

5   A. E. Sweeting, *Education in Hong Kong, Pre-1841 to 1941: Fact and Opin-
     ion* (Hong Kong: Hong Kong University Press, 1990), 324.

署之內設立督學制度，賦予有關官員檢查學校的權力，又設立教師註冊制度。[6] 葉建源認為這種對學校內的政治禁制在六〇年代開始達至巔峰，形成一股中小學教師的政治冷感潮流。[7] 當代中國、共產主義等敏感話題在校園內成為了禁忌，造成了當時香港新一代的年青人欠缺對政治的敏感度和熱忱度，也開始了香港教育制度以公開試成績為本的公式，忽略了全面的人生教育，也令學生從小缺乏一個從國族層面去思考自身與國際議題的機會和平台。

在中小學課程編排上，六〇年代的港英政府對於香港教育制度內所有的中國內容採取了一種「二分化」的處理方式，把有關現代中國以至當代中國的內容幾乎完全排除在教育制度之外，但同時又保留一定的文化元素。首先，教育司署對於古典中國文化的範疇，包括哲學、文學、歷史和藝術等，採取一種寬容、默許的態度。在六〇年代的小學課本裏能夠經常看到中國傳統習俗及古代偉人的介紹，而在課程編排上則長期存在着中國語文、中國歷史、中國文學等科目。至於有關現代中國以至當代中國的內容，則幾乎完全被「封殺」、排除在課程內容之外。在一九八四年中英簽署聯合聲明之前，任何有關中國當時的政治、經濟、社會民生、制度、地理以及較近期的歷史發展，都無法被納入學校的正規課程。普通話和簡體字更是在學校教育內長期被忽略和排斥。直至中英兩個簽署聯合聲明之後，

6　A. E. Sweeting, *A Phoenix Transformed: The Reconstruction of Education in Post-War Hong Kong* (Hong Kong: Oxford University Press, 1993), Chap 10.

7　葉建源：〈香港殖民地教育〉，《思》第 47 期（1997）。

這樣的情況才開始略有改變。這種「二分化」的處理方式很大程度上證明了香港和大中華文化之間遠久的微妙關係，或因為先祖輩之間的血緣關係，或因為地域上的接觸而引申的民俗文化交流，港英政府並不可能強行把一切「中國元素」從香港受眾之間抽走。所以它決定把現當代的部份抹去，令香港土生土長的新一代產生一種時間上的錯誤感：那種從日常生活習慣中、父母長輩口耳相傳中、課本學習中的那個中國彷彿只是一個存活在古代、存活在過去的血脈記憶。這種時間上的錯誤感令新一代香港青少年對中國的親切感拉遠，而且隨着年齡的增長而逐漸變得稀薄。他們反而對於「現在的」香港、「現在的」港英政府、「現在的」大英帝國更有感情和真實感。

然而，摒除「二分化」的處理方式，與中國有關的科目在中小學課程所佔的比例遠較與英國、西方有關的科目少。根據資料，不論是在文法中學還是工業中學的科目節數分配上，中國語文和中國歷史在六〇年代只能佔相對較輕的比重。相比每週最少要上七至九節課的英國語文，每一間中學每週只需安排六至七節課來教導中國語文；而中國歷史更成為最少節數的選修科目，每週只需上三節課。[8] 港英政府在課程上進行典型殖民式的「移植」，也就是把西方、英式的課程和教材完完全全地套用在香港的中小學之中。六〇年代的學校課程和教材受英國的影響甚深，很多課本都是由英資出版社出版或由英國人所編

8　黃洗炯、何景安編：《今日香港教育》（中國：廣東教育出版社，1996年），頁43。

寫的，有些中小學更直接使用英國出版的課本。[9]隱藏在這些教材背後的，固然是一種以殖民者的生活形態和對世界的認知方式為標準，視殖民者的文化優於被統治者的文化的觀念。

這種觀念壓抑着中華文化在社會上的地位，也大大地影響香港新一代思考個人和社會的角度。但更重要的是，這種殖民知識移植在另一方面也造就了香港戰後一代在知識層面上不單開始脫離中國傳統認知的框架，也基於僅餘的中華文化傳承，頑強地步向中西文化混合的獨立、特殊的族群經驗。

殖民教育另外其中一個重要目的，就是將被殖民者的人生方向引導向「英國式的上流社會」，特別是協助殖民者進行管治的精英分子（elite）。[10]這些「小英國人」明顯地比中國傳統知識分子更受到英國殖民者的欣賞和倚重，而這種「小英國人」的培育自六〇年代開始風行：一部份有名的中學甚至標榜在其課程中不教中文和中國歷史，改為教授英國文學或法文等，[11]以示高人一等，甚至有一些學生以不會寫中文為榮。在十九世紀，中文民間辦學的學校曾經是香港教育的主流。1938年，中學生佔全港中學生總數的68%。[12]在第二次大戰之後，香港逐漸發展成一個國際性的工商業城市，對英語的需求日益增加，令到英

9　A. E. Sweeting, *A Phoenix Transformed: The Reconstruction of Education in Post-War Hong Kong*, Chap 10.

10　葉維廉：〈殖民主義，文化工業與消費欲望〉，張京媛編：《後殖民理論與文化認同》（臺北：麥田出版，1995年），頁127。

11　黃洗炯、何景安編：《今日香港教育》，頁123。

12　王齊樂：《香港中文教育發展史》（香港：三聯書店，1966年），頁138。

語在社會上佔有明顯優勢，家長傾向把子女送進英文學校學習，英語運用也繼而成為社會精英的象徵。當時社會的共識不外乎是「英文教育有利社會培養英語人才」、「英文教育亦與國際大城市的香港相適應」、「英文教育有助香港與世界接軌」等。於是，英文教育被資本市場戴上了神聖的「民意光環」，英文亦成了膜拜的「偶像」。香港英文中學學校的數目由 1958 年的 74 間大幅躍升至 1966 年的 188 間。[13] 而在 1967 年，英文中學的學生數目為中文中學學生的 2.6 倍。[14] 語言的使用是族群認同（ethnic identity）中最明顯的指標，同時也在族群認同中扮演相當重要的角色。語言和文化互有接觸，令語言不單單是一種認同的象徵，而且也是扶持或促進族群認同的主要工具。再者，語言在不同的族群權力關係中也扮演重要角色，社會學家如 Berry 和 Liebkind [15] 都認為語言認同的概念是族群的核心價值，只有當一個族群內的成員把特定語言視為他們自己最重要和最明顯的族群特徵時，他們才歸屬於這個族群，或至少被外界認為歸屬於這個族群。而中小學教育更是語言認同的搖籃，社會由上而下（公司對僱員；家長對孩子；學校對學生）透過教育去灌輸重英輕中的觀念，也同時造成了六〇年代的香港人由下

13　陸鴻基：〈三〇年代香港教育概觀〉，吳倫霓霞、鄭赤琰編：《兩次世界大戰期間在亞洲之海外華人》（香港：香港中文大學亞太研究所，1989 年），頁 187–199。

14　葉維廉：〈殖民主義，文化工業與消費欲望〉，頁 327。

15　J. W. Berry, "Psychology of Acculturation," in J. Berman, ed., *Nebraska Symposium on Motivation 37* (Lincoln: University of Nebraska Press, 1990), 201–234.

而上地挑戰其祖父輩所認同的中國民族文化。當他們把自我華人身分習以為常地矮化，以及對西方文化的仰賴，一方面以行動實踐後殖民理論中的西方中心主義，另一方面也從根本裏脫離中國人這個族群，並發展、把自我歸類為一種新的族群。六〇年代的英文中學雖然以培育「小英國人」為目標，但由於戰後移民的人口基數過大，再加上英語與日常生活所運用的母語粵話、中文相互影響和矛盾，並沒有成功地將香港新一代同化為殖民者眼中理想的「小英國人」。由於英語授課模式的障礙和困難重重，大多數的中小學生英語並沒有學好，而中文水平也日益低落，正是所謂的「中不成，西不就」。而這種情況就導致到以夾雜英語單詞的粵語為主要媒介的香港本土文化逐漸抬頭，同時也造成了香港與中國在文化上進一步的疏離。

在六〇年代，因為冷戰的政治形勢、大英帝國的殖民利益，以及社會上對香港與國際更緊密接軌的臆想，香港整個中小學教育體制的內容完全地「去中國化」：一方面去除現當代中國的內容，在政治現實的層面上令當時香港的新一代對中國欠缺充份、客觀的認知，繼而傾向西方世界；另一方面則從文化策略着手，從根本上以教育語言來孤立香港在華語世界當中的位置，也令香港社會更趨西化。自六〇年代開始，中國的、英國的，以及本土的元素，在教育上雖不致於融為一體，至少也是我中有你，你中有我，再難以完全區分開來。當現今社會討論六〇年代的香港時，大多只是聚焦在 1966 年天星碼頭的群眾自發暴動及隨後的 1967 年「左派」暴動如何對香港戰後嬰兒潮一代政治意識形態上的改變。但同時，他們往往忽略了本土意識

的萌芽和中西混雜的香港文化背後所受到的殖民教育影響。正正就是因為殖民教育從小到大進行的文化區隔，香港人才開始和中國第一次真實地產生有形的距離，繼而形成自身的文化和族群。

殖民教育、文化傳統與本土意識

自 1997 年香港回歸中國開始，不少的香港本地學者和民間聲音都在討論、思考香港的根源是何去何從的。即使是建制和民主兩派的主要分歧只是在於中國政權的民主成份上，而把「香港人」這個族群的自主意識放在一個可有可無的位置上，甚至指責其是子虛烏有的偽命題。在這群所謂社會上的精英分子和「民意代表」的包裝和干擾下，香港回歸中國變成一件「認祖歸宗」、由「養母」交還給「生母」的過程，再也正常不過，更屬「可喜可賀」。然而，二零一四年末所爆發的雨傘運動就把自上世紀六〇年代便萌芽的「香港人」族群完整地暴露在中國和國際社會的目光下，所揭穿的不單單是「一國兩制」下北京政府不干預香港制度的政治謊言，更撕破用「回歸祖國」所包裝的利益交易。其實，由八〇年代至九〇年代所爆發的「回歸前焦慮症」和移民潮，到回歸後市民對特區管治班底和政策的躁動不滿，再到中國自由行帶來的民生問題，這一一都反映出香港人和中國人之間的文化磨擦，和若隱若現的對立心態。而在後雨傘運動時期，本土派對香港人這個族群的研究往往都陷入一個思想「黑洞」，就是對所謂傳統（tradition）想像的死

胡同之中。既非中，又非英，同時又中英混雜看似是香港本土文化的寫照，但即使有着英國殖民統治的經驗，所謂的香港傳統仍然處於大中華文化之中，這種雜亂、相互交織的文化經驗令到香港文化的影像變得模糊，也令到不少香港人開始懷疑自我族群記憶的真實性。阿根廷現代作家 Jorge Luis Borges 在他的文章 "The Argentine Writer and Western Tradition" 中似乎為香港傳統提出了一個可行的解決方法和出路。Borges 以阿根廷作為前西班牙殖民地為例子，討論前殖民地該如何在現代後殖民世界中處理自身傳統的問題。[16] 他認為文化交流在二十世紀中後期變得逐漸頻繁，當西方文化在殖民統治期間改變着殖民地本身的文化之外，各處殖民地的本地文化也在影響着宗主國本身。最明顯的例子是當英國「改造」着印度的同時，「印度咖喱」卻已靜悄悄地成為了當今英國的傳統食物。當後殖民世界中不同文化的界線變得模糊的時候，殖民地人民的「優勢」也就展現了出來 —— 同時接收着和建立着宗主國背後的西方文化，和自己本土源頭的文化。所謂傳統並不應該是一個永恒不變的概念，而是一個會因應着族群經驗和文化交流的產生物。在後殖民世界中，殖民地人民具有同時接收和建立兩種或甚至以上文化的「權限」（access），而這種獨特的多元性和可變性，正是各個殖民地的「傳統」。

參照他的看法，六〇年代那群受殖民教育影響的「第一代香港人」就是「香港人」這個族群最根本的傳統的開始者，而

---

16   J. L. Borges, "The Argentine Writer and Western Tradition," in *Labyrinths: Selected Stories and Other Writings* (New York: New Directions, 1964).

羅永生也把這群戰後嬰兒潮一代定義為本土意識的第一波。[17] 而的確，從日常生活的方方面面到所謂「香港人」的氣質，六〇年代殖民教育所造成的「特色」也是現今香港文化的主要脈絡。殖民教育塑造的，並不是宗主國期許的「小英國人」，也不是中國認為血濃於水的「中華兒女」，而是真正意義上的「香港人」。

「第一代香港人」成長於一個由港英政府殖民統治的香港，對現代中國的過去和現在都只有矇矓不清或支離破碎的認識，更不像他們的祖父輩般擁有實際的感性經驗，他們對中國只有時空位移下的些許記憶和親切感。他們難以說服自己是個徹頭徹尾的「中國人」，這種基於殖民教育的離心力，是形成香港和中國變成兩個族群的首要原因。其次，他們在政府學校裏，接受的是非政治化和非歷史化的教育，造成了香港人「討論」、避談政治的現況。近年只顧玩樂、自身利益的「港豬」的出現是源自於香港教育系統避談政治的傳統。現今香港青少年從小到大在校園內都是接受和六〇年代殖民教育一脈相承的「工具人式」教育，其教育的目的不在於啟發社會未來棟樑的獨立思辯能力，而是分享「殖民權力」、以「利」字為先：在公開試考取好成績，然後進「三大」[18] 修讀專業資格課程（例如醫生、律師等），畢業後找一份穩定、薪酬良好的工作，能夠擁有自己的物業等。社科、純科學和人文學科因為相對地缺乏明確的

17　羅永生：〈香港本土意識的前世今生〉，《文化研究 @ 嶺南》第 45期（2015 年）。

18　指的是香港世界排名最高的三大專上學府，分別為香港大學、香港中文大學和香港科技大學。

經濟效益，則長期被社會忽視，而每一位中小學生的「童年夢想」往往是在公開試中摘星，然後成為傳統的「小英國人」，在政府或金融機構中任職。如安徒（羅永生）所言，香港教育系統教導年青人「以『激情』」向『世故』的轉化，以粗陋的成長心理學替換了香港應有的歷史敘事」。[19]

　　昔日港英政府希望禁止中共政治思潮進入校園的教育政策，加上殖民者固有的培養「順民」政策令香港人長期在求學期間缺乏德志、國族和政治教育，再加上自六〇年代急速的經濟起飛所帶來的富裕商業社會，令到香港人對政治抱有冷淡、事不關己的態度，更把西方價值觀所着重的「個人性」扭曲成自身的利益為先的獨有香港價值觀。除此以外，以英語為主的基礎教育也為香港人在日常生活中使用的粵語加添了不少由英語音譯而成的詞語。例如自六〇年代開始，香港人開始會把 bus 叫作「巴士」、store 叫作「士多」、fail 叫作「肥佬」等等。六〇年代失敗的英語教育令港式粵語在廣東話上作出了改變，使其融合了英語和其他本土色彩，成為了一種獨特的語言。除此以外，「兩文三語」都能夠運用但同時普遍都不精通可以說是香港本土文化一個重要的元素。由於第二次世界大戰和國共內戰時來港定居的南來中國移民，加上地理位置處於中國南方邊緣，再加上港英政府崇英的教育政策，令香港人生活在一個多語共存的語言環境之下。英文、中文、粵語和普通話，甚至其他中國方言都有可能在日常生活中使用，而英語為主的教育

19　安徒：〈皇后清場：「當年也曾激情過！」──從保衛皇后到香港的代際衝突〉，《明報》2007 年 8 月 5 日。

不單能香港發展成為一個國際大都會,也令到香港成為一種
「大熔爐」的意識形態(melting plot ideology)。這種多語環
境令自「第一代香港人」開始,香港人就經常在國家認同(中
國)和族群認同(香港)之間搖擺。「香港往何處去?」自六
〇年代起一直都是香港人心目中的躁動和不安,由 1966 年的天
星碼頭暴動,到七〇年代初「爭取中文成為法定語文運動」,
再到八〇年代的「大香港主義」,繼而在六四事件中對民主中
國的渴求,再到回歸後的七一回歸大遊行以及雨傘運動,這些
社會運動浪潮都反映出香港人混合、曖昧不明的「國」「族」
概念。語言學者認為多元的語言環境會令族群成員在「整合」
(integration)、「同化」(assimilation)、「隔離」(separation),
和「邊緣化」(marginalization)等狀態中擺盪。[20] 而這種多元
的語言環境正正就是六〇年代的教育政策所牽頭產生的。

結語

　　自從呂大樂的《四代香港人》[21] 出版以後,一直被很多不同
的時事、社會或文化評論者所廣泛討論,而當中的「世代論」[22]

20　洪秀菊:《國際跨語言與文化》(臺北:商鼎數位,2014 年),頁
　　196。

21　呂大樂:《四代香港人》(香港:進一步多媒體有限公司,2007 年)。

22　呂大樂認為香港人分別屬於四個主要世代:一)「戰後嬰兒」的父母;
　　二)戰後嬰兒潮;三)三〇世代;和四)「戰後嬰兒潮」的子女。基
　　於在成長過程中面對的社會、政治及經濟狀況上的不同,不同世代有
　　着不同的社會生活經驗,因而形成了在價值觀、社會觀、文化意識和

亦被再三引用去解釋自二零零九年起以年青人所主導的社會運動，甚至特區政府官員也參考其框架作出針對年青人的應對政策。不少學者和社會人士均有對呂大樂的「世代論」作出補充和批評，[23] 這裏不多於詳述，惟本文所指出的「第一代香港人」並不是基於「世代論」分析框架下對「香港人」身分的理解。呂大樂的「世代論」視所有定居在香港的華人就是廣義上的「香港人」，惟這種廣義定義下的「香港人」忽略一直在香港生活、人口佔百分之五的眾多少數族裔，也缺乏身分認同、本土意識和族群想像之間的有機連結。本文所指的「香港人」是與本土意識所扣連，是六〇年代戰後嬰兒潮中長大的香港華人所建立的族群想像。「第一代香港人」並不應該是一種代際（generation）的劃分，更不應被狹窄理解為在六〇年代成長的香港人。在七〇、八〇、九〇，甚至千禧年代中長大的人，都可以是他們自己原生家庭中、社交圈子中的「第一代香港人」。「第一代香港人」指的是在香港這個城市中的人真正開始其族群想像的開端，視本土意識為共同享有的文化經驗，繼而產生成「家／國」的文化認同感。

　　香港作為英國殖民地，其本質已經註定了殖民教育的目的永遠並不會在於民族自覺性，或者培養社會未來的人才為目的。殖民政權的教育政策不可避免地是為了延續殖民政權本身，與此同時被殖民者不可避免地被矮化或甚至不自覺地自我矮化成

　　行為模式方面的差異。

23　可參見沈旭輝、黃培烽：《第四代香港人》（香港：圓桌精英有限公司，2012 年）；韓江雪、鄒崇銘：《香港的鬱悶：新生代 vs 嬰兒潮世代》（香港：牛津大學出版社，2006 年）等。

為馴服的「奴隸」，喪失主體意識。香港人在過去的百多年殖民地教育體制中付出了沈重的代價，也就是犧牲了其完整的國族認同。但與此同時，站在當代的目光去審視的時候，身為香港人的每位，又不禁暗自慶幸六〇年代殖民教育為香港所帶來的文化多樣性和獨特性。政治的區隔令到六〇年代以後的香港成為中華文化的避風港，加上「兩文三語」的多元性，令到香港能夠在各自表述的華語世界中有一種抽離，但同時融會貫通的獨特位置。而當中更重要的是，不論殖民教育的優劣之處，也不論「第一代香港人」的國族模糊，也不論由此產生的本土意識和文化傳統的好壞，更不論香港是否中國不可分割的一部份，六〇年代的殖民教育的確帶來了一段獨特的殖民文化經驗。而這種文化經驗，在中國，在華語世界中，在大中華文化內，在殖民地之間，都是香港所獨有的，也是只屬於香港人能體會明白的。

作者簡介（姓氏筆劃排序）

阮智謙（封面設計師）

畢業於香港城市大學創意媒體書院，主修電影；修讀嶺南大學文化研究碩士課程。於《他們在島嶼寫作》文學家記錄片系列《1918》及《東西》擔任攝影師。聯同黃淑嫻及賴恩慈出版文學攝影集《亂世破讀》。關注社會議題，執導不同有關的短片。

宋子江

2011 至今任嶺南大學研究發展主任；2011 至 2018 年任《現代中文文學學報》執行編輯；2018 年獲嶺南大學翻譯學博士學位；2018 年至今任《棱鏡：理論與現代中國文學》（杜克大學出版社）執行編輯。學術論文曾發表於英國勞德里奇出版社、阿姆斯特丹大學出版社、香港中文大學出版社的論文集和期刊。曾發表四本詩集以及多本詩歌翻譯，並獲邀參加柏林、臺北、曼谷、河內、澳門、香港等地的國際詩歌節或文學節。2010 至 2011 年任澳洲本德農駐留詩人，2013 年獲意大利諾西德國際詩歌獎之特別優異獎，2017 年獲香港藝術發展局頒發香港藝術發展獎之藝術新秀獎（文學藝術），2019 年獲第五屆海子詩歌獎之提名獎。

吳美筠

澳洲雪梨大學東方研究學院哲學博士。曾擔任《香港文藝季刊》、《九分壹》、《詩雙月刊》、《詩網絡》之編委；編譯《藝術資訊》、《藝術行政備忘錄》、《香港藝術發展策略報告書》、《香港藝術指南》等；香港藝術發展局民選委員及文學組主席（2014–2016）、國際演藝評論家協會（香港分會）創辦人及現任董事、香港文學評論學會創辦人及現任主席。任香港書獎、中文文學獎、青年文學獎評判。曾於香港大學、香港浸會學院、香港嶺南大學、香港公開大學、香港教育學院等大專院校任教。出版詩集《第四個上午》、《時間的靜止》、小說《雷明 9876》、《天使頭上的小木屑》及藝評集《獨眼讀看》等。

吳國坤

在哈佛大學東亞語言及文化系取得哲學博士，現任教於香港浸會大學電影學院，教授比較文學，電影及文化研究。他的第一本英文學術專著《消失的視域：李劼人，地緣記憶，及在革命中國危機中書寫成都》於 2015 年由 Brill 出版。他正進行的研究計劃包括英文專著《香港電影的文化冷戰與「中國性」爭議》，而中文專著《以影犯禁：內地與香港電影的政治、藝術與傳統》計劃於2020 年出版。

周　亮

周亮，嶺南大學中文系畢業生，及後在英國伯明翰大學完成殖民與後殖民研究碩士課程，現赴澳洲雪梨大學性別及文化研究系修讀哲學博士。主要研究範疇是文學創作、六〇至八〇年代香港文學和電影、後殖民時代與全球化、民族與身分認同等範疇。

麥欣恩

畢業於香港中文大學，後獲香港科技大學哲學碩士及新加坡國立大學哲學博士，曾任教於香港及韓國的大學，現為香港中文大學中國語言及文學系助理教授。她也是電影編劇、小說作者及影評人，曾從徐克導演習編劇，現為國際影評人協會及香港電影評論學會會員。麥欣恩的研究興趣包括華語電影及文學、香港電影史、冷戰年代香港與亞洲的電影及文化連繫等領域。

梁淑雯

梁淑雯，於 2013 年獲得英國倫敦大學亞非學院哲學博士，現任香港大學中文學院、現代語言及文化學院助理教授。 她的研究專業為中國現代文學、香港文學及文化，以及中國當代小說中的疾病書寫。她正在進行的研究項目為「香港報刊上的「文革」話語研究（1966–1976）」。她的學術論文見於《文藝理論研究》、《人文中國學報》、*Comparative Literature Studies* 等。

盛 虹

嶺南大學視覺研究糸博士，畢業論文探討六○年代香港水墨畫的
興起和發展。專注二十世紀中國及香港藝術史研究，並參與藝術
教育和社羣藝術的實踐研究。畢業後在嶺南大學視覺研究系和中
文大學藝術糸任兼任講師。

須文蔚

詩人，現任國立東華大學華文文學系特聘教授，宜蘭花蓮縣數位
機會中心主任，教育部「普及偏鄉數位應用計畫」推動辦公室主
任，《新聞學研究》（TSCI）編輯委員，臺灣文學發展基金會董
事。東吳大學法律系比較法學組學士、國立政治大學新聞研究所
碩士、博士。創辦臺灣第一個文學網站《詩路》，是華語世界數
位詩創作的前衛實驗者，集結創作與評論在《觸電新詩網》。曾
任東華大學研發長、共同教育委員會主任委員、華文文學系主任、
《創世紀》詩雜誌主編，《乾坤》詩刊總編輯等。曾獲得國科會
89 年度甲種研究獎勵，國立東華大學 101 學年度延攬及留任國內
外各類頂尖人才學術獎勵、102、104 學年度研究優良教授，以及
兩屆全校教學優良教師。出版有詩集《旅次》（創世紀）與《魔
術方塊》、文學研究《臺灣數位文學論》（二魚）、《臺灣文學
傳播論》（二魚），報導文學《看見機會：我在偏鄉 15 年》（時
報文化）；合著《臺灣的臉孔》（遠流）、《烹調記憶：做一道
家常菜》（遠流）；繪本《月牙公主》（秀威少年）等。

曾肇弘

專欄作者、文化研究者及影評人，畢業於香港大學中文學院，曾參與創辦香港粵語片研究會及擔任電台嘉賓主持，現為電影文化中心 (香港) 董事局成員。

黃淑嫻

作家、香港大學比較文學系博士，現任嶺南大學中文系副教授。研究範疇包括文學與電影、香港文學與文化。 出版散文集《理性的游藝：從卡夫卡談起》(2015)，及與攝影師合作的散文攝影集《亂世破讀》(2017)。 短篇小說集《中環人》(2013) 獲第 25 屆中學生好書龍虎榜十本好書。論文集有《女性書寫：電影、文學與生活》(2014) 及《香港影像書寫：作家、文學與電影》(2013)。主編「一九五〇年代香港文學與文化叢書」六冊 (2013)、《香港文學與電影》(合編，2012)、《劉以鬯與香港現代主義》(合編，2010) 等。曾任「他們在島嶼寫作」記錄片系列之《1918：劉以鬯》(2015) 及《東西：也斯》(2015) 的文學顧問及聯合監製。

彭嘉林

嶺南大學中文系和中文大學中國研究系畢業，希望以書寫認識自己和這個世界，關注香港歷史文化與中港關係，尤其是香港殖民經驗和「中國在香港」的問題。

劉建華

1971 生於柔佛新山，1993 年畢業於香港中文大學新亞書院藝術系，長期從事獨立藝術文化評論，關注香港政治藝術的發展，偶爾擔當策展工作與營運社區藝術空間，文章散見於《當代》、《ACT 藝術觀點》、《典藏今藝術》等；晚近則愈況對香港六、七〇年代社會政治歷史及藝術史更感興趣，並曾任亞洲藝術文獻庫夏碧泉文獻庫短期研究員。撰寫本文時，於香港嶺南大學修讀視覺研究碩士課程，借檢視香港六、七〇年代之交幾本標誌性文化雜誌中的政治性視覺圖像生產及設計，質疑香港主流藝術史對於社會「火紅年代」經歷全面闕如的去政治化書寫。

鄭政恆

著有《字與光：文學改編電影談》、散文集《記憶散步》、詩集《記憶前書》、《記憶後書》及《記憶之中》，合著有《走着瞧 ── 香港新銳作者六人合集》，主編有《沉默的回聲》、《青春的一抹彩色 ── 影迷公主陳寶珠：愛她想她寫她（評論集）》、《金庸：從香港到世界》、《五〇年代香港詩選》、《香港短篇小說選 2004—2005》、《2011 香港電影回顧》、《讀書有時》三集、《民國思潮那些年》兩集，合編有《香港文學的傳承與轉化》、《香港當代作家作品合集選‧小說卷》、《香港文學與電影》、《香港當代詩選》、《港澳臺八十後詩人選集》、《香港粵語頂硬上》及《香港粵語撐到底》等。2013 年獲得香港藝術發展獎年度最佳藝術家獎（藝術評論）。2015 年參加美國愛荷華大學國際寫作計劃。

蕭欣浩

「蕭博士文化工作室」創辦人，嶺南大學中文系博士，嶺南大學中文系講師，中學校董，作家，詩人。曾任法國餐廳大廚，著有《解構滋味：香港飲食文學與文化研究論集》。文學家記錄片《劉以鬯：1918》與《也斯：東西》副導演。獲嶺南大學「優異教學勵計劃」優秀教學證書。電視節目《學是學非》、《粵講粵嬒鬼》學者嘉賓。

魏　艷

美國哈佛大學東亞語言與文明系博士，曾任新加坡國立大學訪問學者，現任香港嶺南大學中文系助理教授。研究的領域包括中國現當代文學、通俗文學與流行文化、華語語系文學等。中文著作《福爾摩斯來中國 —— 中國偵探小說的產生與發展》已由北京大學出版社出版。

羅劍創

中學教師、劇評人、廣東傳統曲藝愛好者，畢業於嶺南大學中文系。

國家圖書館出版品預行編目(CIP) 資料

香港.1960年代 / 黃淑嫻主編. -- 臺北市：文
訊雜誌社, 2020.01
　面；　公分
ISBN 978-986-6102-45-5(平裝)

1.言論集

078　　　　　　　　　　　　108022709

香港・1960年代

主編　　　黃淑嫻
執行編輯　宋子江・周亮
封面設計　阮智謙
出版　　　文訊雜誌社
　　　　　地址：10048台北市中正區中山南路11號B2
　　　　　電話：02-23433142　　傳真：02-23946103
　　　　　電子信箱：wenhsun7@ms19.hinet.net
　　　　　網址：http://www.wenhsun.com.tw
　　　　　郵撥：12106756 文訊雜誌社

POD印刷　百通科技股份有限公司
發行　　　聯合發行股份有限公司
出版日期　2020年1月
定價　　　新台幣400元
ISBN　　　978-986-6102-45-5